中央民族大学"985工程"
中国少数民族语言文化教育与边疆史地研究创新基地
中国少数民族地区基础教育研究中心

教育人类学研究丛书 第三辑

主编 ◇ 滕星

中央民族大学国家"985工程"二期重点建设项目
中国西部少数民族地区新农村建设基础教育问题的调查与研究
项目编号：cun985—2—3

多元文化整合教育视野中的维汉双语教育研究

——新疆和田中小学双语教育的历史、现状与未来

艾力·伊明 ◎ 著

民族出版社

《教育人类学研究丛书》主编序言

一

人类学（Anthropology）是一门全面研究人及其文化的学科。它研究的一个重要方面是人类群体的文化传承与文化学习、文化交流与文化发展。教育学作为专门研究如何培养人类下一代问题的一门学科，也肩负着传递知识、传播文化的基本功能。这样，人类学和教育学之间就有了天然的脐带，教育人类学也由此成为二者之间有机联系的一座桥梁。

教育人类学（Educational Anthropology or Anthropology of Education）是由人类学与教育学相互交叉并通过科际整合而形成的一门综合性边缘学科，其核心研究领域是多民族国家的少数群体教育，包括少数民族教育、乡村教育、移民教育、多元文化教育等方面的内容。作为一门新兴的边缘学科，教育人类学吸收了包括哲学、人类学、教育学、心理学、生物学、社会学、政治学、历史学等多学科的研究成果。

国外教育人类学学科形成于20世纪中期，经过半个世纪的发展，形成了以欧洲德国、奥地利等国为代表的哲学教育人类学和以美国为代表的文化教育人类学两大流派。在文化教育人类学流派中，又可以划分为主要由人类学家组成的教育人类学理论学派和以教育学家组成的多元文化教育理论学派。

欧洲哲学教育人类学学派主要注重于从人的本质、教育的本质、人接受教育的可能性和必要性出发，从哲学的高度研究教育的理论与实践问题。

以美国为代表的文化教育人类学中的教育人类学学派，继承了英美文化人类学的理论框架、概念与田野调查方法，并用其研究教育的理论与实践问题；多元文化教育理论学派则从英美文化人类学那里继承了"文化相对论"的观点，并将其与美国的土特产——美国社会民族理论相结合来研究教育的理论与实践问题。其最初目标是为了捍卫以少数民族为代表的社会弱势群体的利益，其长远目标是想通过教育改革构建一个不分族群、社会阶层、性别、年龄、身体与智力差异的、乌托邦似的国家与全球多元文化社会。文化教育人类学的研究范围主要包括少数民族教育（包括移民教育和土著教育等）和多元文化教育等方面。

教育人类学在国外已有长足的发展，其学科地位早已确立，并对许多国家的教育改革、教育政策、教育规划、教育咨询等都产生了重大影响。

当人类进入 21 世纪后，随着国际上对全球一体化与民族文化多样性、文化差异与机会均等、多民族国家中主体民族与少数民族、国家一体化与文化多元化关系的讨论；随着知识经济社会的来临，人们对教育与社会弱势群体备加关注，教育人类学也随之成为社会与学术界瞩目的一门重要的学术研究领域。

二

中国大陆地区的教育人类学研究起步较晚，肇始于 20 世纪 80 年代初的少数民族教育研究，当时研究的重点是异文化和跨文化教育。20世纪80年代中期以后，大陆才开始系统引介西方教育人类学的学科知识，传播教育人类学的基本思想和理论方法。20世纪90年代以后，教育人类学获得了初步发展，不少学者开始尝试结合西方教育人类学的理论和方法研究本土的教育问题或试图建构本土教育人类学的理论体系，并对此进行了有益的尝试。

在20世纪80—90年代，大陆地区的教育人类学的研究一直被冠以"少数民族教育研究"，简称"民族教育研究"，其学科则被称为"民族教育学"，鲜有称为"教育人类学研究"或"教育人类学"的，究其原因有如下几点：

首先，这是由于人类学这门学科作为西方的舶来品，在20世纪初中期被引入中国时，产生的名称概念上的不统一，以及后来人类学在中国发展历史的影响。20世纪初中期，人类学在英美分为体质人类学和文化人类学两大体系；在欧洲大陆的德国和苏联则将人类学称为民族学。当时的学界泰斗蔡元培先生赴德国进修民族学，并将民族学这一学科概念首先引入中国，尽管后来的人类学家吴文藻及其学生费孝通、林耀华等人先后将英美的人类学这一学科概念引入中国。但是，由于20世纪50年代初的大学院系调整、民族识别工作、少数民族研究，以及西方英美人类学被错划为"伪科学"，而苏联的民族学则占据着统治地位等历史的原因，使大陆地区人类学在很长一段时期只能仅以民族学替代文化人类学这一学科概念。当前，在西方的人类学体系中，民族学基本上是作为社会文化人类学下的一门分支学科。而目前在中国的学科分类上，民族学和社会学都被划分在法学门类下，但人类学却被划分在社会学门类下。同一门学科被人为地划分在截然不同的学科门类中，造成了人们在学科概念上的混淆。

其次，早期大陆地区的教育人类学研究主要以少数民族教育为其研究对象，很少以教育人类学的田野调查方法扩大关注主体民族——汉族的正规教育与非正规教育。故一直以"少数民族教育"、"民族教育"和"民族教育学"加以称谓。

再次,由于该学科领域的许多研究人员对国外教育人类学学科的历史与发展,以及研究对象和研究范围并不十分了解,导致他们对教育人类学与民族教育学学科彼此之间的关系并不是十分清晰。当然,这是一个十分复杂并带有争论性的学术问题,在此不拟展开讨论。

20多年来,中国大陆地区教育人类学发展取得的重要成果主要包括以下几方面:

一是翻译引介了一批西方教育人类学的理论和著作,传播了教育人类学的基本思想和重要理念。

二是从理论上对这一学科进行深入探讨,试图结合国情研究大陆地区教育的发展问题或试图构建教育人类学的本土理论体系。

三是采用教育人类学的理论,关注异文化教育现象,提倡多元文化教育理念,寻求跨文化的了解和对话,特别是为研究民族问题和民族教育提供借鉴。

四是从人类学的视角切入,解读汉族的正规教育和非正规教育,探讨文化与教育的关系、教育的文化功能等,在一个更广阔的人文背景下探讨大陆地区的教育问题。

五是积极开展教育人类学的田野调查,出现了一批具有本土意义的教育人类学民族志作品。

六是在一些师范大学和民族院校陆续建立了相应的民族教育和多元文化教育教学科研机构,开设教育人类学课程,教育人类学人才培养模式逐步完善,学术科研队伍日益壮大。

七是在吸收西方教育人类学学科素养的基础上,进行本土理论建构,创造性地提出了一些符合中国国情的教育人类学理论。

八是以教育人类学研究方法为基础的多学科合作研究课题成果初见端倪,积累了一定的教育人类学本土研究经验以及与国际组织合作开展研究的经验。

近年来，中国大陆地区教育人类学出现了注重学科建设，注重在本土经验基础上探讨全球性议题，更加关注现实问题的解决的新气象。目前，大陆地区教育人类学的学科建设已走完学科萌芽阶段，由非学术化阶段开始步入初步学术化阶段。

三

在新世纪，为了进一步发展中国教育人类学，2001—2002年，民族出版社推出了由本人主编的"教育人类学研究丛书"第一辑。这是中国教育人类学研究方面的第一套丛书。其第一辑的出版，标志着中国教育人类学学科的发展已经进入了一个新的阶段。"教育人类学研究丛书"是一套开放性的学术丛书，它肩负着两个主要任务：一是系统介绍与评价国外教育人类学的理论与实践；二是在批判性继承国外教育人类学理论与方法的基础上，积累与展示中国本土教育人类学的理论与个案研究的最新和重大研究成果。它提倡走出书斋，用文化人类学的田野调查方法去研究当今中国的学校正规教育与社区、家庭的非正规教育，特别关注中国社会少数民族、妇女、残疾人和低社会阶层等弱势群体的教育问题，倡导书斋研究与田野调查相结合，即理论与实践相结合的学风；推崇百花齐放、百家争鸣的学术自由与理论创新的精神。

"教育人类学研究丛书"第一辑共5部著作，分别为：《西部开发与教育发展博士论坛》（滕星、胡鞍钢主编，2001）、《20世纪中国少数民族与教育——理论、政策与实践》（滕星、王军主编，2002）、《族群、文化与教育》（滕星著，2002）、《文化传承与教育选择——中国少数民族高等教育的人类学透视》（王军著，2002）、《文化环境与双语教育——景颇族个案研究》（董艳著，2002）。这5本著作的出版，在学术界产生了良好的影响，极大地推动了中国教育人类学的学科发展和中国西部民族地区教育理论与实践的发展。

2005年，由本人担任主任的中央民族大学国家"985工程"中国少数民族语言文化教育边疆史地研究创新基地——"中国少数民族地区基础教育研究中心"获准成立，这是国内"985工程"高校中首个以建设教育人类学学科为主要目标的研究机构。该中心力图在"985工程"的实施推动下，建设有中国特色的少数民族地区基础教育体系和教育人类学学科体系。

在中国少数民族地区基础教育研究中心的大力推动下，2008—2009年，民族出版社继续推出了由本人主编的"教育人类学研究丛书"第二辑共10部著作，分别为：《多元文化与现代性关系之研究——教育人类学的视野与田野工作》（钱民辉著）、《教育人类学的理论与实践——本土经验与学科建构》（滕星著）、《多民族文化背景下的教育研究》（滕星、张俊豪主编）、《多元文化教育——全球多元文化社会的政策与实践》（滕星主编）、《教育的人类学视野——中国民族教育的田野个案研究》（滕星、张俊豪主编）、《多元文化社会的女童教育——中国少数民族女童教育导论》（滕星主编）、《教育与社会发展——贵州苗族社区个案研究》（罗慧燕著）、《教育与族群认同——贵州石门坎苗族的个案研究（1900—1949）》（张慧真著）、《民族教育理论与政策研究》（滕星、王铁志主编）、《全球视野：教育领域中的族群、种族与国民性》（N. Ken Shimahara等主编，滕星、马效义等译）。这些著作中既有教育人类学基本理论和方法的探讨，也有深入细致的田野个案研究，较为集中地体现了20世纪90年代以来中国教育人类学的研究水平以及国外相关研究的进展。

2005—2009年，在中央民族大学国家"985工程"的支持下，中国少数民族地区基础教育研究中心实施了五个重点建设项目，分别为：

（一）中国西部少数民族地区经济文化类型与初中地方性校

本课程建构（滕星教授主持）；

（二）中国西部少数民族地区乡土教材开发的教育人类学田野调查与基础理论研究（滕星教授主持）；

（三）中国少数民族新创文字在教育教学中应用状况及存在问题调查研究（滕星教授和中央民族大学中国少数民族语言文学学院王远新教授联合主持）；

（四）中国西部少数民族地区农村基础教育政策、法规与管理体制研究（北京师范大学教育学院劳凯声教授主持）；

（五）中国西部少数民族地区农村义务教育投入与效益研究（北京大学中国教育财政研究所王蓉教授主持）。

在这五个项目建设的直接推动下，我们精心挑选了一批优秀的研究成果作为《教育人类学研究丛书》第三辑出版，这些作品分别是：

《经济文化类型与校本课程建构》（滕星、巴战龙、欧群慧等著）、《中国农村义务教育财政体制变革与义务教育发展：社会学透视——从税费改革到农村义务教育经费保障新机制》（郭建如著）、《西部民族贫困地区农村义务教育财政、资源配置与效益研究——基于云南、新疆、内蒙古等地贫困县的案例研究》（郭建如著）、《中国少数民族新创文字应用研究》（滕星、王远新主编）、《中国少数民族新创文字研究论文选集》（滕星、王远新、海路主编）、《在田野中成长——教育人类学田野日志》（滕星主编）、《新创文字在文化变迁中的功能与意义阐释——以哈尼、傈僳和纳西族为例》（马效义著）、《土族、羌族语言及新创文字使用发展研究》（宝乐日著）、《多元文化整合教育视野中的维汉双语教育研究——新疆和田中小学双语教育的历史、现状与未来》（艾力·伊明著）、《民族学校教育中的文化适应研究——贵州石门坎苗族百年学校教育人类学个案考察》（张霜著）、《社会变迁中的壮文教育发展》（张苗苗著）、《中国乡土教材的百年嬗变及其文化功能考察》（李素梅著）、《学校教育·地方知识·现代性——一项家乡人类学研究》（巴战龙著）、《人类学视野中的教育研究》（滕星、海路主编）、《书斋与田野——滕星教育人类学访谈录》（滕星等著）、《多元文化视野中的民族院校》（张俊豪著）、《中国乡土教材应用调查研究》（滕星主编）、《无根的社区 悬置的学校——湖南大金村教育人类学考察》（李红婷著）、《文化变迁中的文化再制与教育选择——西双版纳傣族和尚生的个案研究》（罗吉华著）、《云南省孟波镇中学多元文化教师民族志研究》（欧群慧著）。

我们相信，《教育人类学研究》系列丛书的出版，将在人类学与教育学学科之间搭起一座桥梁，它必将进一步推动人类学与教育学学科之间的相互渗透与整合，为人类学和教育学开辟出一块新的学术研究领域，从而为中国的教育改革作出贡献。

滕　星
2009年12月修订于中央民族大学独树斋

序　言

　　当今世界绝大多数国家是多民族、多语种的国家,多民族、多语言的状况构成了世界文化多样性的特点。因此,多元文化教育政策成为世界各多民族国家教育的主流,而双语教育正是多元文化教育的重要组成部分和重要标志。我国是一个多民族国家,对拥有 56 个民族的中国多元文化社会来说,各民族语言和文化的并存和相互学习是促进多元文化社会和谐共处,更好地继承和发展各民族文化的基础,也是少数民族地区经济、文化教育发展的客观需要。然而双语教育的顺利实施和理论的构建需要大量个案调查研究,重视不同民族、不同地区、不同群体的个案研究,同时对不同模式、不同类型的双语教育产生的文化背景、具体做法、实际效果、缺点不足等进行对比研究,尤其是深入民族地区的田野调查非常重要。我国双语教育研究,只有在坚持宏观与微观并重的基础上,才能总结出普遍的规律,也才能以此来指导双语教育实践。

　　新疆各民族创造的灿烂文化是中华民族文化多样性的表现。新中国成立后,新疆民族教育中以民汉兼通为目标的维汉双语教育事业得到了迅速发展。但是与经济发达省份教育的发展速度、规模相比,对新疆双语教育的实地调查与理论研究尚处在较为薄弱的状态,这对于新疆双语教育事业的长远发展极为不利。要发展中国特色的双语教育理论,如果忽视新疆各民族双语教育的经验和研究,乃是一大缺憾。我曾应日本文部省之邀参与了《中国维吾尔族与日本儿童生活环境的比较研究》课题研究,并在1996年和1997年两次赴新疆和田进行了维汉双语教育田野调查,撰写了《中国新疆和田维吾尔族维汉双语教育》调查报告。至今已隔10年,其间新疆双语教育出现了很多新情况和变化,产生了很多值得研究和深思的新现象、新问题。

艾力·伊明是我近年来指导的第一位教育人类学研究方向的维吾尔族博士研究生。令我欣慰的是,他在毕业论文选题时,确定以"维吾尔族中小学维汉双语教育研究"为博士论文选题,并表达了循着老一辈教育人类学者的足迹赴故乡和田地区进行民族教育和双语教育的田野调查工作的愿望。博士艾力·伊明在和田地区生长并在当地民族学校读书,对和田民族中小学教育比较熟悉。通过半年的田野调查,他广泛收集新疆双语教育以及和田中小学维汉双语教育现状的大量资料,而且还从历史文献、文档档案中摘取有用的资料,通过刻苦钻研、努力探索,并且较好地发挥了人类学、教育学和语言方面的综合优势,终于很好地完成了毕业论文。2007年6月5日,其博士论文《多元文化整合教育视野中的维汉双语教育研究》获得了论文答辩委员会专家们的一致好评,顺利通过论文答辩。本著作是在艾力·伊明20万字的博士论文基础上修订完成的,选题具有代表性,且有积极的现实意义。

新疆和田地区是一个典型的沙漠绿洲经济文化类型的贫困农业大区,维吾尔族占总人口的96%以上。1994年以前,和田民族中小学都以汉语文作为一门课程的单一模式来进行双语教育。自1994年开始采用部分学校初中阶段数理化课程汉语授课的双语教育模式。2004年,根据新疆维吾尔自治区党委和人民政府下发的《关于大力加强双语教学》2号文件精神,和田地区几乎所有的中小学都轰轰烈烈地实施和推广了各种各样的双语教育实验。但部分学校,特别是乡村学校还没有具备实施双语教育所需的师资、教材、经费、理论指导等必要条件，采取了"摸着石头过河"的方法。这样不仅双语教育效果不好，而且对儿童智力的发展也大为不利。维汉双语教育问题是新疆民族教育改革与发展中的重点和难点，它的质量高低直接影响到维吾尔族儿童思维的发展、新疆人才的培养、民族地区的社会稳定发展以及构建新疆和谐社会的战略目标。

自20世纪80年代以来，各方面的专家、学者在维汉双语教育研究领域做了大量的研究工作，但还存在着一些不足和问题，如有关双语教育的意义、介绍国内外双语教育理论和模式的宏观研究多，全面的实地调查研究以及历时与共时、理论与实际相结合的整体性研究甚少；从纯语言学、比较语言学角度进行的研究多，多学科相结合、从当地特殊历史文化背景视角进行的研究极少；大部分研究局限于双语教育过程中学习汉语的技术问题，没有考虑到学习者特定的文化身份、语言态度、接受能力、当地的语言环境，双语学习过程中产生的心理变化；双语教育实施当中过分强调和重视双语教育政策的执行和学生在语言上的进步，没有考虑到其他课程的教学效果和学生的综合素质的培养和提高等问题。

艾力·伊明博士的《多元文化整合教育视野中的维汉双语教育研究——新疆和田中小学双语教育的历史、现状与未来》无论在研究内容、理论分析、研究方法上都具有较高的学术价值与鲜明的开拓性，在国内维汉双语教育研究方面尚属首部专著，为中国少数民族双语教育研究提供了新的研究个案和方法。在研究内容上，作者首先通过大量的历史文献搜集与整理并辅之以观察方法，对和田绿洲从远古时期到现在的文化教育发展历程以及各阶段的双语现象、双语教育的历史特点进行回顾和梳理，做出历时的总结，再现历史。其次，对当前和田中小学实施的维汉双语教育体制进行实地调查，总结当地文化负荷者对维汉双语教育的观点和态度。作者还对和田双语教育的成就及存在的问题进行探讨，总结和分析了现行三种双语教育模式的主要特征、优点和弊端，影响和制约实施维汉双语教育的条件和因素，提出了完善双语教育的可行性方案。

在理论建构上，艾力·伊明运用社会学理论中的功能理论和冲突理论、林耀华先生的"均衡论思想"以及我本人提出的"多元文化整合教育"理论，对维汉双语教育进行深入分析，试图从人类文化的共性与差异性、文化普世主义与文化的多元主义的相关命题以及冲突—均衡的视角对维汉双语教育的理论与实践问题进行了理论阐释和分析。"多元文化整合教育"的关键是在多民族国家里开展少数民族双语教育，平等地对待各民族的语言和文化，把它们视为人类共同的财富，在各民族平等的基础上，为促进不同民族间的相互尊重、理解、沟通、交流，有目的、有计划地实施的一种共同平等的语言文化教育，它有利于每一个民族的成员都能了解到其他民族独特的文化，也能从其他民族的角度来增强对自己民族文化的理解。为此，著名的双语教育理论家，加拿大人麦凯指出："不论何时，为了满足具有语言联系和摩擦情形的社会需要而建立一种双语教育系统，其目的不仅是要增强公民的语言熟练程度，而且还要在增强不同语言和文化的成员之间的理解并促进社会一体化融合的同时影响他们的语言习惯"。运用这些理论与理念来研究维汉双语教育问题是艾力·伊明在双语教育理论研究上试图创新和突破之处，体现了他深厚的理论功底。

在研究立场上，由于艾力·伊明是在和田生长的，为了在田野调查过程中避免受到主观情绪的影响，保证研究的科学性，他采用了文化人类学的主客位相结合的研究立场，尽量避免以往大多数研究者以学者的主观态度和主流强势文化的立场审视和阐释少数民族教育的情况。在该研究对维汉双语教育的态度选择问题上，作者提出了以下观点：必须正视和积极应对全球化与国家一体化对民族文化与民族教育所带来的冲击和挑战，而不是消极地抵制或逃避；在此基础上主张少数民族成员应该持有一种包容和开放的文化观，具备多元文化的整合理念；在少数民族教育领域中，不应限定少数民族学生的文化身份，而是主张在多元文化整合理念的基础上，由少数民族家长和学生来设计和重构——在一个多元文化的社会中，少数民族受教育主体本身应该享有文化选择的权利。最关键的是，在一个多民族国家和多元文化社会的学校教育中，应当培养各民族学生具有开放乐观、积极向上的民族感情和民族自信心，让民族学生在了解各民族文化的基础上学会与其他民族学生和谐共处、互相沟通和彼此信赖，使他们在面对全球化的进程中成为既能够有效借鉴、吸收世界文化、国家主流文化，又能够传承和弘扬本民族优秀传统文化的一代新人。

应该说，该研究在一定程度上填补了新疆维吾尔族教育史和双语教育研究的空白，丰富了新疆维汉双语教育的理论和实践，对中国少数民族双语教育研究亦有一定的贡献。由于该研究是新疆维汉双语教育改革的探索性研究，其中必然存在着某些不足之处。在今后的研究当中，希望艾力·伊明博士继续对维汉双语教育有关问题进行理论和实践研究，不断对该研究进行修改和完善，力求后续研究做到更加规范、科学、严谨，并具有更高的理论和实践创新价值，以此为新疆的稳定与发展，为新疆各族人民整体教育素质的提高以及当地语言文化和谐社会的构建，贡献出自己的智慧和力量。

是为序。

滕　星
2009 年 4 月

目 录

导 论 ……………………………………………………… (1)
  一、选题的目的和意义 ………………………………… (1)
  二、研究基本思路与理论范式 ………………………… (6)
  三、相关研究动态 ……………………………………… (10)
  四、相关概念的界定 …………………………………… (27)
  五、研究方法与研究步骤 ……………………………… (31)

第一章 古代于阗社会文化与教育的变迁 …………… (34)
  第一节 远古时期的于阗绿洲文化与教育 …………… (34)
    一、以绿洲为中心的古于阗文化之链的起源与形成 … (34)
    二、和田先民早期的信仰 ……………………………… (36)
    三、古代于阗教育的兴起 ……………………………… (37)
  第二节 古丝绸之路与于阗佛教文化教育的兴盛 …… (38)
    一、丝绸之路与文化初兴时期的于阗 ………………… (38)
    二、佛教的传入与于阗社会的多语现象 ……………… (40)
    三、以佛教为媒介的于阗教育的兴盛 ………………… (41)
  第三节 文化转型时期的和田伊斯兰教经文教育 …… (43)
    一、伊斯兰教的传入与文化转型时期的于阗 ………… (43)
    二、文化转型时期和田的双语现象与私塾教育 ……… (44)

第二章　近现代和田教育与双语教育 …………………… (48)

第一节　清代语文政策与和田学堂教育 ………………… (48)
一、维汉文化的接触与维汉双语现象的形成 ……… (48)
二、清代新疆的语文政策与措施 …………………… (51)
三、清代新疆维汉双语教育——学堂教育 ………… (52)

第二节　民国和田学堂教育与新式民族教育 …………… (55)
一、和田学堂教育的兴起 …………………………… (56)
二、和田宗教与现代教育合一的新式民族教育 …… (59)
三、曲折中发展的和田现代学校教育 ……………… (61)

第三章　新中国和田地区的双语教育 …………………… (65)

第一节　国家双语教育政策的发展及新疆民汉兼通
　　　　双语政策的确立 ………………………………… (65)
一、国家民族语文教学及双语教育政策的发展 …… (65)
二、新疆双语教育政策的发展及民汉兼通
　　目标的确立 ……………………………………… (69)
三、和田中小学维汉双语教育发展概况 …………… (74)

第二节　和田双语教育改革实验的开始
　　　　——和田市三中部分课程用汉语授课
　　　　实验案例 ………………………………………… (77)
一、实验背景、目的、教材与教学语言 …………… (77)
二、和田市三中双语授课实验情况及分析 ………… (78)

第三节　当前和田地区双语教育多种模式的
　　　　特点及其分类 …………………………………… (82)
一、和田地区双语教育现存多种模式的
　　基本情况及其分析 ……………………………… (82)
二、和田地区中小学双语教育的三种主要模式 …… (86)

第四章 和田地区中小学双语教育现状调查分析 …………(87)

第一节 维汉双语教育调查的目的、方法与对象 ………(87)
一、调查目的 ……………………………………………(87)
二、调查方法与对象 ……………………………………(89)

第二节 对和田地区教育局行政管理人员的访谈 ………(92)
一、对和田地区教育局行政官员的访谈 ………………(92)
二、和田地区教育行政官员对于双语教育的主要观点 …………………………………………………(101)

第三节 对汉族学校模式中小学双语班教师、家长和学生访谈 ……………………………………………(103)
一、对和田市五中教师和家长的访谈 …………………(103)
二、对和田县三小教师、家长和学生的访谈 …………(114)
三、汉族学校双语班教师、家长和学生的主要观点 …………………………………………………(124)

第四节 对民族学校模式中小学双语班教师、学生的访谈 ……………………………………………(125)
一、对洛浦县布雅乡中学教师和学生的访谈 …………(125)
二、对洛浦县第一小学教师和学生的访谈 ……………(130)
三、民族学校双语班教师和学生的主要观点 …………(135)

第五节 对民汉合校模式中小学双语班教师和学生的访谈 ……………………………………………(136)
一、对和田地区实验中学教师和学生的访谈 …………(136)
二、民汉合校双语班教师和学生的主要观点 …………(143)

第五章 和田地区中小学实施双语教育的必要性 …………(144)

第一节 社会各界对实施维汉双语教育的不同观点与争论 ……………………………………………(144)
一、双语教育中两种教学语言的比例 …………………(145)

二、双语教育中维吾尔语言文化的传承……………………(145)
三、双语教育对民族文化认同的影响…………………………(146)
四、双语教育对儿童智力发展的影响…………………………(146)
五、实施双语教育的最佳年龄……………………………………(146)
六、和田地区双语教育的重点……………………………………(147)
七、双语教育对少数民族文化发展的影响……………………(147)
八、现有教育资源对实施双语教育的影响……………………(148)
九、双语教育对维吾尔语言社会功能的影响…………………(148)
十、双语教育对民族语言文化产业的影响……………………(149)

第二节 和田地区中小学教师、学生对双语教育的
　　　　态度问卷调查统计……………………………………(149)
一、参与问卷调查的教师、学生的基本情况…………………(150)
二、教师、学生对维汉双语教育的态度………………………(153)

第三节 和田地区中小学实施双语教育的必要性………(170)
一、实施维汉双语教育是提高民族教育质量
　　的有效措施………………………………………………(170)
二、实施维汉双语教育是适应当地社会发展
　　的需要………………………………………………………(175)
三、实施维汉双语教育是开发儿童智力，
　　提高学生综合素质的需要………………………………(179)
四、实施维汉双语教育是世界多元文化教育发展
　　的需要………………………………………………………(182)
五、实施维汉双语教育是实现民汉兼通
　　社会教育目标的需要……………………………………(186)

第六章 和田中小学维汉双语教育三种
　　　主要模式及分析……………………………………(190)

第一节 少数民族双语教育模式的分类及
　　　　主要影响因素……………………………………(191)

一、少数民族双语教育模式…………………………（191）
　　二、影响我国少数民族双语教育模式分类的因素……（192）
第二节　和田中小学双语教育现行三种模式的
　　　　特征及分析…………………………………（196）
　　一、民族学校模式双语教育的特征及分析……………（197）
　　二、汉族学校模式双语教育的特征及分析……………（204）
　　三、民汉合校模式双语教育的特征及分析……………（210）
第三节　和田地区三种模式双语教育师资的
　　　　特点及分析…………………………………（218）
　　一、和田地区三种模式双语师资的构成………………（218）
　　二、对和田中小学双语师资教学特点的分析…………（220）

第七章　影响和田中小学维汉双语教育实施
　　　　的因素分析…………………………………（223）

第一节　国家民族语文政策及新疆民汉兼通
　　　　政策对双语教育的指导作用………………（224）
第二节　和田地区语言文化生态环境对中小学
　　　　双语教育的影响……………………………（227）
　　一、和田地区人口结构与特殊语言文化环境
　　　　对双语教育的影响…………………………………（227）
　　二、和田地区人口素质对双语教育的影响……………（230）
第三节　和田地区地理经济生态环境对双语教育
　　　　的影响………………………………………（235）
　　一、教育生态学理论与民族教育………………………（235）
　　二、和田地区特殊地理生态环境对双语教育
　　　　的影响………………………………………………（237）
　　三、和田地区经济生态环境对双语教育的影响………（240）
第四节　民族文化心理对双语教育的影响……………（243）
　　一、民族文化对双语教育的影响………………………（244）

二、封闭的社会文化心理与教育观念对双语教育
的影响……………………………………………(247)
三、社会语言态度与社会舆论对双语教育的影响………(250)
第五节 和田地区的教育资源对双语教育的影响………(252)
一、双语师资因素对双语教育的影响………………(253)
二、教育经费因素对双语教育的影响………………(256)
三、双语教育的教材与参考资料因素对双语教育
的影响……………………………………………(258)

第八章 和田地区维汉双语教育的发展趋势与对策研究……………………………………(262)

第一节 和田地区双语社会和双语教育的发展趋势………(262)
一、双语人数量不断增多、语言观念不断更新………(262)
二、双语教育的最终社会目标——实现民汉兼通、
构建和谐进步的语言文化生活……………………(264)
三、双语教育稳步发展,质量不断提高………………(267)
第二节 和田中小学维汉双语教育模式
的发展对策………………………………………(270)
一、民族学校普通类型双语教育模式的发展对策……(272)
二、民族学校双语教育模式以及民汉合校
双语教育模式的发展对策…………………………(273)
三、汉族学校模式双语教育的发展对策………………(274)
第三节 建立双语教育管理与保障机制的几点建议………(276)
一、修订完善的教学大纲……………………………(277)
二、正确认识双语教育的功能………………………(278)
三、合理安排双语班的教材使用、学制及课时………(278)
四、建立科学的双语教育评价体系…………………(279)
五、保障落实双语教育所需的经费…………………(280)
第四节 和田中小学维汉双语教育发展对策………………(281)

一、科学认识民汉兼通的内涵……………………………(281)
二、大力加强双语师资培训工作…………………………(283)
三、加强富有地方特色的双语教材建设…………………(286)
四、重视双语教育的理论研究……………………………(288)
五、鼓励汉族学生学习少数民族语言文化，
　　共建新疆和谐语言文化社会………………………(290)

第九章　困境与选择
　　——全球化背景下和田双语教育发展
　　　　的理论思考……………………………………(292)

参考文献……………………………………………………(305)

附　录………………………………………………………(318)

后　记………………………………………………………(330)

导 论

一、选题的目的和意义

人类群体的多样性、语言文化的多元性、社会发展程度的悬殊性以及地理环境的差异性等对现代教育提出了挑战。双语教育已成为当今世界多民族、多语言国家教育体制中的重要组成部分，并成为解决民族问题的重要途径之一。中国作为一个多民族国家，双语教育已成为我国民族教育体系中的一个重要组成部分并贯穿于民族教育的基础教育、中等教育、高等教育的各个阶段。

语言是文化传承的工具。当今世界绝大多数国家是多民族、多语种的国家。多元化与一体化的矛盾与冲突影响着世界政治经济的发展，也影响着教育的发展。如何在全球化与本土化、国家一体化与民族文化多元化这种对立统一的大背景下保存、发展各民族文化是摆在我国各民族，尤其是少数民族面前的重大现实问题。因此，在少数民族地区中小学教育中，对于不能熟练掌握国家主体民族语言的少数民族学生，应该采用何种语言对其进行教育的问题备受关注，许多实施双语教育的多民族国家的实践证明，实行双语教育是解决这一问题的有效途径。

民族教育具有文化传承、传播、借鉴和创造的功能，具有影响个体发展和提高民族素质以及创造文学艺术的功能。其中，基础教育是少数民族地区教育事业发展的奠基工程，它对提高少数民族整体文化素质、促进民族地区经济文化与社会各项事业的和谐发展等起着不可替代的作用。实施双语教育不仅是提高教育质量的有效手段，也是保持民族文化多样性的重要措施。同时，也反映出多民族国家对待民族和民族问题的基本态度、民族关系的融洽程度。在当前实施科教兴国战略与全面构建和谐社会战略的大背景下，民族文化的继承、发扬、开发与利用对于我国社会系统的整合与发展，对于我国各民族人民的大团结，对于广大人民群众整体素质的提高等均有重大意义和特殊的重要作用。

在一个多民族国家里，少数民族不仅要保留本民族的语言与文化，同时，还要学好该国主体民族的语言与文化，以便少数民族成员获得更大的发展空间。我国是一个拥有56个民族的多民族国家，除了汉族以外，其余55个民族为少数民族，总人口逾1亿，占全国总人口的1/12。但由于不同地区民族分布情况不同，社会经济、民族文化和语言使用特点存在差异，甚至同一个地区内的民族教育也由于自然地理、社会经济等原因，其语言教育也呈现出不同的特色。因此探讨和解决少数民族双语教育问题，除探讨教育科学的双语教育规律以外，还需要从教育的社会文化背景中去考察促使其产生与发展的教育文化环境及其历史演变，从少数民族教育文化环境及其内部诸因素的关系以及双语教育产生与发展的历史轨迹中发现、分析和解决问题，探讨其发展规律。

新疆维吾尔自治区是中国维吾尔族聚居区，总人口约1963.113万，是个多民族地区，其中维吾尔族人口最多，约900万，占总人口的45.73%，汉族人口约780.25万，居第二位，还有哈萨克、回、蒙古、柯尔克孜等民族。维吾尔族是一个拥有悠久传统文化历史的民族，有自己的语言文字、宗教信仰和风俗习惯。维吾尔语属阿尔泰语系，信仰伊斯兰教。

新疆民族教育与双语教育当中的民汉兼通作为构建新疆和谐语言文化社会的战略性教育目标,已成为新疆维吾尔自治区民族政策的重要组成部分和各民族共同努力的理想的教育趋向。它是新疆各少数民族通往现代化的必然选择,也是改善维吾尔族青少年生活与教育环境的重要措施之一。

和田地区位于塔克拉玛干大沙漠南部,面积24.78万平方公里,占全新疆的15%,绿洲面积9730平方公里,耕地面积为274万亩,占绿洲面积的17.95%。2004年末全地区总人口为177.2万人,其中维吾尔族171.06万人,占总人口的96.51%;汉族5.76万人,占总人口的3.25%。和田地区是具有典型意义的维吾尔族聚居区,除维吾尔族外,还零散居住着回、塔吉克、柯尔克孜等其他少数民族。

该地区主要使用维吾尔语。在和田地区的各县城、和田市内及城镇地区的维吾尔族人在日常工作生活中一般使用维吾尔语进行交流,只有在遇到不会讲维吾尔语的汉族人或其他民族人时才尽量改用汉语。农村的维吾尔族人一般不懂汉语,基本使用维吾尔语。大部分汉族人会说简单的维吾尔交际语,如遇到不懂汉语的维吾尔族人尽量用维吾尔语与其进行交流。该地区的文字使用状况是:各级地方政府公文均采用维吾尔语和汉语两种文字;各级各类学校在教学中主要使用维吾尔语言与文字并加授汉语文课;公务员、教师、商贩等一般可以不同程度地操维汉两种语言交流,其中部分人能够不同程度地使用两种文字。上述情况表明:和田地区乡镇以上的城镇已经步入以维吾尔语言文字为主,汉语言文字为辅的双语双文化社会,而农村地区基本上还是一个以使用维吾尔语言文字为主的单语单文化社会,但已不同程度地受到中国主流文化及和田其他城镇地区双语社会的影响。和田维吾尔中小学双语教育水平伴随着和田民族教育事业的发展而不断提高,经历了由小到大、由弱到强,逐步发展的过程。新中国成立以来,特别是1960年以后,和田地区中小学普遍开设了汉语课程。1984年,自治区党委和人民政府把民汉兼通定为少数民族教育汉语教学的基本方针。民汉兼通目标的提出为和田维吾尔中小学双语教育的发展提供了强有力的政策保障。自1994年开始,和田地区在巩固和加强原来的双语教育普通模式(即把汉语当一门语言课程来学习)的同时,进行了多种形式的双语教育实验工作。通过十多年的努力,整个地区的维吾尔中小学普通模式双语教育得到了极大的发展,同时初步建立了民族中小学理科(数学、物理、化学)双语实验班、汉语中小学双语班、民汉合校双语班、浙江金华市汤溪中学和田班(联办双语教育模式)等双语教育体系。2004年,新疆维吾尔自治区下发文件,规定2012年以前有条件的民族中小学逐步实现除母语文外的其他课程用汉语授课的双语教育模式。该文件对新疆民族中小学实施双语教育具有指导作用,它明确指出了今后民族中小学双语教育发展的具体方向。但是,新疆各地区间的社会经济发展程度、双语使用程度和现有教育资源条件存在较大的差异。和田地区作为国家级贫困地区,存在着自然生态环境恶劣、教育发展程度低、维吾尔族群众的汉语水平普遍偏低、教育观念比较落后、双语师资队伍的质量不高、尚未形成有效的双语教育管理和保障机制等众多问题,而这些问题是影响和制约该地区双语教育实施和发展的主要因素。因此,今后和田地区的双语教育应该怎样搞下去、怎样实现自治区的民汉兼通战略目标是目前和田地区维吾尔中小学普遍面临的问题。

学校是现代社会传播双语双文化的主要场所。因此,笔者通过对新疆和田绿洲维吾尔中小学的实地调查,深入了解当地维吾尔族群众、学校教师、教育行政管理人员、学生及家长对维汉双语教育的态度,双语教育的现状及存在的问题,并在此基础上提出可行性的对策建议。这对于国家和地方政府制定贫困边远民族地区双语教育的相关政策,改善维吾尔中小学双语教育办学方式,构建民族地区和谐进步的语言文化环境具有重要的理论与实践意义。同时，本研究以再现和田民族教育、双语教育发展历程，指明影响和制约和田地区双语教育实施的因素，为顺利实现该地区民汉兼通目标提出一些可行性建议为核心目标，这也将会给国家和当地政府提供一个有益的实证研究案例，填补类似和田的贫困边远民族地区双语教育研究领域的空白。

综上所述，本课题研究的目的和意义在于：

第一，本课题研究通过搜集和整理大量的历史文献并辅之以观察方法，比较系统地论述了和田维吾尔族民族教育的发展历程、双语教育的历史沿革与现实情况。

第二，从语言文化生态环境、民族心理、地理与经济生态环境、现有教育资源水平等角度出发，运用文化人类学的有关理论和实地调查方法，对和田地区民族教育与双语教育现状进行实证性调查和研究。在此基础上阐述和田地区实施维汉双语教育的必要性，分析现行双语教育三种主要模式的主要特征、优点和弊端，指出影响和制约和田中小学双语教育的各种因素、条件。

第三，本课题研究在充分掌握和分析有关资料的基础上，预测和田地区双语教育今后的发展趋势，提出有利于和田民族教育和双语教育发展的政策建议，争取政府的支持，从而为国家和新疆有关部门制定类似地区中小学双语教育政策提供依据和参考。同时，本项研究还可以为生态环境恶劣、经济发展水平低、基础教育薄弱的南疆其他地区在国家一体化和文化多元化的矛盾中，如何在学习主体民族语言文化的同时有效地保持民族语言文化的传承性提供可借鉴的典型个案，为制定民族政策、教育政策、语言政策提供参考。

第四，本课题研究的最终目标是帮助处于生态环境恶劣、经济发展水平低、基础教育薄弱的和田地区构建和谐的语言文化环境，使当地的维吾尔族学生更好地达到民汉兼通要求，以便更加顺利地融入社会，获得更大的发展空间，更好地传承和发扬本民族的优秀文化。解决好双语教育问题，会进一步推动当地少数民族文化教育水平的提高，同时可以有效提高当地维吾尔族学生在多元文化社会中的文化适应能力，顺利实现民族现代化。

第五，本课题研究对丰富和发展我国民族教育科学、民族理论问题研究，对民族教育立法及民族区域自治法的完善，将会产生一定的积极作用。

二、研究基本思路与理论范式

本课题是一项涉及跨文化语言学、教育学、人类学、社会学、历史学等多学科的综合性研究，采用的基本方法是文化人类学的田野工作方法，是在特定地域，对特定群体进行的语言文化教育的个案研究。

本课题研究首先从历史的角度对和田地区民族教育和双语教育发展演变的过程及其特点进行解释，然后在充分把握当前双语教育现实资料的基础上，从主客位角度对现行双语教育模式的特征和效果进行解释。

本项研究采用的主要理论范式是历史学和文化人类学的解释范式，通过辅以文化唯物论的主客位研究方法，对和田地区民族教育与双语教育发展的历史演变过程及其特点从教育人类学的角度上给予意义上的解释。笔者在语言教育人类学田野调查的基础上，对和田地区中小学维汉双语教育个案的社会意义做了积极的探讨，同时还对双语教育在当代人类社会中面临的理论与实践问题，从人类文化的共性与差异性（即同质性与异质性）、文化的普世主义与文化的多元主义等相关领域进行了尝试性探讨。

本书通过历时性研究，从历史的角度考察某种文化在不同时期发展演变的过程，并揭示该文化不同历史阶段之间的联系。本项研究不仅要对研究对象进行动态的描述，还要深入分析研究对象与其所属文化之间的联系，并解释其意义。

(一) 解释人类学的基本理论

与结构主义强调文化的共同因素正好相反,解释人类学强调社会文化的多样性,并且认为文化人类学自身的目的,就是要解释人类过去的和现存的多种多样的生活方式的不同。马尔库斯(G. Marcus)和费彻尔(M. Fischer)所著的《作为文化批评的人类学——一个作为人文科学的实验时代》一书对何为解释人类学作了如下阐述:"解释人类学是各种民族志实践和文化概念反思的总称。它是在六七十年代受当时占支配地位的帕森斯学派、经典的韦伯社会学、现象学、结构主义、结构和转换语言学、符号学、法兰克福学派批评理论以及阐释学的共同影响下产生的"[①]。

一般说来,人类学家本来就是以描述其他人群不同的社会文化而著称的。对人类社会文化差异性、多样性的强调,是解释人类学的基本特点之一。在理论上强调不同文化之间的差异,通常意味着要想在不同文化中概括出某种共同的、普遍的东西是困难的。既然每一种文化都是独一无二的,那么每一种文化就只能完全从其自身来加以分析,我们只能对每一个社会文化系统分别从它自身的特性上去独立理解。强调文化的独特性和差异性,还意味着不同文化之间的比较可能会产生牵强附会的误导。因为那些不同文化中表面上看起来相同的要素,实际上在不同的人群中有着不同的意味和意义,因为他们是在不同社会文化背景中发生的。

持以上理论倾向就是所谓的"解释人类学",其学术宗旨在于解释具体文化现象或文化要素的意义。在解释人类学看来,任何一种社会行为,都有其象征意义,因为每个人的行为都必须以

[①] 马尔库斯、费彻尔著,王铭铭、蓝达居译:《作为文化批评的人类学——一个作为人文学科的实验时代》,47页,北京,三联书店,1998。

一种其他人能懂的方式来进行。所以,一切社会行为都象征着某种意义,这种意义是建立在参与行动者约定俗成、心照不宣的基础上的。在不同的社会场合,人们都不自觉地懂得用什么样的行为可以传达什么样的意义,也都能从别人的行为中理解出别人所要表达的意义。但是处在这个文化中的人却很难向来自不同文化的旁观者清楚地解释一个具体行为究竟意味着什么。而文化人类学的任务,就是要设法去理解这些行为乃至其他一切文化要素的意义。

解释人类学认为,文化要素不能脱离它的社会文化系统孤立地加以解释,而只能将它放在原来的上下文中,从它相对于其他要素的联系和意义上来解释。也就是说,要对某个文化系统中的某个事件进行解释,就是要看它与同一文化系统中的其他事件有什么联系、对之产生什么影响、有何意义。

解释人类学要求研究者像被研究文化中的人那样去理解其文化,也就是要弄清楚被研究者自己对自己的文化究竟是怎么想的。许多人类学家所认为的寻求对所有人类生活方式普遍有效的解释,是徒劳无益的。因为构成一个社会文化系统的因素很多,这些因素又如此复杂地、不可预测地互相产生作用。因此我们对每一种文化及其要素都只能一个一个地分别去解释。[1]

(二) 解释人类学与文化相对论的关系

马尔库斯、费彻尔认为,"在人类学理论方面最近的发展与学科过去的联系是什么?就美国人类学的现代史背景而言,我们最好将解释人类学看作是文化人类学在二三十年代所倡导的,并以之为学科建设基础的相对主义(relativism)传统的复兴和精

---

[1] 周蔚、徐克谦:《人类文化启示录》,94~95页,上海,学林出版社,1999。

致化。"① 当代解释人类学实质上是文化内部或文化之间交流的相对主义模式。面对不可否认的政治和经济权力的全球化结构,作为相对主义和解释人类学实践化身的民族志,向发源于西方而依然占据特权地位的全球均质化观点、普同化价值观、忽视或削弱文化多样性的社会思潮及其对现实的界说提出了挑战。这种解释人类学并不否认人类价值的等级,不推崇极端的宽容主义,也不反对归纳。在这些前提下解释人类学作为一种民族志的反思,在人类学极其相关社会科学中,履行一种有价值的批评功能。因此,当代解释人类学正是一种在只是催化的时期重新被武装和巩固而较之其初创形态更复杂的相对主义。②

(三) 文化唯物论的主位与客位研究方法

主客位研究法是当代文化人类学家在作田野工作时较为注重采用的一种研究方法。该研究方法是由文化人类学中文化唯物主义学派的代表人物美国人类学家马文·哈里斯(Marvin Harris)提出并系统阐述的。马文·哈里斯认为,使用"客观的"和"主观的"这两个范畴来研究社会文化现象,常常会得出不恰当的结论或引起混乱。因为一般的唯物论者会断言"客观的"就是科学的,而"主观的"就是非科学的。但是,实际研究中,参与者的思想和行为都能从两种不同的角度来考虑,即从参与者本身的角度和从旁观者的角度来考虑。③ 哈里斯在 1983 年版的《文化人类学》一书中对主位文化和客位文化作了较通俗的阐述,认为人类学家研究人类社会生活,可以通过访谈了解当地人们的思想,也可以从亲自观察被调查对象的实际活动来了解文化行为。思想活

---

① 马尔库斯、费彻尔著,王铭铭、蓝达居译:《作为文化批评的人类学——一个作为人文学科的实验时代》,55 页,北京,三联书店,1998。
② 同上,56 页。
③ 夏建中:《文化人类学理论与学派》,250 页,北京,中国人民大学出版社,1997。

动与行为有差别，二者之间的关系也极为复杂，辨明二者的差别并不能解决如何才能全面说明整个文化的问题。可以从两个不同角度即事件参与者本人和旁观者的角度去观察人们的思想和行为，从而做出科学的客观评价。前一种研究文化的方法称为主位研究法，检验主位研究法的记述和分析是否恰当，在于那些论述和分析是否符合当地人的世界观，是否被他们认为是正确的、有意义的、恰当的。后一种研究法称为客观研究法，检验其记述和分析是否恰当，只看它能不能就有关社会文化异同的原因产生出科学的理论。这时人类学者所使用的观念，不是从当地人的观点看来是正确的、有意义的、恰当的那种观点，而且使用从科学的数据语言中得来的类型和规律，而这往往是当地人不了解的。①②本书采用这一研究方法对从和田地区中小学田野工作所获得的访谈材料和参与观察结果进行分析，对和田地区中小学双语教育实施过程与结果作以较客观的评价，为进一步的讨论和尽可能较为科学的解释奠定主客位研究的基础。

三、相关研究动态

本课题研究的文献综述主要是通过对文献的查询、阅读及整理，对相关文献进行归类、梳理和评述，总结前人的研究成果和贡献，评述其不足和缺憾。文献主要来源于《中国期刊全文数据库》(1979—2005年)的期刊文章，中国国家图书馆、新疆维吾尔自治区图书馆有关维吾尔文和汉文的论著、学术期刊，各地区的地方志、教育志，用维吾尔文出版的各类杂志、报纸，另外还

---

① 马文·哈里斯著，李培荣等译：《文化人类学》，15～18页，北京，东方出版社，1988。

② 黄淑娉、龚佩华：《文化人类学理论方法研究》，328～330页，广州，广东高等教育出版社，1998。

包括新疆维吾尔自治区教育厅以及和田地区教育局的有关政策文件、调查资料和内部资料。

书中所涉及文献包括核心文献和相关文献，核心文献主要指新疆及和田地区教育历史方面的文献、中小学维汉双语教育研究文献、新疆维吾尔自治区有关推行和加强双语教育方面的政策文件；相关文献是指国内外双语教育研究文献、和田地区人文、社会、语言、自然生态方面的文献。笔者以此为基础，宏观上完整地论述多元文化视野下的双语教育问题，从微观上注意对和田地区中小学双语教育的理论与实践进行纵深研究。

（一）核心文献

1. 有关维吾尔教育史，和田教育、语言变迁史方面的文献资料

阿不都拉·塔里甫的《维吾尔教育史略》①，内容包括维吾尔原始教育、维吾尔文字与佛教教育及其代表人物、中世纪以喀什为中心的维吾尔教育及其代表人物、察哈台时期维吾尔教育、赛义德王朝时期的教育、维吾尔新式现代学校教育的开端、比较教育学等章节。该书是目前维吾尔族教育史方面的唯一专著，它以维吾尔族教育史上的重大事件、历史名人为主线，对新疆维吾尔族在新中国成立前各个历史阶段的教育情况作了简要的介绍。该著作作为维吾尔族教育史研究唯一权威的文献，对研究维吾尔教育思想、和田地区维吾尔文化教育语言的历史演变颇有价值。

2003年和田地区教委组织，提力瓦尔地·吾术尔等人撰稿的内部资料《新疆和田地区教育志》较为详细的记述了1884—2003年间和田地区的教育发展历程及现状。② 该教育志是目前论

---

① 阿不都拉·塔里甫：《维吾尔教育史略》（维吾尔文），乌鲁木齐，新疆人民出版社，1986。

② 提力瓦尔地·吾术尔等：《新疆和田地区教育史》，2003。

述和田地区教育历史和现状的较为全面的内部资料,为本课题研究提供了重要参考。但是它局限于论述和田教育史上重大事件、部分学校的建立及其发展历程和教育名人等内容,没有涉及和田地区文化的变迁、民族结构与语言的变化、教育思想的演进等问题,其深度不够。

阿布都拉·苏莱曼主编的《天下只有一个和田·文化、教育、医学部分》,是该作者《天下只有一个和田》系列丛书中的一本。丛书介绍了和田社会经济文化方面的广泛内容。文化、教育、医学部分主要介绍了和田史前时代的物质、精神文化,和田佛教时代文化等内容。其中和田教育事业概况部分包括佛教时期和田教育的形成、伊斯兰教育时期的和田经堂教育、近代教育的萌发、"四月兵变"后的和田教育、近代和田教育,和田医学的发展历史等内容,是了解和田各时期社会文化和教育发展历史不可多得的著作。[1]

2002年4月出版的《和田简史》[2] 是一部和田地方史著作。这部著作涉及的内容较为广泛,包括从远古至今的和田历史、和田绿洲经济文化的变迁、和田民族史、宗教史、和田与中原关系史、和田反分裂斗争史、和田语言文字史、和田民俗、和田历史人物等内容。其中虽然没有涉及教育变迁,但有关和田语言文字变迁史等资料对研究和田地区文化教育历史与现状提供了很好的帮助。

有关论文主要有阿不都拉·塔里甫的《论维吾尔教育史》(《新疆教育》,1983年第8、9、10、11、12期,维吾尔文)、艾来提·赛伊提的《论新疆近代教育》(维吾尔文,《新疆地方志》,1991年第1期),阿大来提·阿迪的《新式教育史上的人物》

---

[1] 阿布都拉·苏莱曼:《天下只有一个和田》,乌鲁木齐,新疆人民出版社,2003。

[2] 孙斌主编:《和田简史》,郑州,中州古籍出版社,2002。

(维吾尔文,《新疆历史资料》,第 34 期,1993 年,新疆人民出版社),陈国光的《新疆伊斯兰教经文教育史回忆录》(《喀什师范学院学报》,1995 年第 3 期),玛丽亚木·土胡提的《新疆佛教教育初探》(维吾尔文,《新疆大学学报》,1998 年第 4 期),玛丽亚木·土胡提的《论叶尔羌王朝时期的新疆教育》(《新疆社科论坛》,1999 年第 2 期),玛利亚·库尔班的《论解放以前的学堂教育》(《且末历史资料》,2000 年第 1 集),这些论文从不同角度对新疆各个时代教育事业的发展、教育历史上的人物、教学内容的变迁及其特点等问题进行研究。加帕尔·艾买提的《解放以前和田地区文教事业回忆录》(维吾尔文,《新疆历史资料》,第 20 期,1987 年,新疆人民出版社),买买提依明·土胡提的《和田新式文化教育的出世》(维吾尔文,《新疆历史资料》,第 20 期;1987 年,新疆人民出版社),吾术尔买提·巴拉提、吐尔逊买买提·胡赛因的《和田皮山县文教事业发展历程的回忆录》(维吾尔文,《新疆历史资料》,第 20 期,1987 年,新疆人民出版社),吾买尔·赛伊提的《论和田近代教育》(维吾尔文,《和田师范专科高等学校》,1991 年第 3 期),阿不都卡德尔·阿不都瓦伊提的《论近代和田新式教育的奠基人——阿吉夫人》(维吾尔文,《和田师范专科高等学校》,1992 年第 2、3 期),伊米提·卡斯木的《论解放以后的教育发展》(维吾尔文,《墨玉县历史资料》,1995 年,第 1 集),提力瓦尔地·吾守尔的《和田地区解放前教育》(维吾尔文,《新疆社科论坛》,2000 年第 4 期)。以上论文大部分是以回忆录形式列入和田各类地方志中,反映某个时段和田某个地方教育的情况。

综合以上有关维吾尔族教育史、和田地区教育史方面的著作和论文可以看出,虽然目前已经出版了一些有关维吾尔族及和田教育方面的文献资料,但是大部分研究局限于对历史上某个阶段的重大教育事件、重要人物的描述和学校的建立及其发展历程的论述。有关维吾尔族教育及和田教育近现代和新中国成立以后变化的研究文献资料较多，而用历史的眼光系统地对古代、近代，直到现代维吾尔族及和田地区教育情况进行整体性研究的文献可以说是凤毛麟角。专门对和田地区双语教育变迁史所进行的论述和研究就更少了。还没有从各个时代的民族结构、文化变迁、教育形式变迁等角度去研究和田文化传承、教育发展的历史脉络方面的著作。

2. 有关和田地区中小学双语教育与实地调查研究的文献资料

目前还没有专门研究和田地区中小学双语教育的著作，但是有部分新疆少数民族双语教育研究涉及和田部分学校的双语教育实验问题。

木哈白提·哈斯木教授的《新疆少数民族中学汉语授课试验研究》[①]一书中介绍了和田市三中在1994年开办双语实验班（部分课程用汉语授课）的情况。该书在对和田市第三中学汉语授课试验的现状进行调查的基础上，总结了目前和田市三中双语教育中存在的几个问题，如教师队伍不稳定、管理机制较为落后、双语实验班专款经费没到位、教学效果不理想、针对和田地区中小学双语教育没有本地区实际情况的对策研究等。还对和田双语实验班的几点成功经验和不足之处进行分析，指出了和田实施的维汉双语教育，为经济文化条件跟和田类似的新疆其他贫困地区进行维汉双语交叉授课试验提供了很好的经验。

薛建主编的《新疆南疆地区基础教育》[②]的部分章节探讨了和田基础教育的有关问题。例如，第三章提到了和田市三中双语实验班的情况并对其作了简单的分析和总结。第四章介绍了南疆汉语授课学校的情况，其中包括和田地区汉语授课学校的概况、

---

① 木哈白提·哈斯木等：《新疆少数民族中学汉语授课试验研究》，乌鲁木齐，新疆大学出版社，2002。

② 薛建主编：《新疆南疆地区基础教育》，乌鲁木齐，新疆大学出版社，2003。

教学质量、教育经费等问题。第五章专门探讨了南疆地区民汉合校问题、民考汉民族学生问题。第八章介绍了南疆各地区学生辍学情况，其中有和田墨玉县辍学情况的有关数据统计和研究。

近年来，学者们陆续发表了一些有关和田地区中小学双语教育和实地调查研究的论文。滕星教授的维汉双语教育田野调查报告《中国新疆和田维吾尔族维汉双语教育考察报告》①是运用人类学的理论和研究方法对和田基础教育阶段的学校双语教育环境与现状进行的田野调查报告。本项调查及研究报告是日本福冈教育大学啶浩一教授领导的日本文部省研究项目——"中国维吾尔族与日本儿童生活环境的比较研究"中的子课题。课题组于1996年9月和1997年9月两次赴中国新疆和田维吾尔聚居区进行维汉双语教育田野调查。滕星教授通过对和田地区维吾尔族聚居区三所中小学的实地考察，了解学校教师、教育管理人员、学生及家长对实施维汉双语教育的态度、语言使用及双语教育的现状，做出了较为客观的结论，即民汉兼通的语言与双语教育政策是新疆维吾尔自治区民族政策的重要组成部分，也是包括和田维吾尔族在内的各少数民族通往现代化、改善青少年生活文化环境的主要措施之一。

买提热依木·沙依提教授的《新疆维吾尔自治区喀什、和田地区维吾尔族儿童生活环境与双语学习调查报告》（日本文部省科学研究研究报告书）②，主要探讨了维吾尔族老年人与儿童之间和睦相处的关系以及生成种种关系的生活环境、教学环境和双语学习等与教育心理学有关的一些问题。文中还介绍了和田地区的基本概况，和田学校教育现状以及维吾尔族使用的语言文字、

---

① 滕星、胡鞍钢主编：《西部开发与教育发展博士论坛》，《中国新疆和田地区维吾尔族双语教育考察报告》，271~278页，北京，民族出版社，2001。

② 买提热依木·沙依提：《新疆维吾尔自治区喀什、和田地区维吾尔族儿童生活环境与双语学习调查报告》，载《民族教育研究》，1999（2）。

宗教信仰、习俗等方面的情况。

赵新居的《新疆和田地区民族教育成就及问题分析》①一文主要探讨了和田地区民族教育的成就，其中包括学前教育、小学教育、初中教育、中等职业教育、成人教育、双语实验班教育的成就，和田地区民族教育存在的问题和难点等。

和田教育局提力瓦尔地·吾守尔所写的论文《贫困地区农村基础教育的必由之路》②专门探讨了和田基础教育的有关问题。作者通过对和田地区墨玉县托乎拉乡中学基础教育的调查，指出了和田农村基础教育脱离学生生计方式和需求，课程结构不合理等问题并介绍了托乎拉乡基础教育改革的成功经验。

提力瓦尔地·吾守尔的《双语教学是民族教育的突破口》③，一文探讨了在和田地区推行双语教学的意义以及目前和田地区双语教育模式及存在的问题等。

提力瓦尔地·吾守尔和苗家治的《育人先育德——新疆和田地区学校德育工作纪实》一文提出了对和田地区学校精神文明建设、师风校风建设等问题的看法。④

买提热依木·沙依提教授的《新疆南疆部分地区维吾尔族义务教育的调查》⑤总结了新中国成立以后，包括和田地区在内的南疆地区义务教育中取得的成绩，分析了目前义务教育中存在的诸如教师、教学体制、教学环境、教学观念等方面的问题。

---

① 赵新居：《新疆和田地区民族教育成就及问题分析》，载《新疆社科论坛》，2003（5）。

② 提力瓦尔地·吾守尔：《贫困地区农村基础教育的必由之路》，载《中国农村教育》，2003（3）。

③ 提力瓦尔地·吾守尔：《双语教育是民族教育的突破口》，载《和田日报（维吾尔文版）》，2005.5.17。

④ 提力瓦尔地·吾守尔，苗家治：《育人先育德——新疆和田地区学校德育工作纪实》，载《中国民族教育》，2004（5）。

⑤ 买提热依木·沙依提：《新疆南疆部分地区维吾尔族义务教育的调查》，载《新疆大学学报》，2004（3）。

新疆维吾尔自治区教委"南疆三地区小学毕业生升学率低问题"调查组做出的《南疆三地区小学毕业生升学率低问题的调查报告》也对和田地区基础教育小学毕业生升学率低的问题进行了调查研究。①

张琦的《浅谈南疆三地州中小学汉语教育存在的问题》② 探讨了有关和田地区汉语教学中的教学管理、教材、师资等问题。

3. 有关新疆少数民族双语教育研究文献资料

就笔者所掌握的资料来看，目前有关新疆少数民族双语教育的专著还很少。

王振本、梁威、阿布拉·艾买提、张勇等人合著了《新疆少数民族双语教学研究》③，该书简要地回顾了新疆少数民族汉语教学的历史，对南疆三地区少数民族中小学汉语教学工作进行了调查和分析，论述了汉语教学的德育功能和智育功能，书中还涉及语言教学中的语言要素、语言技能的学习，汉语教材的编写，汉语教师的培训、考试等问题。该专著从语言学习角度出发，初步总结了新疆汉语教学的历史传统和意义，并分析目前南疆地区汉语教学中存在的问题、新疆少数民族学生第二语言学习过程中的语言技能问题，提出了汉语教师培训方面的一些看法。但书中没有按历史顺序对新疆少数民族学生双语教育发展进行详尽的论述，缺乏实地调查工作及其资料。

木哈白提·哈斯木教授所著的《新疆少数民族中学汉语授课试验研究》一书重点探讨了维吾尔中小学双语教育的背景与现状，重点分析了目前新疆少数民族中小学双语教育的主要类型，

---

① 沈逢桥：《南疆三地区小学毕业生升学率低问题的调查报告》，载《新疆师范大学学报》，1993（1）。

② 张琦：《浅谈南疆三地州中小学汉语教育存在的问题》，载《和田师范专科学校学报》，2004（3）。

③ 王振本、梁威、阿布拉·艾买提等：《新疆少数民族双语教育研究》，北京，民族出版社，2001。

即从小学三年级起设置汉语课,其他课程均用民族语言教授的双语教育类型。该书还粗略介绍了目前民族中学进行的另一种双语教育类型,即部分课程(主要是数理化)用汉语讲授,民族语文及其他课程用民族语言讲授的双语教育类型。本书还对南疆喀什、和田地区及北疆克拉玛依、昌吉、博州等地的双语实验班进行了实地调查。① 笔者认为,到目前为止,该专著在新疆双语教育研究领域里属实地调查和理论阐述相结合、应用价值较高的研究成果。

薛建主编的《新疆南疆地区基础教育·和田、阿克苏、喀什》②,是新疆维吾尔自治区教育厅和新疆社会科学院民族研究所合作的世行贷款"贫困二"项目第三批改革课题项目,主要探讨了南疆基础教育的历史沿革、南疆三地区维吾尔族基础教育语言教学、民汉合校、教育经费投入、存在的问题及未来发展等问题。

黄家庆的《新疆各民族教育改革与发展》③ 一书对新疆各民族新中国成立以前和新中国成立以后教育事业的发展历程进行概括,分析了新疆各民族双语教育试验的启动与发展、实验班的教学效果、民族学校基础教育改革方案等问题,提出了对实验班汉语教学的几点意见。

有关新疆维汉双语教育研究的论文从大体上可以分为两类,即新疆维汉双语教育实践和维汉语言的相互影响、相容、流向等方面的资料。

新疆少数民族双语教育实践方面的研究成果主要有:赵秀芝的《试论新疆双语教育的紧迫性》(《民族教育研究》,1997年第4期)、姚文遐的《推进双语教学,促进新疆民族教育发展》

---

① 木哈白提·哈斯木:《新疆少数民族中学汉语授课试验研究》,乌鲁木齐,新疆大学出版社,2002。
② 薛建主编:《新疆南疆地区基础教育》,乌鲁木齐,新疆大学出版社,2003。
③ 黄家庆:《新疆各民族教育改革与发展》,乌鲁木齐,新疆人民出版社,2002。

(《石河子大学学报》，2005年第3期)、张敬仪的《新疆少数民族地区双语教育研究》，阿布拉·艾买提的《新疆双语教育》(《中国民族教育》，1999年第4期)、方晓华的《新疆双语教育问题探索》(《民族语文》，1998年第2期)、郭卫东的《双语教学模式与新疆民族教育》(《新疆师范大学学报》，1999年第4期)、周殿生、赵新居的《谈高校汉语授课与新疆民族教育质量的提高》、买买提伊明·阿西木的《汉语在新疆民族教育中的地位及作用》(《乌鲁木齐职业大学学报》，1996年第3期)、张洋的《古代新疆多语种双语的流向》(《中央民族大学学报》，2003年第2期)、方晓华的《论新疆的双语制》(《新疆师范大学学报》，1998年第2期)、赵秀芝的《浅谈新疆双语教学体系的完善问题》(《语言与翻译》，1998年第2期)、陈世明的《清代新疆双语现象及其对各民族语言的影响》(《新疆大学学报》，1995年第1期)、刘平的《清至民国时期政府行为在成就新疆双语中的作用》(《西域研究》，1997年第2期)、高莉琴的《新疆语言的发展趋势与思考》(《语言与翻译》，2003年第1期)、闫丽萍的《论维汉民族语言与非语言交际中的紧急习俗》(《新疆师范大学学报》，2003年第3期)、郭卫东的《全面推进双语教育、提高民族教育质量》(《新疆师范大学学报》，2003年第3期)、孙翀的《维吾尔族学生感知汉语普通话元音的实验研究》(《新疆师范大学学报》，2005年第3期)、成燕燕的《文化差异对哈萨克族同志学习汉语词语的干扰》(《民族教育研究》，1994年第1期)、中国少数民族双语教学研究会编的《双语教学与研究》(第五辑)中还有一些介绍新疆汉语教学经验和方法的论文。

上述论文从历史、心理、语言、文化和政策等不同的角度对历代新疆双语现象、新疆推行双语教学的意义、新疆双语教育发展的趋势、少数民族学生学习汉语过程中存在的一些问题进行了探讨，但缺乏论述的广度和深度，同时缺乏双语教育的实地调查资料。

维汉双语对比方面的研究成果除上述探讨新疆双语教育历史、实践方面的论文之外，还有一些维汉语言的比较研究文献。例如新疆维吾尔自治区民语委历经12年编撰完成的《新疆通志·语言文字志》（新疆人民出版社，2000年）一书中提到了维汉双语的研究情况，但论述还不够全面，也不够深入；陈宗振的《关于维吾尔语中的早期汉语借词的探讨》（《民族语文研究文集》，青海民族出版社，1982年）从一个侧面谈了维汉双语研究中的借词问题；张洋的《古代新疆多语种双语的流向》（《中央民族大学学报》，2003年第2期）从历史的角度概述了新疆历史时空中的语言和双语问题。

综上所述，新疆自20世纪80年代双语教育研究兴起以来，各方面的专家、学者在新疆少数民族双语教育研究方面做了大量的工作，发表或出版了包括维吾尔文和汉语文在内的大量双语研究文章和论著，对了解新疆双语现象，双语教育历史、现状提供了宝贵的资料。但综观这些研究成果，笔者认为存在以下几个问题：

第一，目前有关维汉双语教育研究文献资料，大多是对其现状进行的分析、归类和描写，共时（现状）的研究多，历时（历史）的研究比较少。

第二，有关新疆推行双语教育的意义和介绍国内外双语教育理论和模式的研究多，全面的实地调查和个案研究甚少。

第三，从纯语言学、比较语言学角度进行的研究多，多学科相结合的、从当地的历史和特殊的民族文化心理角度出发进行研究的文献极少。

第四，大部分研究局限于双语教育过程中的学习汉语的技术问题，没有考虑到学习者特定的文化背景、语言态度、接受能力、当地的语言环境和双语学习过程中的心理变化等问题。

第五，对双语教育的实地调查中过分强调和重视双语教育政策的执行和学生在语言上的进步，没有考虑到其他课程的教学效果和学生综合能力的提高。

第六，宏观上的研究比较多，历时与共时、理论与实际相结合的整体性研究不仅很少，而且很零散。

第七，研究方法比较呆板，只从研究者的观点出发进行研究，没有运用主客位相结合的研究方法，有些研究者站在主体民族的立场上，带着主体民族的客位文化观点来研究少数民族语言文字，忽视甚至否定民族语言文字的价值和意义。

4. 有关少数民族语言和民族教育政策方面的文献

联合国教科文组织的《多语并存世界里的教育》① 作为教科文组织对多语环境中国家和地区的教学语言问题的意见书，对语言的多样性与多种语言的使用，少数人与多数人语言、官方语言和民族语言、教学语言和母语教学的关系、双语和多语教学等问题进行探讨，对语言，特别是教学语言的选择上，提出一些国际框架，有关的指导方针与语言规则。

从《中国人民政治协商会议共同纲领》到《中华人民共和国宪法》、《中华人民共和国民族区域自治法》、《中华人民共和国义务教育法》、《中华人民共和国教育法》以及国家的有关文件，对民族语文工作的方针、政策和措施都有规定。《中华人民共和国宪法》总纲第四条中规定："各民族都有使用和发展自己的语言文字的自由"，这是中国民族语文工作的总方针和根本政策。在《中华人民共和国民族区域自治法》第十条中规定："民族自治地方的自治机关保障本地方各民族都有使用和发展自己的语言文字的自由。"在《中华人民共和国教育法》第十二条中规定："汉语言文字为学校及其他教育机构的基本教学语言文字。少数民族学生为主的学校及其他教育机构，可以使用本民族或者当地民族通用的语言文字进行教学。"各民族自治地方在制定自治条例和其

---

① 联合国教科文组织：《多语并存世界里的教育》，联合国教育、科学及文化组织，2003。

他的政策、法规中又进一步作了相应的规定。①

从 1950 年至今,新疆的民族语言和民族教育政策经历了三个阶段。

第一阶段为双语教育政策的形成期(1950—1977 年)。1950 年新疆省人民政府在《关于目前新疆教育改革的指示》中规定"所有汉族中学班均加授外语选修,维族班选修汉语"。1960 年 8 月 25 日,新疆维吾尔自治区教育厅《关于改进提高民族中学汉语教学工作的通知》中指出:"汉语课是民族中学主要学科之一"。这一阶段双语教育政策的主要特点为:新疆维吾尔自治区根据新中国成立以后颁布的一系列法律和政策,制定了相应的语言、教育政策,民族教育当中突出了"以民文为主",民汉学生互学语言的双语教育政策。

第二阶段为双语教育政策的发展期(1977—1990 年)。1984 年,在新党发[1984]13 号文件中进一步指出:"汉语是我国的主体语言,是各族人民群众交流思想和文化的共同工具",提出了新疆少数民族双语教育的基本政策——民汉兼通。② 这一阶段双语教育政策的主要特点为:对中小学汉语教学提出了明确的规定、少数民族双语教育的地位日益突出、教材建设得到了进一步发展,尤其是提出了民汉兼通,并把民汉兼通确定为双语教育的基本方针。

第三阶段为双语教育政策的完善期(1991 年至今)。自 1992 年始,在部分民族中学进行双语教育实验,即部分课程用汉语授课的模式。2004 年 3 月 31 日,新疆维吾尔自治区党委下发了《自治区党委、人民政府关于大力推进双语教育工作的决定》。

---

① 李晋有:《我国民族语文工作的回顾与前瞻》,《民族政策研究文丛》(第一辑),51~54 页,北京,民族出版社,2002。

② 丁文楼:《中国少数民族双语教育研究与实践》,218~220 页,北京,民族出版社,2002。

《决定》指出:"少数民族语言授课的中小学,其双语教育模式,由现阶段的以理科为主的部分课程用汉语授课,或除母语文外的其他课程用汉语授课的模式,最终过渡到全部课程用汉语授课,同时加授母语文的模式",并规定了民汉合校建设、在校教师汉语水平、学生毕业汉语水平、双语教育工作领导等方面的具体要求。①

(二)相关文献

本书参考的相关文献包括国内外双语教育方面的主要研究文献资料及和田地区历史、社会文化、经济、宗教、自然生态环境等方面的文献资料两个部分。

1. 国内外有关双语教育研究的文献资料

20世纪50年代以来,国外双语教育理论与实践迅速发展。一些国际组织和多民族国家相继成立了双语教育研究机构并开展研究工作,在双语教育教学论、双语教育课程论、双语教育模式论、双语教育方法论、语言学习理论等方面取得了一定的成就。其中,比较有代表性的著作是加拿大著名学者 M.F. 麦凯教授和西班牙的 M. 西格恩教授接受国际教育局"双语现象与教育"的研究项目,其著作《双语教育概论》搜集并研究了一些多民族、多语言国家和地区双语教育及其研究情况,主要内容为双语个体、双语社会、双语教育、双语教育的社会心理基础、双语教育的组织与实施、双语教育研究和结果的评价。② 国外双语教育开始得早,目前已经初步形成了一门独立的学科。国内很多相关文献已对国外双语教育研究成果作过详细的介绍,因此不再赘述。

20世纪50—60年代,我国民族教育研究领域开始注重研究

---

① 新党发〔2004〕2号文件,2004年3月31日。
② 〔加〕麦凯、〔西〕西格恩著,严正、柳秀峰译:《双语教育概论》,北京,光明日报出版社,1989。

民族教育当中的教学语言问题。20世纪60年代以后，双语问题逐渐引起了理论界的关注。1979年，全国民族院校汉语教学研究会（1985年改为中国少数民族双语教学研究会）成立，召开了第一次全国双语研讨会，标志着我国双语教育研究进入了一个新的阶段。从20世纪80年代初期开始，在大部分少数民族地区形成了民族语文和汉语文共同作为媒介语的模式，在较大范围内出现了真正意义上的双语教育。同时，在全国少数民族自治地区基本上重新确立了双语教育体制，少数民族语文教材的编译工作也获得重视。在此基础上，广大研究工作者从认知心理学、学习心理学和比较语言学的角度进行了民族语言文字和汉语言文字的对比与转换研究以及教材教法的深入研究，发表了大量的论文。有代表性的作品有严学窘编的《中国对比语言学浅说》，另外，孙宏开、高树春等学者对我国的双语现象、双语制和双语课堂教学也进行了研究。也有部分学者从文化人类学和对比语言学的角度探讨双语教育的现象与过程，使双语教育的研究向双语跨文化研究的方向迈进一步，主要代表作有陈红涛所著的《文化背景与民族教育》、万明钢所著的《文化视野中的人类行为》等。

自"八五"规划以来，少数民族双语教育纳入《全国教育科学课题规划》之中，双语教育研究在深度和广度上都有了较大的发展，出现了一批有影响的论文和著作，如戴庆厦、滕星等著有《中国少数民族双语教育概论》、滕星著有《文化变迁与双语教育》、董艳著有《文化环境与双语教育》、关辛秋著有《朝鲜族双语现象成因论》等，为构建双语教育理论体系奠定了理论基础。上述研究主要涉及语言对比研究、双语教育功能与政策研究、双语教育与教学的概念界定、双语教育和教学的类型研究、双语教育发展历史的研究、双语教育法研究、双语态度、双语教育影响因素的研究、教材编写理论研究等问题。

还有学者从整个教育发展战略的宏观角度和民族教育学的角度认识和探讨了双语教育问题，主要代表著作有哈经雄、滕星主编的《民族教育学通论》、谢启晃、孙若穷主编的《中国民族教育发展战略抉择》、王鉴著的《民族教育学》等。这些研究使双语教育在民族教育理论领域中的地位得以正式确立，双语教育成为民族教育理论的重要组成部分。这一时期，我国的双语教育研究已开始从经验性的调查、观察描述转向较为科学的实验性研究。

中国各民族在长期的共同发展以及历史的不断变迁过程中，形成了十分复杂的民族分布局面，不同地区的少数民族双语现象也各具特色。所以，研究中国少数民族的双语教育必须在宏观研究的基础上，进一步加强微观研究，即对各民族、各地区的双语现象进行细致的研究和剖析，寻找其符合客观实际的规律性。

2. 有关和田历史、社会文化、经济、宗教、自然生态环境方面的文献资料

相关专著主要有：新疆《和田简史》编委会编的《和田简史》[①] 一书中，较为详细地记述了从远古时期至今的和田历史、各种宗教、和田绿洲自然生态环境的变化、经济文化发展历程、语言文字、民俗、人物等资料。陈华主编的《和田绿洲研究》[②] 论文集综合地介绍和探讨了和田地区生态环境演变与生态经济、和田绿洲变化的历史考察、和田人口变化、和田地区农业经济发展战略等问题。刘文锁翻译的《重返和田绿洲》[③] 是英籍匈牙利人斯坦因1900—1901年第一次新疆考古调查和发掘后出《古代和田》报告的续编，主要介绍古代和田、喀什古遗址和文物。《宝地和田》编委会编的《宝地和田》[④] 简要地记述了和田的古

[①] 孙斌主编：《和田简史》，郑州，中州古籍出版社，2002。
[②] 陈华主编：《和田绿洲研究》，乌鲁木齐，新疆人民出版社，1988。
[③] 奥雷尔·斯泰因著，刘文锁译：《重返和田绿洲》，南宁，广西师范大学出版社，2000。
[④] 《宝地和田》编委会编：《宝地和田》(维吾尔文版)，乌鲁木齐，新疆美术摄影出版社，1995。

代历史，和田地区各县、市、兵团和田管理局，和田国民经济各行业，工厂、企业改革，特产和物质资源，文化教育卫生，旅游景观，名胜古迹和传说，和田名人及其著作情况。其中"文化教育卫生"部分重点介绍了和田各高等院校的发展历程与现状。阿布都拉·苏莱曼编的《天下只有一个和田》系列丛书（目前已出版6册）重点介绍了和田历史名人、重大事件、文化遗产、生态环境、文学艺术、特色产业、文教、医学、文艺、社会经济等方面内容。李吟屏著、艾白都拉·阿克莆翻译的《佛国于阗》①一书探讨了佛教传入前后的和田历史，佛教传入以后的古于阗国辉煌文明，中原地带的于阗艺术家及其贡献，中国与西方文明相结合的古于阗国社会经济概况，伊斯兰教的传入与于阗佛教的衰落，古于阗国民族结构以及文化的变化等历史问题。奥雷尔·斯坦因的《沙埋和阗废墟记》②1903年于英国伦敦出版，应该说这不完全是一本写历史考古的书，内容涉及我国新疆的塔里木盆地各绿洲的山川气候、风土人情、社会政治状况、自然环境变迁，以至当时震动国际学术界的考古发现，可以说是包罗万象，内容非常丰富。展现在我们面前的不仅是一幅广阔的历史画面，也是一幅本世纪初和田地区自然景观的卷轴和生动形象的社会风情画。尼扎木订·托乎提编的《和田古代历史遗迹》一书重点介绍古代和田古遗址和文物。③

相关论文类主要包括：陈自仁的《初进和田——斯坦因丝路探险之一》（《丝绸之路》，2005年6月）记述了著名探险家斯坦因初进和田时记录下来的有关和田社会的一些情况。阿卜杜伟力

---

① 李吟屏著，艾白都拉·阿克莆译：《佛国于阗》，乌鲁木齐，新疆人民出版社，1995。
② 奥雷尔·斯泰因著，殷晴、居世华、张南等译：《沙埋和田废墟记》，乌鲁木齐，新疆美术摄影出版社，1994。
③ 尼扎木订·托乎提编：《和田古代历史遗迹》（维吾尔文版），乌鲁木齐，新疆人民出版社，2002。

的《和田地区贫困与反贫困调查研究》(《中国软科学》,2000年第7期)探讨了造成和田地区贫困问题的原因和反贫困策略。殷晴的《历史上新疆和田地区的人类活动与土地沙漠化的演变》(《新疆师范大学学报》,1986年第1期)探讨了和田地区的人类活动与生态环境变化的历史变革问题。古力努尔·买买提明的《和田地名中的文化透视》(《和田师范专科学校学报》,2005年第3期)探讨了和田部分地名的来龙去脉。艾力江·阿西木的《论新疆和田人的特殊性格之历史渊源》(《内蒙古民族大学学报》,2003年第4期)探讨了和田的文化历史渊源,古和田人文化性格的特点及其变化问题。

总之,据笔者目前所掌握的资料来看,目前还没有专门探讨和田教育史和双语教育的论著。但是笔者认为,通过对文献的精心梳理和分析,从上述历史资料里可以获得有关和田教育发展方面的信息。在和田双语教育研究方面,现有的新疆民族中小学双语教育方面的研究成果中涉及南疆地区的研究极少,而典型性田野调查研究资料更少。新疆各地区的情况有所差别,不同地区的少数民族双语现象也各具特色。因此,研究新疆少数民族的双语教育必须重视微观研究,对各地区的双语教育进行细致的调查研究和剖析。

四、相关概念的界定

(一) 文化与文化变迁

在社会科学领域里,文化的概念始终是个比较含糊的、争论不休而又歧义层出的问题。对文化的定义,有人说有一百多种,也有人说有二百多种。人类学家所界定的文化,是一种集体概念的文化,较有代表性的观点是泰勒界定的文化定义。目前,许多人类学家接受的文化概念是:"一个特定社会中代代相传的一种共享的生活方式,这种生活方式包括技术、价值观念、信仰及规范。"就文化的构成而言,根据何晓明的概括,如今大致存在四种观点,即物质文化与精神文化的"两分说";物质、制度、精神的"三层次说";物质、制度、风俗习惯、思想与价值"四层次说"以及物质、社会关系、精神、风俗习惯、艺术、语言符号"六大系统说"。① 在我国比较普遍的观点是:文化有广义和狭义之分,从广义上来说,文化是"人类在社会历史发展过程中所创造的物质财富和精神财富的总和"。从狭义上来说,"文化是一种生活方式,文化是人民生存、思维、感知和相互交往的背景,是连接一个特定的人类社团的粘合剂"。②

所有的民族都在随着社会的发展而不断发展变化,体现民族特征的文化特点也随之变迁。所谓的文化变迁是指某一群体的文化随环境的改变而发生的适应性变化,可以是原有文化中新质的增加,也可能是因不同文化的接触而发生的原有文化的变异。根据文化人类学的理论,文化变迁主要有三种方式,即文化变迁是文化特质和文化模式的变化;文化变迁是文化内容的增量所引起的结构性变化;文化变迁是一个社会或群体中的大多数成员逐步放弃旧有的行为选择标准体系而接受和形成新的行为选择标准体系的过程,是社会变革和人与人之间关系结构的重新组合。③ 通常用整合、适应、涵化、濡化、同化和融合来表示文化变迁的方式。

(二) 母语、第二语言

母语是现代教育系统中新出现的一个专有名词。1981年11月,在法国巴黎召开的联合国教科文组织关于把母语作为教学语言的会议中将"母语"一词的定义为:一个人所属的民族社会所

---

① 庄孔韶主编:《人类学通论》,21页,太原,山西教育出版社,2003。
② 盖兴之:《双语教育原理》,72页,昆明,云南教育出版社,1997。
③ 郑金洲:《教育文化学》,164页,北京,人民教育出版社,2000。

使用的语言,而且这种语言已经为个人所掌握。母语对于儿童来讲,始终都是一对一的关系。当某个民族的家庭只使用一种语言时,是一对一的关系,当一个民族说两种或两种以上的语言时,幼儿一开始习得的是他家庭的语言或家庭所在地区社会通用的语言,这时仍然是一对一的关系。即使在理想的双语环境中,儿童先习得一种主要的语言,作为母语两种语言不可能绝对平衡地存在,他所先掌握的主要语言就是其母语。母语(第一语言)以外的语言,都是第二语言,即第二语言是非母语(第一语言)的语言。① 因此,本课题研究中的母语一般指的是维吾尔语,第二语言是汉语。

(三)双语现象、双语教育

1. 双语现象

目前国内外对双语现象的定义意见不尽一致。但一般认为,双语现象可分为个体双语现象和社会双语现象。所谓个体双语现象是指"一个人除了他的第一语言外对另外一种语言能达到同样熟练的程度,并能够在任何场合中同样有效地使用其中任何一种语言"②。当然,这个定义是一个近乎于理想化的个体双语现象定义。因为在社会实践中,很少有人能够达到这种水平。但是这个定义对于作为测量某一个体双语熟练程度的尺度却是十分有效的。这个定义不仅表明了操双语要掌握两种语言系统,而且还强调同样地具有使用两种语言系统的能力。

所谓"社会双语现象"的概念涵义是指,"某一社会同时存在操两种或两种以上不同语言的群体,在这两个不同语言群体中有一部分群体可以在语言熟练的不同程度上用两种或多种不同语

---

① 曲木铁西:《试论双语教育的概念与分类》,载《民族教育研究》,1998(1)。
② 〔加〕麦凯、〔西〕西格恩著,严正、柳秀峰译:《双语教育概论》,8页,北京,光明日报出版社,1989。

言进行交际"。这个定义主要从两个方面阐述了"社会双语现象"的涵义。第一,某个社会必须同时存在两种或两种以上不同语言的群体;第二,在这两个不同语言群体中,其中有一部分群体可以在语言熟练的不同程度上操这两种语言,使这两个语言群体得以沟通,即有一部分双语人。这两方面也可以作为衡量某个社会是否是双语社会的标准。①

2. 双语教育

"双语教育"这个术语指的是"以两种语言作为教学媒介的教育系统,其中一种语言常常是但并不一定是学生的第一语言。"②

我国的双语教育是指"民族学生进行汉语、少数民族语双语文教育"。学习第二语言一般有两种目的,一是学习第二语言本身,如学习外国语言;二是通过掌握第二语言来学习其他课程。我国少数民族双语教育目的主要指后者,或者说,这两种目的是我国双语教育的两大步骤。③ 双语教育应包含两方面的内容,第一是母语教育,第二是对少数民族的汉语教育。过去国内学者往往用双语教育涵盖这两方面的内容,因此双语教育有广义和狭义两种含义。用于广义时,指母语和汉语的两种教育,与双语教育的内容相当。用于狭义时,仅是指对少数民族的以本族语文为辅助工具的汉语教学。④ 在本课题研究中,双语教育指的是维吾尔语和汉语两种语言的教育。就笔者的调查点——和田地区的民族中小学实际情况而言,该地区的双语教育是属于广义与狭义并存的双语教育。

---

① 戴庆厦、关辛秋等:《中国少数民族双语教育概论》,沈阳,辽宁民族出版社,1997。

② 〔加〕麦凯、〔西〕西格恩,严正、柳秀峰译:《双语教育概论》,45页,北京,光明日报出版社,1989。

③ 孙若穷主编:《中国少数民族教育学概论》,北京,中国劳动出版社,1990。

④ 盖兴之:《双语教育原理》,46页,昆明,云南教育出版社,1997。

五、研究方法与研究步骤

本课题研究的研究方法主要有：

（一）文献法：收集和分析已有的相关文献资料，特别是关于中国少数民族地区双语教育、新疆少数民族教育和双语教育发展历程及其现状、和田地区教育史、双语文化史、双语教育现状、人文社会、文化、语言变迁、自然生态环境等方面的论文和书籍，对其归类、分析，形成和田地区双语教育研究文献综述。而且这些资料会在以后的研究中继续发挥作用。

（二）田野调查法：双语教育理论的建构需要大量的个案调查研究，通过深入民族地区进行观察、问卷、访谈等办法了解该地区实际情况，获得第一手资料的田野调查尤为重要。在田野工作中，不仅要采用社会科学中的质的研究方法，还要采取社会学和教育学中的量化统计法，对在田野工作中获得的第一手资料进行了多种方式的分析研究，从而最大限度地做到客观、公正、科学和有效。

（三）多学科的综合研究方法：双语教育研究涉及民族学、教育学、语言学、心理学、社会学、历史学等多个学科，因而其研究中应综合使用多种学科的研究方法。还拟采用教育学的观察法、社会学的个案法，坚持实地调查与理论研究相结合，定性与定量研究相结合。

本研究拟采用的具体研究步骤：

第一步：文献的收集与分析。为了对和田地区的民族教育、双语教育有一个初步的了解，为实地考察作好充分准备，尽可能搜集了所能查到的有关和田民族教育及双语教育发展历史的背景文献，包括和田历史、文化、经济、人口、语言、政治、宗教、地理环境、社会制度、民族习俗等，并对上述资料进行初步的分析，为设计研究与实地调查大纲作好了准备。

第二步：设计实地调查提纲（田野调查）。教育人类学是教育学和人类学交叉而形成的学科，设计实地调查提纲是教育人类学研究方法的重要一环。实地调查提纲设计的科学性将直接影响调查过程和研究结果的客观性。为了通过实地调查，真实反映目前和田中小学双语教育状况，依照现行三种模式，初步拟定了有代表性的6所学校，其一是实施民族学校普通和实验双语教育模式的学校（洛浦县布雅乡中学、洛浦县第一小学），其二是实施汉族学校双语教育模式的学校（和田市五中、和田县三小），其三是实施民汉合校双语教育模式的学校（和田地区实验中学、洛浦县拜什托戈拉克乡斯亚吾拉小学）。笔者认为，上述的调查点包括了城镇地区的民族学校、汉族学校、民汉合校，农村地区的民族学校、民汉合校，同时包括小学、初中和高中不同等级的学校，因此具有一定的代表性和个案意义。

第三步：实地调查。首先对新疆和田地区民族教育和双语教育进行为期15天的实地调查，以便了解和田地区双语教育的一般情况，从而开拓研究问题的思路，为后续深入的实地调查作充分的准备。该阶段采用的调查方法主要是观察与有关政策文件解读。在第一阶段调查所收集的资料基础上，进一步对新疆教育厅、语委，和田地区、市、各县教育局等主要教育行政部门以及6所中小学（教师、学生、学校管理人员）和部分家长等调查对象进行调查、访谈。访谈方法主要有座谈、听课、问卷、观察、资料搜集。调查时间约为45天。

第四步：资料的归类与整理。实地调查结束后对资料进行归类、整理。本研究通过实地调查所搜集到的资料包括：双语现象与双语教育理论与实践的国内外资料；新疆各民族双语教育资料；和田地区社会背景资料，如和田历史、文化、政治、经济、宗教、语言、人口、地理环境、生态环境等；和田维吾尔族民族教育的历史、现状资料；和田地区双语现象与双语教育的资料。

第五步：资料的分析。资料归类整理后，对整理过的资料进行分析。主要运用的理论范式：(1) 主客位文化研究的方法论观点，即本研究的观点不能仅靠研究者的主观推断得出，而必须首先重视采用文化人类学的反映主体文化的主位研究法的方法论，从实地调查得来的资料中获得。(2) 辩证唯物论方法。仅以主客位研究的方法还不能充分解释问题，需要运用辩证唯物论的观点来辩证地解释问题。(3) 社会文化变迁理论的观点。运用社会学的社会文化变迁理论观点，解释历史上和田绿洲语言文字的变迁，历代双语现象的变迁及其主要特征，未来发展趋势。

第一章　古代于阗社会文化与教育的变迁

第一节　远古时期的于阗绿洲文化与教育

一、以绿洲为中心的古于阗文化之链的起源与形成

和田古称于阗。秦代以前的于阗，是于阗历史上的史前时期，这一时期的文化状况，只能通过极少的出土文献来考证。①

人类文化是"以自然为基础的，因此地理环境是一个民族的文化形成某种类型的前提性因素"②。根据地理环境的差异，人类文化可以大致分为大陆民族文化和海洋民族文化。中华民族文化是亚洲大陆性地理环境孕育的产物，自然属于大陆民族文化范畴。西域文化是中华民族文化的一个地域文化单元，因其地理位置处于亚洲腹地而呈现出大陆民族文化的典型特征。和田绿洲位

---

① 孙斌主编：《和田简史》，57页，郑州，中州古籍出版社，2002。
② 同上，117页。

于塔里木盆地南缘,其南部与喀喇昆仑山和昆仑山相连,北部与塔克拉玛干大沙漠接壤,发源于喀喇昆仑山和昆仑山的玉龙喀什河、喀喇喀什河、策勒河、克里雅河、尼雅河和桑株河等河流是绿洲的生命之源、文化之根。和田绿洲文化既是西域文化的一个区域文化单元,又是天山南部绿洲文化的代表。

世界两大文化类型,除爱琴海文化属海洋文化外,其余均是大陆文化。"中华文化建于黄河、长江两大河流的流域,印度文化建于印度河和恒河流域,而在底格里斯河和幼发拉底河之间产生了最早的巴比伦——亚述文化,埃及文化的发源地是尼罗河流域,并且直接为尼罗河所哺育……总之,这些古文化都是沿大江河发展起来的,因此考古学家习惯地认为江河是文化的必要条件。据此看来,流经和田绿洲的诸多河流也是绿洲文化产生的必要条件。"[①] 从考古发现可知,和田从采集、狩猎文化到原始农耕畜牧文化阶段(整个这个阶段称为前文字文化阶段或许更合适)的文化遗存都在诸河流域。在哈烟达克以南约10公里的玉龙喀什河右岸发现了两面砍斫石器制品,在尼雅河东源乌鲁克萨依与西源汇合点以南的三角地发现了细石核、细石叶等,而发现夹砂红陶片及其他石制品,如柱状细石核、浅褐色石英细石叶等的地点分别在于田县水文站南约4公里克里雅河左岸和县城东17公里处干河床间,[②] 在皮山县克里阳村10公里处的塔斯洪河右岸发现了黄色粗布纹陶片、骨片、石料及用火遗迹,[③] 在克里雅河上游也挖掘出石制刮削器、尖状器、加工石片等。[④] 作为和田早期农耕畜牧文化标志的山普鲁墓群遗址也在玉龙喀什河西岸

---

① 孙斌主编:《和田简史》,118页,郑州,中州古籍出版社,2002。
② 黄慰文等:《塔里木盆地南缘新发现的石器》,载《人类学报》,1988(4)。
③ 于钟琪:《内处新石器时代文化遗址简介》,《新疆第四纪地质及冰川地质论文选集》,1998(4)。
④ 孙斌主编:《和田简史》,117页,郑州,中州古籍出版社,2002。

边，出土有木棺、木器、毛织物、陶器、石珠、铜器等文物。①山川—河流—绿洲—人类—文化，构成和田文化之链。汇集了无数峡谷溪水倾泻下来的无数河流，大多是流到山麓，在靠近山脚下的沙地时便立即被干燥的沙粒所吸收而失去了河道，这就是所谓的"没有尾巴的河流"，它在沙漠中消失的地方就开成了绿洲。②孤悬于沙海中的片片绿洲虽然由于地理环境的制约有"自我隔绝"的机制，但古代绿洲的居民总在寻找与外部沟通的机遇，文化的互动即使在史前文化阶段也呈现出这种态势。这种本土文化与异质文化的互动，在和田绿洲表现得更为明显，这或许就是和田绿洲文化绵延不断的原因。

二、和田先民早期的信仰

世界上所有的民族都经过自然崇拜阶段，崇拜物为自然万物——天地日月、山川河流、雷电风火，无所不包。古代和田的先民大致都经过一个相当漫长的自然崇拜阶段，有些崇拜至今还在民间文化中有所表现。《大唐西域记》载有关于阗建国的传说。这个传说虽然被玄奘披上了佛教的光环，但分明透露着于阗人早期自然崇拜和信仰的信息。于阗建国传说的"地乳说"是大地崇拜与母神崇拜的产物，是于阗先民早期信仰的表现。还有一些文献记载和考古发现已证明，塔里木盆地南缘和罗布泊地区的早期居民是操东伊朗语的塞人，古于阗的居民亦相同。塞人是崇拜太阳，以太阳神为偶像的古代民族。与于阗国相距不远的竭盘陀国就流传汉日天种的祖源传说，不过是把太阳崇拜与祖先崇拜糅合在一起的神话传说而已。至今和田居民还有把住房门开在东

---

① 新疆博物馆：《洛浦县山普拉古墓发掘报告》，载《新疆文物》，1989（2）。
② 松田寿男著，陈俊谋译：《古代天山历史地理学研究》，北京，中央民族学院出版社，1987。

面太阳升起的方向的习俗。同样,山普鲁古墓中发现的殉马坑也应视作太阳崇拜的产物,塞人很可能是把马作为向太阳神祭献的牺牲下葬的,必定存在隆重的祭祀仪式。因为,"(塞人)在诸神中间只崇拜太阳,他们献给太阳的牺牲是马。他们把马作牺牲奉献的理由是:只有人间最快的马才能配得上诸神中间最快的太阳"。① 和田先民早期的自然崇拜对象还有河流、树木、山川、鸽子等,这些自然物也就构成了他们"万物有灵"中的自然神。

三、古代于阗教育的兴起

自从有了人类,便开始了教育的历史。人们在与自然作斗争的过程中,掌握了一定的技能,积累了一定的经验。为了维持生存,人类必须使生产技能一代一代传授下去,于是,教育在劳动及劳动经验的交流与传授中产生了,成为人类成长和社会文化继承与发展必不可少的手段。

几千年前,在于阗绿洲进行生产劳动的先民在创造文字之前,生产技能的传授主要是通过口头传授或劳动示范的方式来进行。当时社会的生产力水平很低,教育与生产劳动同时进行,由于还没形成教育机构和教育专人,教育只能在生产劳动中和人们的日常生活中进行,教育内容简单,主要是大人教小孩打猎、钓鱼,捡拾野果子和制造石器并传授生产劳动中积累的经验和技能,培养子女勇敢、睿智和守善遵德。随着生产力的不断发展,农业与畜牧业实现了分工,形成了宗族制和部落联盟。教育内容开始丰富起来,如老人教年轻人放牧、种植、制作陶器、修建房屋等生产劳动经验和技能,晚辈们还向长辈学习音乐、舞蹈等。由于当时战争频繁,对晚辈们进行军事教育,培养他们射箭、骑

---

① 希罗多德著,王嘉隽译:《历史》,274页,北京,商务印书馆,1959。

马等军事本领也是教育的主要内容之一。

皮山县南部和西南部的昆仑山中已发现三处岩画，分别是桑侏岩画、刻依刻图孜岩画、康阿孜岩画。虽然难以断定其创作年代，但岩画所反映的古代和田先民生产、生活状况还是很有价值的。这些岩画描绘了众人进行牧猎活动的场景，岩画中的人物是男性，说明这时期男性已是生产的主力，尤其桑株岩画中，有人骑于马上，有人徒步于后，透露出当时生产劳动方式、社会组织的信息。到原始社会末期，人类发明了原始文字，标志着进入人类文化时代。文字是文化唯一象征，是教育的主要工具。

第二节　古丝绸之路与于阗佛教文化教育的兴盛

一、丝绸之路与文化初兴时期的于阗

大约在公元以后，和田的先民已开始进入由游移迁徙经济向定居农耕经济转变阶段。山前地带的采集、狩猎和原始农耕、畜牧已不能满足生存的需要，而流入沙漠腹地的河流尾处形成的片片绿洲充满生机，和田先民又把目光投向这些绿洲，一种适合生存的绿洲农耕经济产生了，和田的文化也进入了绿洲文化阶段，这种脆弱的绿洲经济竟将绿洲文化延续至今。自汉代前后开始，和田的绿洲农耕文化因农耕经济的发展而勃兴，同时遇到了开通、开放的更大机遇。本来，沙漠腹地的片片孤岛式的绿洲因其地缘关系，存在一种自我封闭的机制，这种"隔绝机制"也是自给自足的农业经济的产物。地理环境、生产方式、社会组织这三个层次的格局，决定了和田绿洲文化的类型。但是绿洲居民始终

在寻求与外部联系的契机,包括绿洲与绿洲之间的联系,这是生存的需要,也是发展的需要。这种机遇终于在丝绸之路贸易和佛教传入后出现了。频繁的丝绸之路贸易,使和田绿洲成了东西文化的融会之地;佛教的传入,使绿洲居民的社会生活和精神信仰发生了巨大的嬗变,和田绿洲文化的勃兴期到来了。①

《汉书·西域传》明载了丝绸之路南北道的走向。从丝绸之路南道路线看,在古代,和田所经之地均成为重要的贸易集散地,八方商票汇于此,各国使节、游人、僧侣穿行于此,因此丝绸之路既是商道,又是文化交流之路,绿洲上的诸城郭也就成了广纳东西方文化的要冲。东西文化荟萃于和田绿洲,最明显的标志是作为物质文化的东西方器物的使用。这些器物可谓包罗万象,有中原的丝绸、铜镜、陶器、漆器、兵器、铁器等,西方(泛指和田以西地区)的地毯、木雕椅、玻璃珠、珊瑚等。丝绸之路南缘的文化交流还表现在语言文字方面。大约2—3世纪开始,和田绿洲通行用婆罗米字母直体书写的文字,所用语言为印欧语系东伊朗语支,称为和田塞语。2世纪后半叶,于阗等地还使用佉卢文,其证据是,在这一地区出土了汉佉二体钱,发现了佉卢文《法句经》残卷和佉卢文书。这是两种文化在和田绿洲妥协的产物,也只有在丝绸之路上东西文化的交汇处才会有这种现象。这从出土木简的泥封中就很容易看出:"盖在同一官方文书上的一颗汉文与罗马艺术并置的泥封,似乎是古代和田文化受远西、远东混合影响的最好例证"②。有的封泥上有端正的汉字,而有的封泥上则是帕拉斯·雅典娜像,明显地打上了东西文化融合的印记。

---

① 孙斌主编:《和田简史》,129页,郑州,中州古籍出版社,2002。
② 奥雷尔·斯坦因:《尼雅河尽头以外的古遗址》,《和田简史》,131页,郑州,中州古籍出版社,2002。

二、佛教的传入与于阗社会的多语现象

1—2世纪，佛教沿丝绸之路南北道传入于阗、龟兹等地区。到6—10世纪时期，于阗文化进入一个多元文化的时期。从族别看，从东而西，汉文化、突厥文化、吐蕃文化在此汇聚，对于阗文化产生了广泛而深刻的影响；从西而东，粟特文化（主要指唐昭武、九姓）、波斯文化、印度文化均在此呈现一种整合态势。从信仰看，以大乘佛教为主的宗教信仰还很普遍，但同时还存在祆教等信仰系统。从文化传播方式看，在音乐、美术等领域，于阗文化的"东渐"是"西传"的回授或"西传"是"东渐"的回授都是双向的。从文化层面看，上层文化与民间文化也出现了一种相互适应的契合状态。

从6世纪80年代开始后，于阗经历了唐统一西域的时期，也饱受西突厥、吐蕃势力的战争苦难，同时，丝绸之路仍是负有商贸与文化交流双重使命的主要通道。从隋到唐至五代直至北宋景德年间，于阗国基本在尉迟王族统治之下，大宝于阗国时期是其政治、经济、文化的繁盛期。但是纵观于阗国历时的420多年，本土文化与汉文化、吐蕃文化、突厥文化、粟特文化交相辉映，褪去了汉魏时期较多模仿的痕迹，而是在广泛吸纳各种文化的基础上，更多了融会贯通的大气，于阗也真正成了东西文化的熔炉，这是于阗文化更趋成熟的标志。

以佛教文化为媒介的文化回授与多语现象主要表现在各佛教地区与于阗佛僧的频繁交往和佛教典籍的互译等方面。唐代高僧玄奘、慧超、释悟空和宋继业所参加的157人僧团西行求法，都曾在于阗等地进行过弘法活动。从于阗前往长安等地译经的僧人也不少，他们大多兼通梵文、汉文、于阗文，其中于阗王子尉迟乐（法号智严）、高僧实叉难陀、沙门提云般若（法号天智）都是以译经闻名于长安等地的于阗僧人。于阗高僧实叉难陀为译

经，多次往来于长安、洛阳、于阗之间，据不完全记载，他译有《华严经》80卷、《文殊师利授记经》等，前后共译佛经19部107卷。同任何其他文化形态一样，佛教文化虽由印度传入于阗、中原，但一旦站稳脚跟，就会融入本土文化中，佛教文化的涵化就属此类。中原佛教也同样对于阗等地的佛教文化产生过影响。① 可见，佛教传入以后，古于阗产生了以佛经翻译、解读、交流为主要目的，以梵文、于阗文、汉文等语言为交流媒介的社会多语现象。

三、以佛教为媒介的于阗教育的兴盛

自从佛教传入于阗之后，广泛渗透到于阗社会的各个领域，对当时于阗先民的政治、经济、文化教育产生了深刻的影响。因此，此时于阗文化教育的佛教特色较浓，于阗文字教育史也起源于佛经教育。②

1—5世纪是于阗佛教旺盛的时期，于阗成为中亚地区佛教中心。这一时期，于阗人的佛教文化教育事业主要在佛寺里进行，因此在于阗各地兴建了不少佛寺。现今和田县巴格其镇尤提罕佛寺和苏木亚佛寺、策勒县达玛沟乡丹旦乌鲁克佛寺、洛浦县阿克斯皮勒和热瓦克佛寺、和田市拉斯奎镇历盖乌鲁克佛寺、喀拉喀什河北岸的库克玛里木佛寺、和田县吐沙拉乡哈力哈力玛成佛寺、皮山县桑侏乌宗塔提佛寺都是在当时修建的，有几千名高僧和帕米尔东域的贵族的女儿纷纷来到于阗佛寺取经。接下来于阗高僧去中原传经，又有不少汉族高僧来于阗取经。于阗成为培养中国和中亚高僧和思想家、翻译家、说教家、解释家及建筑设

---

① 李吟平：《佛国于阗》，144页，乌鲁木齐，新疆人民出版社，1991。
② 阿布都拉·苏莱曼：《天下只有一个和田》，170页，乌鲁木齐，新疆人民出版社，2003。

计家、雕刻师和画家的教育基地。

古于阗人继续向中原传播佛经，仅有记载的就有尉迟乐、实叉难陀等5人。尉迟乐是个大翻译家，直到八十多岁高龄，仍在奉恩寺废寝忘食地翻译《决定业障》等四部佛教经典。实叉难陀在长安讲佛经，翻译佛教经典，最后病死在长安大荐福寺。佛经的大量翻译和求佛使者的往返，使印度和中亚的大量民间文学传入中原，丰富了中原文化教育内容，为中原神话志怪小说提供了素材。于阗在中西文化的交流上起到了重要的纽带作用。[①]

在佛教盛旺时期的于阗佛寺成为流传、普及佛教思想的学校，他们的教学形式是从低年级升到高年级，课程内容由浅到深。学校里按照僧人的年龄分级，以提高僧人的水平为目的，以识字、扫盲、写字、阅读等作为主要教学内容，除此之外，僧人还学习数学、天文学、逻辑学等课程，因为农业灌溉、佛寺工程和建造陵墓必须掌握这些方面的知识。但这一时期的佛寺教育没有形成完整的教学内容和正规的教学制度，佛经被视为所有知识的源泉，佛经的内容被当作主要的课程，教学方法全都是背经，要求僧人背经一卷或二卷以上。他们还采取了答辩的办法进行学术交流，对优胜者予以奖励。为了补充课程内容，翻译了大量的佛经。总之，佛教教育时期的和田教育，佛寺的高僧是老师，普通僧人是学生，课程是佛经，师生关系按照佛寺的师徒关系和佛寺制度制定。

这一时期，家庭教育也是语言文字传授和发展的重要形式。据马可波罗的记载，于阗人"侍弄、乐器、唱歌、跳舞、读书、写字、不事生产"。但随着10世纪伊斯兰教传入新疆，并短期内在喀喇汗王朝和于阗占据统治地位，于阗的家庭教育的主要地位

---

① 阿布都拉·苏莱曼：《天下只有一个和田》，172页，乌鲁木齐，新疆人民出版社，2003。

被宗教教育所取代。①

第三节 文化转型时期的和田伊斯兰教经文教育

一、伊斯兰教的传入与文化转型时期的于阗

当人类即将迎来第一个公元新千年之际，西域南部的于阗正在经历一场剧烈的社会变革，继而引起了巨大的文化变迁。这种变革、变迁的直接原因是喀喇汗王朝的萨图克·博格拉汗皈依伊斯兰教。他死后，其子木萨（亦称阿尔斯兰汗）进行了四十余年征服于阗的"圣战"。其直接结果是，延续了八百余年的于阗佛教遭受了灭顶之灾，自此以后，于阗从上层王族到下层百姓改信了伊斯兰教。它对于阗文化的表层、中层、深层都产生了深刻的影响，于阗文化按照另一条轨迹开始发展——迎来了伊斯兰—突厥文化时代，一个新的文化转型期开始了。伊斯兰教文化自公元1000年以来改变着于阗文化的原有风貌，它从物质文化、制度文化及精神文化方面使于阗文化急剧转型。阿拉伯语言、文字的使用，导致于阗等地区的本土语言、文字发生转型，且不说本土语言中杂进许多阿拉伯语词汇，之后在于阗地区通行的察合台文也是用阿拉伯文字母拼写的，一直影响至今。

伊斯兰教对于阗本土风俗的影响主要是迫使居民不得不放弃与伊斯兰教教规相抵牾的一些风俗习惯，于阗人原有的行为礼

---

① 提力瓦尔地·吾术尔等编：《和田地区教育史》，5～9页，内部资料，2005。

仪，如婚丧嫁娶、成人、命名、节庆等仪式都涂上了浓郁的伊斯兰文化色彩。婚礼上的尼卡仪式、人生仪式中的割礼、取名宗教化、世俗节日被宗教节日取代，这都是文化转型期内由社会变革引起的文化变迁。于阗人尽管还保留着自然崇拜的遗迹，但信仰完全由非偶像崇拜代替了多神信仰。这种现象越到后来，如察合台汗国、叶尔羌汗国时代及清代就越普遍。明清时期，苏菲派诗歌可能在和田地区也有传播，其中推波助澜的是苏菲派传教士。①

二、文化转型时期和田的双语现象与私塾教育

从元代开始，对和田这一地名的音译写法较多，如元人耶律楚材《西游录》中写作"五端"，《蒙古秘史》写作兀丹，《元史》写作"斡端"，又作"忽炭"，《明史》初称"阿端"，又称"于阗"。② 为行文方便，元代以后的一律称作和田。

11—12世纪，伊斯兰教进入于阗并形成了伊斯兰文化后，在各县乡村普遍办起了大小不同，形式各异的教经院，特别是在喀喇汗王朝和赛依德王朝时期，和田教经院不仅多，而且规模宏大，遍布和田城乡各个角落，凡是穆斯林聚居的地区，清真寺普遍兴建，而教经院与它并立而行。

在15世纪修建的和田大清真寺，有可供500多学生学经文的近百间教室和宿舍，和田城的艾提卡清真寺建有可供1000名学生学经文和食宿的房屋，墨玉县伊玛木艾斯坎尔大麻扎建有一座可供500多人食宿和学习经文的大型教经院。据1878年来过新疆的俄罗斯人库罗怕特金记载：清真寺附设的学校有两种，低级的叫麦克太甫（学校），高级的叫麦德尔萨，一般教经院的老

---

① 孙斌主编：《和田简史》，153~158页，郑州，中州古籍出版社，2002。
② 同上，23页。

师是由神职人员兼任的，前一种学校低级经文学校的老师称为哈里发，后一种学校高级经文学校任教的称为穆达里斯。在此，有必要强调，作为宗教知识的象征阿訇的社会地位，"传教为阿訇，师傅之谓也，其人不官职，通经讲礼，立品端正，不饮酒，不吸烟，属守遗规，其为表章，常劝人行善事，学好样，老细男妇莫不享教……亦重道隆师之意也"。①

和田教经院结构设置如下：阿訇为校长，穆达里斯或经师为高级教师，还有一个穆塔瓦利，即一个执事或管理员，还有一定数量的加卢布、卡什，照字百讲，即"扫除人"，他们是依附于学校基金并执行低下工作的世袭佣人或奴仆。

和田伊斯兰经文学校（私塾）的课程设置情况主要有7种，即宗教仪式研究、祈祷文的背诵与解释、阿拉伯字母、《古兰经》的最后数节、《古兰经》全部、《苏皮阿刺亚尔》（宗教诗）、《纳瓦依》（宗教诗）、《胡加阿皮孜》（宗教诗）。上述7项课程，前4项为阿拉伯文，第五、六、七项为土耳其文。

经文学校的教学方式是："讲舍必傍树阴，室中无椅案，师待席地而坐，旁设短桌一二张，夏日则环坐树根，捧书育读。凡人学者，各执木简，或牛羊版骨一片，趋谒阿浑，阿军为之书字于上，即读书也，小儿不率教者，则以红柳木条笞其脚忙。"

首先，每个学校的创办人必须提供一所房屋和一份土地基金，在由当局确认的土地证书上签署盖章后把它移交给其所指定的校长或阿訇。其次，是万哈皮地。万哈皮源于阿拉伯文，原意为保留或扣留，伊斯兰教指"宗教公和"、"宗教基金"，即符合教法规定而建立的公共财物、公益事业慈善组织基金，一般来源于穆斯林的捐赠、遗产以及清真寺的收入。万哈皮制度为和田伊斯兰宗教教育的创办和发展提供了经济基础。

---

① 提力瓦尔地·吾术尔等编：《和田地区教育史》，5~9页，内部资料，2005。

清末全地区29所经文院校共有万哈皮地3670巴特曼，此外，还有198所房屋和店铺，经文学校收入每年可达400个银宝。万哈皮地的租金主要用于校舍的维修和老师的酬金，有时也可用于学生。1903年，和田县发生了一件因万哈皮地收入分配不公而产生争执的案件，最后经法庭裁决，收入除校舍维修费用和用于学生的费用外，剩余部分由经校老师买买提尼亚孜和肉孜平分。[1]

由于学校经文教学发展快，出现了一批高层次学者。但是，1678年以后，伊达也吐拉伊禅依仗准噶尔王朝推翻赛依德王朝，建立了自己的政权，此后，宗教教派苏皮孜木开始泛滥。在新疆，尤其是在和田街上头戴破帽，身穿破衣的神父和乞丐增多。他们极力宣扬苏皮孜木教义，禁止文化艺术，音乐、歌舞、戏剧、杂技和医学、印刷、翻译、书法等课，禁封和砸破经文学校。1759年，清朝平息胡加暴乱，统一了新疆并建立了以满族贵族和地方封建地主为首的政权。1884年新疆建省后，和田城、乡、村陆续设立了经文学校。由于学校教学条件极差，受教学生大多数只能念经不会写，只好采取了不分学生年龄差别，挤在大教堂学习，没有课桌椅，只好蹲在地上念书，经师们也盘腿在地上教经。

学生在低级教经院完成认识阿拉伯字母的任务，接着学习宗教常识和《古兰经》。升入中级教经院后，学生主课就是《古兰经》苏皮阿剌亚尔、纳瓦依（突厥语）、胡加阿皮孜（乌尔多语），可以不学算数。学生完成中级教经院学业后，有经济条件的出国深造，部分学生赴喀什噶尔、莎车设立的高级教经院学习。还有极少部分留在和田，接受当地阿訇教义，得以升为"毛

---

[1] 提力瓦尔地·吾术尔等编：《和田地区教育史》，10页，内部资料，2005。

拉"、"阿訇"。①

由此可见，伊斯兰教的传入使和田传统文化习俗、语言生活发生了巨大的改变，和田人的文化生活具有鲜明的伊斯兰文化的特征，学阿拉伯语成为了和田经文学校里的主要课程。在社会上，特别是在高层管理者和学者的交往中，阿拉伯语成为了最时髦的语言。这一时期的和田普通老百姓也把学习阿拉伯语作为进入高层社会的重要手段之一，懂得阿拉伯语的人得到了崇高的荣誉和尊敬。阿拉伯语言文字的使用，导致和田等地区的本土语言、文字发生转型，且不说本土语言中掺入许多阿拉伯语词汇，之后流行于和田地区的察合台文也是用阿拉伯文字母拼写，一直影响至今。因此，这一时期和田人的语言文化生活中出现了以古和田语、阿拉伯语（土耳其语晚期时候使用）并存、并用为主要特征的双语现象局面。和田人的文化传承和交流也主要通过这两种语言来完成，形成了古和田独具特色的语言文化结构。

---

① 提力瓦尔地·吾术尔等编：《和田地区教育史》，9～11页，内部资料，2005。

第二章 近现代和田教育与双语教育

第一节 清代语文政策与和田学堂教育

一、维汉文化的接触与维汉双语现象的形成

清王朝统一西域并于 1884 年在新疆建省,使汉文化与西域各民族文化之间出现了整合的态势,也为近代以后新疆多元一体文化格局的形成打下了基础。首先是清朝廷在和田等地建立统治机构,任命、册封各级地方官员,使中央政治制度及各项政令得以实施,这是文化制度得以贯彻的保证。其次是清朝廷在新疆屯田(包括军屯、民屯、遣屯等),致力于发展生产,形成多民族杂居的局面,这是文化上相互吸纳、融合的前提。新疆建省以后,取消伯克制度设立郡县,地方政治、宗教势力削弱,这是清朝廷倡导的主流文化形成的背景。新疆各民族人民积极配合清朝廷,反抗外侮和侵略势力,由此形成的中华民族凝聚力是新疆多元一体文化格局生成的基础。

(一) 维、汉等多民族相依为命的关系与双语现象的形成

在1884年新疆正式建省之时,曾有四万多汉民遍及天山南北,还有被安置在尉犁县境内孔雀河和塔里木河之间屯垦的大批回族,他们是起义失败后进入新疆的青海回族[①]。清代新疆建省之后,有大批的汉族、回族屯田士兵在新疆各地屯垦戍边,还有大批的汉、回移民移居新疆,形成了"大分散、小集中",与维吾尔族形成交错居住的分布格局。这种分布格局为汉族、回族与新疆的主体民族维吾尔族的接触与交往创造了条件。维吾尔人世居新疆,在长期的生产实践中总结出了一套农田灌溉和农业生产的经验以及瓜果栽培的独特技术。汉、回屯田士兵和移民要学习这些经验,就要学习维吾尔语,同样地,维吾尔族人民要学习汉、回人民的生产技术,也要学习汉语,从而形成维汉双语现象。

(二) 清朝廷双语教育的政策导向

清末时期,虽然新疆形成了多民族、多语言共存的局面,但是由于民族众多,各民族语言文字殊异,以至于满汉官员和维民之间沟通困难,"上令不能下传,下情不能上达",政令难于推行,也使得内地先进的文化教育在新疆无法交流传播,严重滞碍着社会经济的发展。一些官员对此十分重视,主张通过兴办基础教育加以解决。左宗棠在1878年写的《复陈新疆情形折》中说:"官与民语言不通,文字不晓,全恃通事居间传述,时所不免。"[②] 因此,他提出在新疆"广置义塾",发展双语教育,并认为新疆"长治久安,实基于此"。光绪六年(1880年),左宗棠

[①] 马国荣:《回族》,20页,乌鲁木齐,新疆美术摄影出版社,1996。
[②] 王泽民:《近代新疆维汉语言接触及其双语发展状况研究》,14页,硕士论文,新疆师范大学,2006。

在《办理新疆善后事宜折》中又说,"新疆勘定已久,而汉、回彼此格格不入,官民隔阂,政令难施","将欲化彼殊俗同我华风,非分建义塾,令回童读书识字,通晓语言不可"。随后,光绪十二年(1886年),刘锦棠也建议,将维吾尔族学童中能诵经书、讲介文艺者,取作俏生。同年十月十九日,光绪皇帝批准了刘锦棠的这个建议,从而开辟了维吾尔族学童"学而优则仕"[①]的途径。

清朝统治阶级对双语教育的鼓励、提倡和支持,虽然是为了更好地维护其统治,但在客观上促进了维汉双语人员的培养,有利于维汉双语的发展。尽管在维吾尔族儿童中强行推广汉语教学的措施一度受到一些维吾尔族儿童家长的反对,但更多的情况是,许多维吾尔族家长接受了这个现实。清末民国初期,成为社会名流的许多维吾尔族人士都造就于这些场所,甚至有些人阴差阳错,代替别人入读汉语而后来却身居高位。这一时期新疆双语人才的培养也有了规范的途径和方法。双语人才的社会地位,特别是他们的经济待遇普遍有所提高,对维吾尔族群众也有了明显的吸引力,于是双语人才的人数超过了有清一代的任何时期。

处在新疆边缘的和田地区建郡县后,汉文化也随清军的驻扎和汉族移民的到来,给充满伊斯兰—突厥文化色彩的和田带来了中原文化之风。据编修于清光绪—宣统年间的《新疆乡土志稿》载,喀什噶尔道属和田直隶州及于田县、洛浦县、皮山县等汉族居民在一千人左右。[②] 人数虽不算多,但从官者、屯田者、经商者均把内地汉文化带入了偏远的和田。

[①] 刘平:《清至民国时期政府行为在成就新疆双语中的作用》,载《西域研究》,1997(2)。

[②] 孙斌主编:《和田简史》,162页,郑州,中州古籍出版社,2002。

二、清代新疆的语文政策与措施

清代，新疆是一个多民族、多语种的地区，双语人员（即通事，翻译）在语言的交流和沟通方面起着重要的作用。因此，统一新疆后不久，乾隆皇帝便诏谕伊犁将军府"各城大小衙门各准用通事十二名"，明确规定了各地方官府翻译编制的数额。[①] 但在清朝君临全国、施政新疆的漫长过程中，让当权者感到头疼的问题仍然是语言问题。"官与民，言语不通，文字不晓"，"不识新回语文，不能与人民接近"，"上令不能下达，下情不能上传"，"民怨沸腾，而下情无由上达"，"新回与官，语言文字隔阂不通"[②]，各地方官员对自己所辖地区，自然就不能通其情，达其蔽，犹如聋子的耳朵。清朝廷为了"官与民亲，通其情，达其蔽"，从来不曾如19世纪末这样重视过新疆的语言问题。从主政新疆的边疆大吏，到清朝中央的最高掌权者，在对新疆的问题做出反省的时候，他们都把语言隔阂列为清朝在新疆政治失败的原因之一[③]。

基于这样的认识，清军在收复天山南北的过程中，把与当地维吾尔族百姓之间的沟通作为一项政策性的工作加以实施。其重要内容是：

第一，在礼、户、吏、兵、刑等各工作部门配备维吾尔族官员，并要求这些工作部门的汉（满）、维官员"互授文语，期于相观而善"。

[①] 王泽民：《近代新疆维汉语言接触及其双语发展状况研究》，硕士论文，13页，新疆师范大学，2006。

[②] 同上，13页。

[③] 刘志霄：《维吾尔族历史》（中编），363页，北京，中国社会科学出版社，1996。

第二，在各个部门配备一定数量的翻译人才①。

第三，昭示于公众的各种文告，一律使用两种文字，尤其是"征收所用券票，其户民数目，汉文居中，旁行兼注回（维）字，令户民易晓"②。

清朝对沟通语言的紧迫感，还反映在其他一系列非常规的举措方面。如，清军在收复天山南北的过程中，由于积极地起用了维吾尔族官员，特别是维吾尔翻译人才，所以维吾尔文很快就恢复了官方文字的地位。其具体表现形式是，清朝地方当局明确地作出"征收所用券票，其户民数目，汉文居中，旁行兼注回（维）字"的规定③。稍后，清朝廷又规定，各种官方印信"一体兼铸回（维）文"，于是，维吾尔文字具有了新的、更加明确的法定地位④。

三、清代新疆维汉双语教育——学堂教育

新疆建省之后，清朝统治阶级把维吾尔族人不学汉语视为统治不固的一个重要原因。因此，清朝统一新疆后，便开始着手建立州学、县学及义塾，以推行汉文儒学教育，全面实行以双语双轨为特点的教育制度，目的之一就是适应推行科举制的需要。清朝廷令维吾尔等族青少年入州、县学和义塾，学习汉文，读"四书"、"五经"，走科举之路。如，1884年（光绪十年），哈密回部亲王沙木胡素特创设伊州书院，招维汉子弟入学，教以《三字

---

① 《新疆大记补编》（卷9），《维吾尔族历史》，14页，北京，中国社会科学出版社。

② 陈世明：《新疆现代翻译史》，转引自王泽民：《近代新疆维汉语言接触及其双语发展状况研究》，14页，硕士学位论文，新疆师范大学，2006。

③ 刘志霄：《维吾尔族历史》（中编），367页，北京，中国社会科学出版社，1996。

④ 同上。

经》、《四书》、《五经》、《千家诗》，培养通译，毕业后派往南疆任公职①。

左宗棠在建议新疆改设行省的奏稿中，曾多次提及教育工作。1878年，左宗棠奏准在全疆各地分设义塾，招收维吾尔族儿童。左宗棠办理维吾尔族教育，仍然沿袭乾、嘉时期的双语双轨制，即官办的义塾和蒙养学堂，仍然由汉族教习用汉语汉文教授维吾尔族少年，教授的仍然是《千字文》、《百家姓》、《三字经》，学得较深的教授《论语》、《孟子》、《千家诗》，教授的方法仍然是死记硬背，重视书写训练，用楷书方格教学生写字。这种义塾实际上是维吾尔族儿童学习汉文的学校。

根据左宗棠的提议，进入义塾的维吾尔族儿童学习汉语进入义塾后将分三个阶段进行学习：第一阶段学习《千字文》、《三字经》、《百家姓》、《四字韵语》及杂字等；第二阶段学习《孝经》、《小学》，同时要临摹楷书；第三阶段学习《六经》。这三个阶段可视为由浅入深的三个不同等级的年级。1883年，清朝廷在哈密、吐鲁番、喀喇沙尔、库车、阿克苏、乌什、喀什噶尔、玛纳巴什、英吉沙尔、阜康、迪化、昌吉、绥来、呼图壁共立义塾77个。②

义塾初举之时，维吾尔族儿童视入学为当差，不愿入学者甚多。针对维吾尔族宗教情结极深，维吾尔族学生不愿上汉语学校的局面，在办学方法上采取了一些改革措施，一是各学堂"加派主持一名，教授缠民，以其引势利导，融洽宗教感情，二是每周请阿訇来校上一节经文课，讲授教规，教法和教礼"。学者入学堂后，改为汉语姓名，食宿穿着都由官府配给。为鼓励维吾尔族儿童努力读书，采取了一些奖励办法，除对初知文义者给予膏火

---

① 《新疆教育年鉴》编辑室：《新疆教育大事记（520—1998）》，乌鲁木齐，新疆教育出版社，1999。

② 提力瓦尔地·吾术尔等编：《和田地区教育史》，内部资料，2005。

银粮外,还请求帝准对"能诵习一经,熟悉华语者"给予生监顶戴,在科举考试时能俯念"初知向学,准其变通办理"给与适当的照顾。①

1906年,清朝廷在新疆设立了近代学校教育管理机构——学署,其长官提学使由谙熟近代教育的人杜彤担任。当年,在迪化建立了省师范学校、省中学、省示范中学,全疆统一招生教学。同一年,新疆设立提学使后,提学使杜彤对办理维吾尔族教育有一些符合实际的主张和措施,如注重互学语言,令师范、中学皆学维吾尔语等。新疆地方当局也将培养维吾尔双语人才列为官方教育的内容之一。截止到1908年,新疆各地为维吾尔族学童学习汉语设置的学堂达八十多处②。离迪化甚远的和田地区的两个县建立了学堂,学堂都设立在县城,从维吾尔族儿童中招生。

此外,曾经致力于民族世俗教育的阿图什的玉山巴依和巴吾东巴依兄弟,也大力支持培养维吾尔双语人才事业。后来成为伊犁地区著名翻译家的达吾提毛拉、尼雅孜等人就是由玉山巴依和巴吾东巴依选送到乌鲁木齐学堂学成的。在维吾尔现代史上被誉为维吾尔语翻译界泰斗的马赫穆德·依里哈木江诺夫(汉语名字为易包德)深厚的古汉语功底,也是在学堂学成、造就的③。

据统计,19世纪末至1910年间,和田地区所属叶城、皮山、墨玉、和田、洛浦、策勒、于田等县城先后开办了16所学堂,学制定为3年,共招收22个班,有学生830名、26名教职工。④ 和田地区学堂教育的教学内容、管理方式、有关规章制度

---

① 提力瓦尔地·吾术尔等编:《和田地区教育史》,12页,内部资料,2005。
② 刘志宵:《维吾尔族历史》(中编),408页,北京,中国社会科学出版社,1996。
③ 同上。
④ 阿布都拉·苏莱曼:《天下只有一个和田》,179页,乌鲁木齐,新疆人民出版社,2003。

和新疆其他地区大同小异。学生毕业后分配到地方官府任文职,即文秘、翻译,还有部分在乡村任乡镇伯克等。到1933年,和田地区的学堂由于各种原因被陆续关闭。[①]

清代设立学堂、义塾,让维吾尔等少数民族群众学习汉语,是清朝廷迫于新疆"官与民,言语不通,文字不晓"的困境,为巩固其统治地位而采取的一种措施。虽然封建统治阶级办理维汉双语教育的目的带有明显的功利性,即所谓"化彼殊俗同我华风",对整个维吾尔族民族教育水平的提高没有太大的作用,教学内容以及办学方法也比较简单、粗暴,但是我们也必须承认,清朝时期初步建立的学堂教育,在客观上对于加强维、汉等民族间的文化交流,促进社会经济的发展和维汉双语的发展发挥了一定作用。

第二节 民国和田学堂教育与新式民族教育

20世纪上半期的新疆社会处在多变的政治环境中,从1912年至新中国成立为止的短短的四十多年之内,新疆的统治阶级频繁更换,社会上存在各种各样的社会思潮,并经历了三种意识形态的更替。新疆教育也出现了形态各异的教育思想和教育机构,即学堂汉文教育、经文学校、宗教和现代教育相结合的新式教育以及政府办的国立学校教育等,和田地区的文化教育基本上是与整个新疆地区同步发展的。

---

① 提力瓦尔地·吾术尔等编:《和田地区教育史》,13页,内部资料,2005。

一、和田学堂教育的兴起

双语教育一直以来是新疆地方政府培养双语人员以利其政令通达的重要手段之一,从清代至民国,大抵如此。所以,作为新疆教育的一个重要组成部分,统治阶级为了固其统治,一方面不得不正视新疆语言的复杂情况,采取一些措施和手段发展双语教育;另一方面又不顾新疆少数民族的实际情况,一味地强调和迫使少数民族学习汉语,让他们跪拜孔子,这种做法与少数民族广大人民的宗教信仰不符,脱离了当时社会的实际需要,因而受到少数民族的广泛抵制和反对。况且当时学堂只有极少数的少数民族学生,只有官话讲习所、识字学塾和各类实业学堂、艺徒学堂招收部分少数民族学生。因此,民国时期的双语教育并未达到统治阶级的最初目的,只在一定程度上对新疆双语人员的培养有所作为。

民国初年,新疆的统治阶级继续沿用清朝的教学方法授课。例如,惠远城设立一所官办高等学校,首任校长余文欢(湖北籍),有教师近十人,大部分为湖北人,学生四百余人,包括维吾尔、汉、满、锡伯、哈萨克等民族子弟,全部学习汉文[①]。1924年秋,杨增新在迪化设立了省立俄文法政专门学校。在该校的学生中,大部分是汉族,也有维吾尔族、回族等少数民族学生。1925年,杨增新令喀什设高等小学,1926年令和田设高级小学。

在金树仁主政新疆时期,迫于形势的压力和社会的要求在教育上做了一些改革,其中之一便是整顿南疆汉语学校。为了巩固汉语学校的入学率,新疆当局甚至采取加派阿訇、教授经文等方

---

① 《西域历史地理》(第2卷),转引自王泽民:《近代新疆维汉语言接触及其双语发展状况研究》,44页,硕士学位论文,新疆师范大学,2006。

法吸引学生入学,但少数民族群众对此依旧疑虑重重。

1929年,汉语学校名称改为国语学校,统一使用国语教科书。与此同时,在一些少数民族进步人士的敦促下,新疆省政府也开始注重发展少数民族教育。

1936年,新疆省副主席和加尼亚孜提出发展民族教育的议案,这个议案经新疆省府第167次委员会通过,交教育厅实施。该议案内容之一是要求在中学、师范以上学校实行维汉文同时授课。

1935年,省政府制定的教育方针为:实施汉人读回文(即维吾尔文),回人(即维吾尔族)读汉文。1937年,新疆学院语文系开办了国(汉)语专修科,招收民族学生学习汉语[①]。

1938年10月,新疆教育厅召开了全省教育行政会议,会议上规定:在教育中必须特别注意民族语文的教育。各民族除了精通本民族的语文外,还必须通晓维吾尔文或汉文,民族语学习的成绩应作为小学高年级和中级学校学习成绩的重要组成部分。此外,在各民族语文课本中应充实有关其他民族的生活内容,并将各民族文字书籍大量相互翻译,以彻底沟通民族文化,加强民族团结[②]。

民国杨增新、金树仁、盛世才主政新疆时期,汉族人口持续增长。到1944年国民党部队十余万人进驻新疆各地之后,汉族人口有了更大的增长。另外,回族人口也猛增,达到10万人。

1944年秋,国民政府与三区临时政府代表谈判。1946年1月,双方签订《十一项和平条款》。1946年7月,新疆联合政府发布施政纲领,其中第9条规定:"小学与中学用本民族文字教学,中学以国文为必修科,大学依教学需要并用国文和民族文

---

① 陈世民:《新疆现代翻译史》,61页,乌鲁木齐,新疆大学出版社,1999。
② 新疆维吾尔自治区地方志编撰委员会:《新疆通志(第76卷,语言文字志)》,274页,乌鲁木齐,新疆人民出版社,2000。

字"。

　　清朝覆灭以后,和田地区的汉文学堂几乎没有维吾尔族学生学习。1934年以前,和田地区的汉文学堂成为该地区少量的汉族学生上学的学校。1934年5月,马虎山占领和田建立政权后,按照马政府指令,在叶城、皮山、和田等县各创建了国办汉语文学校,学校主要招收汉维回适龄儿童,设立14个班,在校生540名,教职工16人,学制4年,主要开设算术、语文、汉语、自然、歌咏、绘画、体育和宗教常识等课程。民族学生都改用汉族姓名,食宿由国家承担,不向平民摊派。学生全都是地方官员子女,学习热情很高。

表2—1　　民国时期和田地区学堂教育情况一览表(1944年)[①]

县镇	族别	学堂数	学生数	教师数
和田镇	维吾尔族	1	150	3
皮山县	维吾尔族	1	140	1
墨玉县	维吾尔族	1	120	2
洛浦县	维吾尔族	1	100	1
策勒县	维吾尔族	1	50	1
于田县	维吾尔族	1	114	2
叶城县	维吾尔族	2	250	4

　　1937年底,盛世才打败了马虎山军队,建立省政府,把汉语文学校分成民汉学校,不同民族用各自的民族语文进行授课。1938年,全地区只有一所汉校(现今和田市一小),设3个班,有学生79名(汉生45名、回生24名、维生10名)。到1948年,汉

---

① 提力瓦尔地·吾术尔等编:《和田地区教育史》,14页,内部资料,2005。

校规模扩大，设立了4个班，有学生110名、教职工6人。

新中国成立前夕，和田地区汉语文学校发展较快，1949年各县普遍建立了汉语文学校，成立汉语文班，共设立汉语文学校1所、汉语文班6个，有学生126人、教职工10人[①]。

二、和田宗教与现代教育合一的新式民族教育

在第一次世界大战前夕，伊斯兰国家新式正规教育的形成和中亚少数民族中现代教育的普及，对和田地区产生了极大影响。和田出国朝圣、经商人数众多，由此开阔了人们的眼界，唤起了他们兴教救国的热情。1890年，以经商为业的和田籍商人库尔班阿吉卡衣马克有机会到国外，返回途中，他游历了印度、埃及、土耳其、俄罗斯等国，考察这些国家的教育教学情况，这次考察使他意识到社会进步的关键在于发展教育。库尔班阿吉卡衣马克回国后，即于1913年在和田镇阿力吐路克创建了一所起初只有2个班的新学校，校名为"吉德提"学校。为解决师资问题，他聘请异地教师来和田任教，他还派5名学生在喀什噶尔教经院学习。

从和田吉德提学校的课程表中，我们可以清楚地看到"吉德提"学校教授的科学知识要比宗教知识多。学校招生面向全地区，首批招收66名学生，组成2个班。主要开设的课程有语文、自然、历史、算术、宗教常识、说教等。但是这所学校开办没多久，教师们就在关于地球是圆形的，地球只绕着太阳转这一问题与当时和田大阿訇苏来曼艾来木展开了争论，大阿訇责备他们是"宗教异徒"，诉告和田道台秦大人。道台责令学校关闭，把异地教师赶出和田。

[①] 提力瓦尔地·吾术尔等编：《和田地区教育史》，14页，内部资料，2005。

1933年初，和田吉德提学校复课，改为孤儿学校，招收2个班，60名学生。由国外留学归来的木沙先生、吐尔地穆合买提哈斯木、吐尔送毛拉等人任教，学校开设的主要课程有宗教常识、维吾尔语语法、书法、算术、自然、地理。学校运行经费分别由国库支出、地方筹措、民间捐资，其中民间捐资在总数中占有很大比例，主要用于校舍的建设和学校办公费。1938年，盛世才背叛革命，大多数教师被捕入狱，学校也随之关闭。

表2-2　和田吉德提学校1913学年课程表①

时\日	上午				下午
	1	2	3	4	
星期六	卫生保健	语文	说教	算术	劳动或文艺活动
星期日	阿拉伯语	历史	地理	读写	
星期一	宗教常识	算术	体育	说教	
星期二	读写	卫生保健	地理	美术	
星期三	阿拉伯语	文学	宗教常识	历史	
星期四	品德教育课、宗教教义课				
星期五	休息				

1938年初，阿富汗籍留学生伊德力斯来和田，在和田镇胡加木库力巷的布韦汗大院里创建了民办蚕桑学校，学校实行半工半读制，住宿自助，学校招收学生80名，设2个班，主要教授农业基础常识、农作物种植、养蚕、宗教知识等课程，为和田蚕桑业和农业的发展做出了贡献。

1938年3月，在洛浦县玉龙喀什镇阿不拉江卡尔大院里开办了以教授蚕桑、水利为主的（国办）农业学校，招收学生60

---

① 提力瓦尔地·吾术尔等编：《和田地区教育史》，15页，内部资料，2005。

名,设2个班,教职工4名。1940年学校关闭。

在和田近代民族教育的发展历史上,艾买提·阿吉的贡献值得一提。艾买提·阿吉(1894—1976)出生在和田县肖尔巴克乡阿克塔什村。小时候,他在阿克塔什阿洪路克经文学校学经。1929年,他去沙特朝圣,在回国途中游历埃及、土耳其、巴基斯坦等国,考察了这些国家的中小学管理、教学方法,学习了教育方面的很多知识和经验。1932年他回国后,在库尔班·阿吉的援助下创建了宗教与新式教育合一的胡加木库勒小学,招收200名学生,组成4个班进行教学。教室配置了新课桌椅,结束了学生蹲在地上念书的旧教法。按照国外新式教育教学方法,他在学校管理中制定出学校管理制度。课程开设主要分两级,对低年级学生开设识字课、歌咏课程,在高年级开设算术、语文、书法、字形、歌咏、体育等课程,宗教常识课主要开设索皮阿力亚尔、胡加阿皮孜、纳瓦衣、《古兰经》等。体育课主要内容是学生跑步、拔河、高空走绳等。除此之外,学生还学习唱歌、作曲、跳舞等,学校还组织学生夏令营游山玩水,增强了学校的吸引力。

1937年,在艾买提·阿吉的辛勤努力下,建立了和田茶汗小学。和田茶汗学校作为和田新式教育的启蒙,为和田兴办新式教育开辟了道路。[①]

三、曲折中发展的和田现代学校教育

1938年10月,和田地区召开了教育工作会议,会议通过了对全地区教育工作有着重要指导意义的决议,确定了和田地区教育方针。主要内容有:

---

① 提力瓦尔地·吾术尔等编:《和田地区教育史》,16~17页,内部资料,2005。

1. 国防教育。必须尽可能地将国防知识、抗战的理论与实际联系到各种科目中去，大量翻印和编辑补充读物，充实国防抗战的内容。

2. 建设教育。必须要在普通教育中灌输建设的知识，培植初步的有建设知识和技能的人才，以解决目前各种建设人才不足的问题。此外，必须在中级学校附设各种专门班组，并将中级学校各课教材和教学设施联系到建设问题中。

3. 团结教育。在教育中必须特别注意民族语言的教育。各民族除了精通本民族语言外，必须通晓维吾尔文或汉文，民族语文学习的成绩应作为小学高年级和中级学校学习成绩的重要组成部分。此外，在各民族语文课本中应充实有关其他民族生活的内容，彻底沟通民族文化，加强民族团结。

4. 大众教育。要大量创办民众学校、短期学校及各种业余实习班，以及改善扩大民众教育馆、俱乐部、图书馆等工作，使各种就业人员都能享受初步的、必需的教育，将学校教育社会化，将学校与社会打成一片，使学校成为推广社会教育的核心。

第一次教育工作会议决议案还提出了近期改善和发展和田教育的具体措施，主要包括：

1. 发展师范、中学和职业教育。发展完备的初级师范，实行小学教师年功加薪制以资鼓励。用极大的努力克服人才、物力的困难，推广短期职业训练班及各种职业实习学校。

2. 提高小学质量。各县学校必须组织教育研究会，并利用教员讲习会、中级学校附设教员轮流训练班、函授等方式，帮助提高小学教员素质。努力提高小学教师的待遇，使之能维持最低限度的家庭生活。准备实施小学教员检定，对素质过低的教员分别进行定期训练。

3. 广泛发展社会教育。发展冬学运动，广泛设立夜校，其经费由政府和各族促文会筹措。

4. 加强和改善领导与民众的关系。地区教育局与各县教育局加强联系，各教育局须健全督学工作机构，每学期至少派督学视导其所属学校1～3次。教育局须加强对各县促文会的领导，经常指导和检查促文会本身及其所属学校的工作。①

历史上和田地区由于历史、政治、经济、地理等方面的原因，经济文化及社会发展十分落后。民国时期此次教育工作的召开是和田民族教育史上一件空前的大事，此次会议作为历史上由当局举办的发展和田教育的第一个重要会议，在和田民族教育史上发挥了比较重要的作用。

1938年3月—1942年9月，有27名中共党员同在新疆教育系统工作，分别担任教育厅长、专区教育局长、新疆学院教务长、中学校长、主任、小学校长等职务。这批共产党员帮助盛世才政府制定了"发展以民族为形式，以六大政策为内容的民族文化教育"的方针，整顿和加强了各级教育行政机构，制定了各种规章制度，编订了教材，整顿了大中学校，加强了对各族文化促进会的指导，并将宗教税和专款给各族作为教育基金，发展教育事业。

这一时期的和田小学分为总校和分校。总校配备了校长1名、教务主任1名和若干名教师，教师实行包班包课。在山区、边远乡村实行了复式教学。学校制定了一套教学管理制度，实行学生升班留级、学生毕业制，尖子生可以越级升班，差生留级蹲班。小学一年级要求很严，规定母语课（识字课）上一年，未达识字标准的不准升入高年级，学校实行严格的考试制度，对于考试不及格的予以留级，对学习成绩优秀的给予奖励。

1938年3月，和田当局成立了和田镇文化促进会并接管了和田镇的男校、女校和胡加木库勒学校，并从喀什聘请了教师教授。当时学生入学不受年龄限制，凡是年龄在7～20岁的儿童、

---

① 提力瓦尔地·吾术尔等编：《和田地区教育史》，41～42页，内部资料，2005。

青年都能接受小学教育。小学创建初期，都占用私人住宅大院办校，学校数达26所，全地区在校生2450名。为了解决师资短缺问题，1938年12月，和田开办了简易师范班，从各县乡小学在校生中招收80名学生，开办了半年短训班，学员结业后分配到县乡学校任教。截止到1942年底，和田师范学校共办长短期师资培训班5期，共培训教师一千多名。据不完全统计，1943年全和田地区国办县立小学6所，促文会办的会立小学187所，两类学校在校生24081名，495个班，教职工686人；1946年全地区县立小学7所，会立小学256所，两种学校在校生31654名，696个班，教职工843人。

1938—1943年是和田地区小学教育兴旺时期，教师的薪水由国库发放，薪水标准比国家公务员低，但教师的社会地位比较高。

1943年，和田建立了国民党统治政权，全地区县、乡、村普遍成立了国民党的组织机构。1947年，国民党反动派逮捕了和田80%的教师[①]，全区教育开始衰落，许多学校停办，学生大量流失。

---

① 提力瓦尔地·吾术尔等编：《和田地区教育史》，42～47页，内部资料，2005。

第三章 新中国和田地区的双语教育

第一节 国家双语教育政策的发展及新疆民汉兼通双语政策的确立

一、国家民族语文教学及双语教育政策的发展

在当今世界多民族国家中,如何正确对待和处理各少数民族语言文字问题,成为各国制定民族政策的重要组成部分。新中国成立后,中央政府实施民族平等、团结的政策,少数民族语言文字得到了充分的尊重。从20世纪50年代起,国家就大力帮助少数民族使用和发展自己的语言文字,为一些没有文字的民族创立文字,对一些不完善的民族文字进行改进。除了重视民族语言文字在教育中使用外,国家还积极提倡少数民族学习汉语、汉文,发展少数民族双语教育。国家双语教育政策发展历程总体上呈现出从民族语文教学到双语教育发展的趋势。

(一) 民族语文教学政策

新中国成立后,党和政府制定了一系列有关民族教育和民族语言的法规和政策,从制度上保证了在有本民族语言的少数民族学校中,学校有权使用本民族语言文字进行教学。1949年,《中国人民政治协商会议共同纲领》第九条规定:"中华人民共和国境内各民族,均有平等的权利和义务。"纲领第五十三条规定:"各少数民族均有发展其语言文字、保持或改革其风俗习惯及宗教信仰的自由。人民政府应帮助各少数民族的人民大众发展其政治、经济、文化、教育的建设事业。"1951年政务院批准的《第一次全国民族教育工作会议的报告》,对民族教育中的教学用语问题做了规定:"凡有现行通用文字的民族,小学和中学的各种课程必须用本民族语文教学;少数民族的各级学校应按当地少数民族的需要和意愿开设汉文课"。1982年12月4日,中华人民共和国第五届全国人民代表大会第五次会议通过了《中华人民共和国宪法》。宪法第四条规定:"各民族都有使用和发展自己的语言文字的自由,都有保持或者改革自己的风俗习惯的自由。"1984年实施的《中华人民共和国民族区域自治法》第十条规定:"民族自治地方的自治机关保障本地方各民族都有使用和发展自己的语言文字的自由,都有保持或者改革自己的风俗习惯的自由。"第三十六条规定:"民族自治地方的自治机关根据国家的教育方针,依照法律规定,决定本地方的教育规划,各级各类学校的设置、学制、办学形式、教学内容、教学用语和招生办法。"第三十七条规定:"民族自治地方的自治机关自主地发展民族教育,各级人民政府要在财政方面扶持少数民族文字的教材和出版物的编译和出版工作。"第四十九条规定:"民族自治地方的自治机关教育和鼓励各民族的干部互相学习语言文字。汉族干部要学习当地少数民族的语言文字,少数民族干部在学习、使用本民族语言文字的同时，也要学习全国通用的普通话和规范文字。"①1995年颁布实施的《中华人民共和国教育法》第十条规定："国家根据各少数民族的特点和需要，帮助各少数民族地区发展教育事业。国家扶持边远贫困地区发展教育事业。"2002年7月召开的全国第五次民族教育工作会议对少数民族学习、使用本民族语言文字的自由平等权利也作出了有关规定。

60年来，党和国家为保护和发展少数民族语言文字，在少数民族语言文字的创制与使用、民族语言的教学、民族语文教材的编写等方面，制定了一系列的方针政策和法律法规。实践证明，这些方针政策和法律法规的制定、贯彻与执行，不仅对推动民族教育事业的发展，提高各少数民族人口文化素质起到了积极的促进作用，而且对保护各民族在政治、经济、文化等各个领域的平等权益，促进民族地区现代化，实现中华民族大家庭的团结提供了政策与法律上的保障。

（二）双语教育政策

改革开放以来，我国少数民族地区的少数民族到内地上学、经商、办企业的人越来越多。有的因为不懂汉语，在与其他民族成员交往时非常困难，有的在到内地高等学校上学之前，还需要专门补习汉语，从而增加了他们的学习负担和成本。针对这些情况，教育部和国家民委在1980年10月9日印发了《关于加强民族教育工作的意见》，提出："凡有本民族语言文字的民族，应使用本民族的语文教学，学好本民族语文，同时兼学汉语汉文"。1982年颁布的《中华人民共和国宪法》规定："国家推广全国通用的普通话"。1984年颁布的《中华人民共和国民族区域自治法》第三十七条规定："招收少数民族学生为主的学校，有条件

---

① 全国人大常委会法制工作委员会：《中华人民共和国民族区域自治法》，19~30页，北京，法律出版社，2001。

的应当采用少数民族文字的课本,并用少数民族语言讲课;小学高年级或者中学设汉文课程,推广全国通用的普通话。"国家教委在1987年2月23日印发的《关于九省区教育体制改革进展情况的通报》中指出:"随着国内经济建设的发展,各地区之间的交流日益广泛,大量的政治、经济、文化、科学技术等信息主要是靠汉语传播的。学好汉语文是少数民族人民的共同愿望,也是发展繁荣民族经济文化的需要。同时,按照国家有关法律规定,又要充分尊重少数民族使用和发展自己语言文字的权利。因此,在中小学阶段,既要学好本民族语言文字,又要学好汉语文。有民族语言文字的民族地区,先以学好本民族语言文字为主,逐步过渡到学习汉语文。"1987年国家教委修订的《全日制汉语文教学大纲》指出:"在长期的历史发展过程中,汉语事实上已成为各民族之间通用的语言文字。少数民族学习汉语文,对发展和繁荣少数民族地区的科学文化,对祖国四化培养有理想、有道德、有文化、有纪律的少数民族人才,加强各民族之间的交往,都有重要意义。使用民族语言文字教学的民族中小学,首先要学好民族语文,也应该学好汉语文。汉语文课的开设和学习年限,可根据实际情况灵活安排。"

在全国性的文件中,正式提出"双语教学"的有两个,一个是1991年6月19日国务院批转的《国家民委关于进一步做好少数民族语言文字工作的报告》,其中规定:"按照《中华人民共和国民族区域自治法》规定的精神,招收少数民族学生为主的学校,有条件的应当采用少数民族文字的课本,并用少数民族语言讲课,在适当年级增设汉语文课程,实行双语文教学,推广全国通用的普通话"。另一个是国务院1992年11月6日批转的《国家语委关于当前语言文字工作的请示》,其中规定:"按照《中华人民共和国宪法》和《中华人民共和国民族区域自治法》的规定,少数民族地区也要重视推广普通话;在学校中应推行当地民族语言和汉语普通话的双语教学。少数民族地区推广普通话的具体要求和步骤由各地根据实际情况确定。推广普通话是为了推动经济和社会发展,提高公民素质和工作效率,而不是禁止和消灭方言,也不妨碍各少数民族使用和发展本民族的语言"[①]。《中华人民共和国教育法》第十二条规定:"汉语言文字为学校及其他教育机构的基本教学语言文字。少数民族学生为主的学校及其他教育机构,可以使用本民族或者当地民族通用的语言文字进行教学。学校及其他教育机构进行教学,应当推广使用全国通用的普通话和规范字。"

可见,我国双语教育政策的制定和发展保障了少数民族双语教育的实施,做到了有法可依、有章可循。对于新疆来说,目前和今后相当长的时间里,少数民族语言和文字是少数民族社会主要的交际工具,因此在学校使用民族语言文字,无论在促进民族语言文字的发展上,还是在发展少数民族少年儿童的思维水平、提高教育质量方面都具有十分重要的意义。但是,随着社会的发展、现代化传媒手段的普及,民族间文化、经济的交往越来越频繁,势必需要使用功能更强的、全国通用的汉语文,这已成为少数民族群众的迫切需求。[②]

二、新疆双语教育政策的发展及民汉兼通目标的确立

历史上新疆少数民族教育起步晚、教育水平落后。新中国成立以后,如何加快培养少数民族各级各类人才,以适应新疆对人才总的社会需求,不断提高少数民族人口的素质,成为新疆维吾

[①] 王远新:《中国少数民族双语教育研究》,142~143页,北京,中央民族大学出版社,2001。

[②] 戴庆厦、滕星等:《中国少数民族双语教育概论》,69页,沈阳,辽宁民族出版社,1997。

尔自治区政府工作的一个重要任务，也是新疆执行和落实党和国家民族政策的重要内容。新中国成立以来的60年间，新疆先后出台了多项有关双语教育的政策、法规，使新疆的双语教育事业不断发展，并取得了许多重要成果。总体来说，新疆双语教育政策的发展历程可以分为三个阶段。

第一阶段是新疆双语教育政策的形成期（1950—1977年）。这个阶段双语教育政策的主要特点为：新疆维吾尔自治区根据新中国成立以后颁布的一系列法律和政策，制定了相应的语言、教育政策；民族教育当中突出了"以民文为主"；民汉学生互学语言的双语教育政策。1950年，新疆人民政府在《关于目前新疆教育改革的指示》中规定：所有汉族中学班均加授维吾尔文及俄文选修，民族班选修汉语及俄语。1957年3月，自治区党委作出指示，要求改进和加强汉族干部学习本地民族语言、本地民族干部学习汉语的工作，首次提出了民汉学生和民汉干部职工互学语言的规定。1960年，自治区教育厅《关于改进提高民族中学汉语教学工作的通知》中指出："汉语课是民族中学主要学科之一；总的要求是，学生通过中小学阶段学习，高中毕业升入大学后能达到用汉语直接听讲和记笔记的目的；参加工作后，不用翻译具有听说读写的能力。"同时指出："初中以政治、语文、数学、汉语为重点，高中除继续学习政治、语文、汉语以外，应加强数学、物理和化学的教学。当前应特别注意加强语文和汉语的教学工作。"[①]可见，在这个阶段，新疆维吾尔自治区明确规定了汉语课是民族中学主要课程之一，并对从小学到大学的每一个教育层次汉语教学的课时安排、教学目标等都做出了具体的规定。

第二阶段是新疆双语教育政策的发展期（1977—1990年）。

[①] 丁文楼：《中国少数民族双语教育研究与实践》，216页，北京，民族出版社，2002。

这个阶段双语教育政策的主要特点为：对中小学汉语教学提出了明确的规定，少数民族双语教育的地位日益突出，教材建设得到了进一步发展，尤其是提出了民汉兼通，并把民汉兼通确定为双语教育的基本方针。党的十一届三中全会以后，随着改革开放和社会主义建设事业的不断发展，在自治区党政机关印发的一系列决议、决定中，多次强调少数民族双语教育的重要性，提出了加强汉语教学的建议和措施。1978年，自治区党委、人民政府决定：民族小学从三年级开设汉语课，到1995年，高中生要达到民汉兼通。1980年，自治区教育厅组织编写了汉语课教学大纲，并重新编写了从小学至初中的七册课本。在新编写的教学大纲中，明确规定了汉语课的具体任务："从小学三年级到高中毕业，学生能用汉语进行一般的对话，基本上能表达自己的思想，能用本民族语文和汉语文对译学过的字、词、句。"

1984年，在新党发〔1984〕13号文件中进一步指出："汉语是我国的主体语言，是各族人民群众交流思想和文化的共同工具。在少数民族学校中加强汉语教学，实现'民汉兼通'，对发展我区民族教育，提高少数民族人民群众的科学文化水平，促进我区社会主义建设事业的发展，巩固和发展各民族的大团结，有着重要意义。"文件同时规定了建设合格的双语师资队伍、加强教材建设、教学质量评比等方面的一系列规章制度[①]。1985年，自治区党委关于贯彻《中共中央关于教育体制改革的决定》和1986年自治区党委关于贯彻《中共中央关于建设社会主义精神文明的决议》的决定都进一步强调了民族学校的汉语教学工作，并把搞好少数民族双语教育工作列为新疆社会主义精神文明建设的一项重要内容。1987年，自治区党委、人民政府提出："各级党委、各级人民政府和各级教育部门要加强对民族中小学汉语教

---

① 丁文楼：《中国少数民族双语教育研究与实践》，218～220页，北京，民族出版社，2002。

学工作的领导,把加强民族中小学汉语教学摆到重要位置,把这项工作看成是发展民族教育,提高民族素质,关系到各民族发展和前途的一项战略措施来抓。"这是自治区第一次把双语教育工作提高到战略层次来认识。当年,自治区教委下发了《自治区教育委员会关于进一步加强民族中小学汉语教学工作的措施》文件,特别就扩大师范汉语专业招生名额,制定中小学汉语教师培训规划,实行自治区、地、县(市)三级分工负责制,稳定现有汉语教师队伍等问题上提出了若干重要意见。这一阶段,虽然仍未明确提出双语教育的概念,但已涉及双语教育的方方面面。双语教育的基本方针和要求进一步明确,并实现了具体化和系统化[1],从而为新疆双语教育的快速发展提供了有力的政策保障。

第三阶段是新疆双语教育政策的完善期(1991年以后)。这一阶段双语教育政策的主要特点为:明确提出了双语教育概念;进一步明确了双语教育的方针、任务、地位和作用;开展多种形式的双语教育实验;确定了双语教育的指导思想,提出了相应的对策和方法。1992年3月25日,自治区第二届民族语言文字工作会议指出:"双语教学,特别是民族学生的汉语教学,对少数民族人才开发,对自治区经济、文化和科技的发展具有非常重大的作用。从自治区培养人才的角度来说,'民汉兼通'是新型人才必备的条件之一。"1993年,自治区八届人大常委会第四次会议通过了"新疆维吾尔自治区语言文字工作条例",新疆的语言文字工作及双语教育工作由此步入了法制化的轨道。1996年9月27日,自治区党委书记王乐泉同志在自治区组织工作会议上指出:"新疆的少数民族干部和汉族干部必须双向掌握语言,要消除以后群众工作当中的语言障碍。"同时进一步强调民族干部双向民汉兼通的重要性。2003年,《新疆维吾尔自治区人民政府

---

[1] 王阿舒、孟凡丽:《新疆少数民族双语教育政策发展综述》,载《民族教育研究》,2006(2)。

贯彻"国务院关于深化改革加快发展民族教育决定"的意见》中,明确提出了 2001—2010 年改进和加强双语教育的基本任务是:"在继续巩固少数民族母语教学的同时,切实加强汉语教学在初、中等教育中的突出地位,在中、高等教育阶段的主导地位,力争使汉语教学在各级各类教育中有较大发展,教育教学质量明显提高,全区普遍从小学三年级起开设汉语课"①。2004 年 3 月 31 日,自治区党委下发了"自治区党委、人民政府关于大力推进双语教学工作的决定"。"决定"指出:"少数民族语言授课的中小学,其双语教学模式,由现阶段的以理科为主的部分课程用汉语授课,或除母语文外的其他课程用汉语授课的模式,最终过渡到全部课程用汉语授课,同时加授母语文的模式",并规定了民汉合校建设、在校教师汉语水平、学生毕业汉语水平、双语教育工作领导等方面的具体要求②。从 1992 年开始,自治区在部分民族中小学进行了双语教育试验工作,并根据各地不同的教育资源条件,实施了不同类型的双语试验。可以说,这个阶段双语教育政策已进入了比较完善的时期。

从以上各阶段的特征来看,新疆维吾尔自治区的双语教育政策的发展、民汉兼通双语政策的确立经历了从民族中小学开设汉语课,加大汉语课时或部分课程用汉语授课,最后到除母语文等部分课程之外的全部课程用汉语授课的三个阶段。和田地区中小学双语教育的发展,基本上与新疆双语教育政策的变化和发展是同步的。但是,由于历史传统、教育发展程度、教育资源水平和教师队伍等方面的差异,和田的双语教育情况表现出了与新疆其他地方不同的一些特征。

---

① 王阿舒、孟凡丽:《新疆少数民族双语教育政策发展综述》,载《民族教育研究》,2006 (2)。

② 新党发 [2004] 2 号文件,2004 年 3 月 31 日。

三、和田中小学维汉双语教育发展概况

现代维吾尔语属阿尔泰语系突厥语族,在形态结构上属黏着语类型。维吾尔语是维吾尔族人民群众的主要交际工具,也是和田各兄弟民族通用的语言之一。和田地区维吾尔族人口占总人口的97%左右,是具有典型意义的维吾尔族聚居区。汉族占总人口的3%左右,大部分居住在城镇地区。另外,还有一些散居的回族、塔吉克族、柯尔克孜族等少数民族。除和田的汉族、回族使用汉语文外,其他民族大都通用维吾尔语言文字,维汉两种文字为和田地区正式官方工作文字,报纸、杂志、图书用维汉文印刷发行,广播、电视用当地通用的两种语言播放。和田地区在执行公务、下发文件时基本上同时使用维、汉两种语言文字;文教卫生、新闻出版、广播影视、文学艺术和农林牧等方面都广泛使用维吾尔语言文字。

在民族中小学的教育语言上,大部分中小学主要采用维吾尔语言进行教学。1950—1994年,和田的双语教育模式为单一的民语授课、加授汉语的模式,汉语只是当作一门语言课程来学习。从1994年开始,进行了部分学校部分课程用汉语授课、汉族学校双语实验班等多种双语教育实验。总的来说,和田维汉双语教育的产生和发展特点基本上与新疆双语教育政策的发展是一致的。

1959年6月,新疆维吾尔自治区召开教育行政会议,提出了民族学校从小学四年级加授汉语。1960年8月25日,自治区教育厅发出《关于改进和提高民族中学汉语教学工作的通知》,明确提出了汉语课是民族中学主要课程之一。和田地区为了贯彻落实自治区会议决议和有关通知精神,1960年10月召开全地区党政领导和中小学校长会议,结合和田地区教育实际专题研究,并提出了意见,决定1961年第一学期开始在地县直中小学试点

汉语教学，1962年第一学期在全地区全面铺开。1964年7月31日，和田地委、行署下发了《关于试办在汉族小学试招收少数民族学生学习汉语的通知》，并在全地区县城汉校点上试招教学。

1984年12月28日，和田地区教育局以文件形式提出《关于贯彻落实自治区教育厅〔1984〕42号文件的若干意见》，《意见》在总结以往汉语教学中所取得的成绩和经验的基础上，分析了汉语教学中存在的问题，并提出了一系列措施。《意见》提出：全日制民族中小学应该把民汉兼通作为汉语教学的基本方针，民族学生高中毕业时，要掌握3000汉字，汉语水平基本上接近汉族中学初中二年级的语文水平，使他们在进入高校和中等专科学校时，争取不读预科，直接用汉语听课。《意见》要求和田地区的重点民族高中和城镇民族高中要在1994年完成基本上过汉语关的任务，县镇以下的民族高中1996年也要争取完成这个任务，民汉兼通成为学校领导和少数民族师生及少数民族人民群众共同努力实现的目标。同时，和田地区各级教育行政部门、学校，采取各种措施，加强了民族中小学的汉语教学，使各少数民族学生的汉语水平有了较大幅度的提高。但是由于种种原因，自治区党委和人民政府提出的"1995年城镇以上民族高中的大多数毕业生在听、说、读、写方面达到'民汉兼通'的标准"这一目标在和田地区没有实现。

1994年，地区教育处决定在办学条件较好的和田市第三中学开办双语授课实验班。1992年召开的新疆民族中学部分课程汉语授课实验讨论会上有关领导的讲话成为和田地、市领导开办实验班的决策依据。但是，由于授课教师自身汉语水平还达不到要求，而且教学当中维吾尔语授课的比重大，未能达到既提高汉语水平又提高数理化水平的目的，反而增加了学生的负担。此外，由于地区用人制度、人才流动方面的种种规定，无法突破已有的用人制度，始终未能解决实验班所面临的最关键、最紧迫的师资问题，双语教育的实际效果并不理想。

多元文化整合教育视野中的维汉双语教育研究

　　2000年，和田地区有关部门总结了1994年以来在和田市三中进行理科用汉语授课实验和民族小学一年级开设汉语课的经验教训，采取了新的有力措施来推动双语教育，为双语实验班学生创造了充分的语言环境和部分学科用双语授课的有利条件。地区教工委明确提出："和田地区的教育是以民族教育为中心，包括汉族教育都是民族教育的组成部分，都应该为提高民族教育的质量做贡献"的理念。经过广泛深入的宣传和引导，在地委、行署领导的大力支持下，地县（市）教育局层层建立双语教学实验班工作领导组，下设办公室，教育局主要领导亲自抓，分管领导具体负责，基教、教研、办班学校形成合力，为办好双语实验班提供了强有力的组织保证。从2000年开始，在和田市五中和和田县三校等汉族学校里开办了双语实验班，实施除了部分课程用维吾尔语授课之外，其他课程全部用汉语授课的实验模式。

　　总之，和田地区中小学双语教育伴随着和田民族教育事业整体水平的提高而发展，经历了由小到大，由弱到强，逐步发展的过程。新中国成立前，和田地区的双语教育十分薄弱。新中国成立初期，全地区双语学校仅6所（含汉族学校开办的汉专班、民考汉），有在校生510名、教职工14人，并且主要集中在地区及各县城镇。新中国成立以来，特别是从1984年至今，和田的双语教育工作得到了快速发展。截至2005年底，和田地区推行双语教育的学校有203所、428个班，双语班在校生16613名，双语专业教师2814人。全地区在汉语言学校读书的民族学生4350名，其中小学生2739名、初中生1272名、高中生339名。专门双语实验中学1所，在校生612名，教职工114人。开办双语教学班的公办幼儿园11所、106个班，在园生3691名，专业教师203名。开办双语教学的民办汉语专业培训基地10个，受训学员263名，专业教师120人。大中专学校开设汉语专业班28个，在校生1120名，专业教师65名，初步形成一定规模的双语教育体系。

第二节　和田双语教育改革实验的开始
　　——和田市三中部分课程用汉语授课
　　实验案例

一、实验背景、目的、教材与教学语言

　　新疆维吾尔自治区出台了一系列加强和发展双语教育的政策，把开设汉语课的起点从小学四年级逐步提前到三年级，确定了民汉兼通的目标及其实现的具体时间，促进了民族中小学的双语教育，使各民族学生的汉语水平有了较大幅度的提高。但由于各种各样的原因，新疆维吾尔自治区党委和人民政府1987年提出的"1995年我区城镇以上民族高中的大多数毕业生在听、说、读、写方面达到'民汉兼通'的标准"的目标并没有实现。[①] 因此，自1992年起，在新疆教委的安排下，新疆维吾尔族、哈萨克族、蒙古族部分中学先后开展部分课程用汉语授课的双语试验，在新疆民族中学教学计划框架下，做到数学、物理、化学三门课程（后来加英语，共为四门）用汉语教授，其余的课程用少数民族语言讲授。

　　新疆维吾尔自治区少数民族中学双语授课实验方案中规定，这种部分课程用汉语授课实验的目标是：

　　（一）提高新疆实验班少数民族中学生的汉语水平，促进民汉兼通目标的实现，高中毕业生达到中国汉语水平考试（HSK）六级以上的汉语水平。

---

　　① 新疆维吾尔自治区教委：《关于进一步做好民族中学部分学科汉语授课工作的几点意见》，内部文件，1996年5月9日。

（二）强化理科教学，数、理、化三科成绩达到或接近本地区汉语授课学校数、理、化平均成绩的中等水平。

（三）保证学生本民族母语的学习和掌握，本民族母语水平不低于同年级母语授课的非实验班学生的语文水平。

（四）具有一定的英语水平，以便在升入高等院校后能较顺利地接受高等教育。

实验班的教材使用上，"方案"规定，实验班除汉语和母语文课之外，其余学科均用人民教育出版社出版的调整后的现行义务教育教材，并力争和汉语授课学校保持统一进度；实验班从初中一年级起开设英语课，使用和汉语授课学校统一的现行教材；实验班母语文课采用新疆自编的中学语文课本等。

教学语言上，实验班要保证数学、物理、化学、英语四学科用汉语授课，语文、政治两学科用母语授课，其余学科的教学语言可根据师资条件和学生实际情况由各实验学校自行决定。

此方案出台后，全疆民族中小学按照方案的精神以及根据自身教育水平条件进行了各种模式的双语教育。和田地区民族中学部分课程汉语授课实验也是在该方案的指导下开始进行的。

二、和田市三中双语授课实验情况及分析

1994年，和田地区教育处决定在办学条件较好的和田市第三中学开办双语授课实验班，学生从市属小学生中选拔。开设实验班的基本思路是：初中阶段开两个班，这两个班的学生计划将来初中毕业时，按自愿原则，选拔其中一部分学生组成高中阶段的一个实验班，其余的学生考中专、技校或按时完成九年义务教育，自谋出路。初中两个班各有40名学生，共80名，入学时考汉语、数学两门课程。在双语实验班报名招生时，学生、家长积极性很高。

初一双语班按民族中学教学计划开课，其中数学用汉语授

课。针对学生的汉语水平偏低，数学教师米日古丽（新疆大学数学系毕业）利用整个暑假编写了初中数学术语汉、维吾尔语对照表印发给学生。开学时，教师先用4周时间，教学生汉语数学术语。4周后开始用维、汉两种语言讲数学，其余课程用维吾尔语讲授。初二的物理、初三的化学也采取同样的方法。与此同时，数、理、化三门课程每周加授专业汉语，与双语课同时进行，以便让学生掌握专业词汇，进一步提高汉语理解能力。1996年，学校采取同样的办法每年招收两个初中班，学生初中毕业后进行分流，组成高中实验班。[①]

  1996—1997年，新疆大学木哈白提教授等人对和田市三中部分课程采用汉语授课的双语教育实验进行了调查，并在此基础上作出专题调查报告，介绍和分析了当时三中双语实验的基本情况。报告分析了教师们所面临的困难，指出，用汉语授课的教师都有进一步提高自己汉语水平的愿望，但汉语授课对他们来说难度很大。担任汉语课教学的教师在高校读书时虽然读了预科，但专业课都是靠维吾尔语学习的，只能看懂一点汉文参考书，就自己目前的水平来说，还不能用汉语熟练地表达教学内容。另外，这些教师除在实验班上课外，还要在普通班（与实验班平行）教授同样一门课，同一门课，在一个班完全用维吾尔语讲授，在实验班用维、汉双语讲授，这样备课负担自然加重，加之用汉语讲解本来难度就很大，于是，实验班的课也就很自然地出现维吾尔语授课的局面。民考民出身的维吾尔族教师面对维吾尔族学生使用并不熟练的汉语讲课，容易造成教师不知所云，学生也感到莫名其妙的结果。遇到问题时，用汉语讲学生不易理解，而用维吾尔语讲，学生很快就能理解，因此用双语授课的教师就很自然地单用维吾尔语讲授了。学生的汉语水平参差不齐，大部分学生的

---

  ① 和田地区教育局：《和田市三中双语实验调查报告》，内部资料，2002。

汉语水平还达不到直接用汉语听课的程度,为了迁就大部分学生只好更多地采用维吾尔语授课。报告最后总结时提到,和田市三中部分课程采用汉语授课的实验,并不是以汉语授课为主、维吾尔语授课为辅,而恰恰相反,实际上应归入以维吾尔语授课为主、汉语授课为辅的教学模式。

1997年以后和田市三中再未招收实验班。因为按照"方案"规定,实验班的学生参加高考时,数理化要用汉语答卷,民族语文考试要用民语答卷。和田市三中实验班学生数理化课实际上一直是用民语授课,汉语根本不过关。如果实验班学生按要求参加高考,其成绩肯定不会很理想,学生的利益会受到损失。所以学生、家长、学校和地、市教育行政部门面对这个严峻的问题,忧虑重重,停止了教学实验工作。"报告"总结了和田地区部分课程汉语授课实验中存在的几种问题,主要有:

(一)实验的关键是无法做到数理化课程完全用汉语讲授。由于授课教师自身汉语水平还达不到要求,汉语授课变成了以维为主、以汉为辅的双语授课,而且维吾尔语授课的比重大,未能达到既提高学生汉语水平,又提高数理化水平的目的。由于这批学生将来参加高考时很难用汉文答卷,甚至连考题都看不懂,对此,家长、学生反映十分强烈,要求学校尽快采取措施,要么做到真正用汉语授课,要么干脆改用维吾尔语授课。

(二)学校现有的师资状况不易改善。一方面,目前的民考民出身的数理化教师,不可能在短期内达到完全用汉语授课的水平,强求这些教师用汉语授课是不现实的。另一方面,借调、调入汉族教师也是不可能的。和田地区二中、市五中等汉族学校本来就缺编,再加上和田地区经济贫困,难以吸引外地人才。1998年7月,在市教育局组织下,汉族学校教师曾到三中实验班试讲过三周数学课,但是学生汉语理解能力差,而教师要用汉语讲授逻辑性极强的数学课,试图让他们听懂并理解透彻,对于教师和学生来说都是极为费时费力的事情。

（三）地区教育处、市教育局无法解决教学实验中遇到的师资调配、改善教学条件等问题。由于地区用人制度、人才流动方面的种种规定，无法突破现有的人事制度限制，可以胜任实验班教学的内地名牌大学毕业、汉语水平较高的人调不进来，地区教育处和市教育局始终未能协助学校解决实验班师资水平落后的问题。除此之外，实验班的教材未能及时征订，学生手中既无汉文教材，也无维吾尔文教材，没有教材的学生占总数的一半以上。

（四）经费不到位。根据新疆教委1998年［1998］20号文件的规定，每年拨给每个实验班5000元的经费补助。1997年新疆教委给和田地区按4个班编制给予20000元的补助并拨到和田地区教育处，但是实验学校分文未拿到。[①]

由此可见，和田市三中的双语实验工作开始时轰轰烈烈的，但是由于无法解决教学实验当中面临的重重困难，不能有效地保障实验工作的正常运行和继续发展。另一方面，各级领导对实验工作的重要性认识不足，没有积极地探索和解决教学当中出现的众多问题，使得教师、学生、家长参与教学实验的决心动摇。因此，有的家长，特别是有能力的家长将孩子转到了普通班。这样的举动引起了家长、学生以及实验班教师的困惑，更动摇了他们对实验班的信心，加重了他们对实验班前途的忧虑。最后，在面临种种困难的情况下，从1997年开始，和田市三中未再招收实验班，停止了教学实验工作，双语教学实验工作最终半途而废。

自2000年起，和田地区教育部门认真总结了1994年以来在和田市三中初中进行理科用汉语授课实验和在民族小学一年级开设汉语课的经验教训。为防止双语教育实验工作再度半途而废，和田地区教育局根据和田各类学校语言环境和教育资源水平的实际情况，进一步开展多种类型的双语教育实验，如民汉合校双语

---

① 木哈白提·哈斯木等：《新疆少数民族中学汉语授课实验研究》，144页，乌鲁木齐，新疆大学出版社，2002。

教育、汉族学校双语教育、民族学校双语教育实验班等，和田市三中的教学实验停止之后，全区的双语教育实验反而上升到了新的阶段。

第三节 当前和田地区双语教育多种模式的特点及其分类

一、和田地区双语教育现存多种模式的基本情况及其分析

和田地区的民族中小学从20世纪50年代至20世纪末期主要采取了学校教学语言和内容均以维吾尔语为主，把汉语作为一门语言课程来讲授的双语教育模式，这种传统的双语教育模式虽然有利于少数民族学生巩固其母语，但对培养他们学习汉语，提高汉语表达能力的作用并不大。和田中小学真正以实现少数民族学生民汉兼通为目标的双语教育实验开始得较晚，至今只有十几年的发展历程，因此尚处在实验阶段。虽然当地政府、教育行政部门、家长和学生的热情很高，但是缺乏切实的理论指导和明确的办学思想，况且小学、初中、高中等各阶段的双语教育实验工作是同时开始的，所以目前的和田中小学维汉双语教育实验还未形成从小学到高中的一套完善的教学模式、办学和管理机制。但是，从总体上说，经过几十年的不断探索和努力，和田地区已经形成了从幼儿园到高中的不同层次的双语教育体系。

（一）幼儿双语教育

和田地区维吾尔族儿童在幼儿教育阶段的双语教育基本做法

是：幼儿园实行民汉混合编班，实行同班同教。汉族老师讲授算术、汉语、美术、音乐、体育等课，保育员（汉族或少数民族）用汉语照顾指导生活和游戏。这种幼儿双语教育的主要目的是，让少数民族儿童自幼接触汉族同伴，自幼培养听、说汉语的能力。

据地区教育科学研究室的介绍，幼儿双语教育模式主要以儿童学习语言的最佳年龄的理论为依据。这个理论认为，学前阶段的儿童同时学习两种语言不仅很容易，而且也能达到熟练和满怀信心地应用这两种语言的程度，而童年以后学习第二语言的人很难达到这种程度。[1] 国内有许多经验表明，幼儿2~6岁所学的汉语言词汇，将是他成年后所掌握词汇的三分之一。一般来说，儿童智商发展的关键时期是3~8岁，从6岁开始到12岁是儿童智商发展最快的时期，过了12岁以后，智商的发展就稳定下来了，直到成年。因此，第二语言环境比较薄弱的民族实施双语教育时必须符合儿童智商发展的规律。民族学生在学前阶段既要学习民族语文，也要学习汉语文是符合民族学生学习汉语的心理活动规律的，也符合由浅入深，从易到难的教学原则。但是，和田地区这种模式的幼儿双语教育只能在城镇地区开办，广大农村地区没有学前班，也没有开展幼儿双语教育的条件。

（二）小学双语教育

小学的双语教育主要有两种类型，一种是传统的、单一的、长期保存性双语教育模式，即教学语言均以维吾尔语为主，汉语作为一门语言课程来讲授。另一种是在一些县市开设小学双语授课实验班。这种模式的双语教育按照学校类型的不同分为两种：其一是在民族小学开设双语授课实验班，理科课程由汉族教师讲

---

[1] ［加］麦凯、［西］西格恩著，严正、柳秀峰译：《双语教育概论》，100 页，北京，光明日报出版社，1989。

授,文科课程由民族教师讲授;其二是在汉族小学或民汉合校开设双语授课实验班,所有课程由汉族教师用汉语授课,到三年级再加授维吾尔语文课。从 2001 年开始,和田县在县第三小学(汉族小学)招收了一个双语实验班,采用从一年级起除了母语以外的所有课程由汉族教师用汉语讲授的浸润式双语教育方式。该班起初由于师资有限和教学经验欠缺等原因,虽然学生的汉语水平有所提高,但是没有加授母语课。目前该校双语班学生 162 名,大部分学生过了语言关,能听懂教师的汉语课,还加授了一周 4~6 学时的母语课。

(三)初中双语教育

初级中学双语教育采用的教学方法主要是:初中一年级的数学、二年级的物理、三年级的化学用汉语讲授,其余课程一般用少数民族语言讲授。和田地区 2000 年以后开办的初中实验班绝大多数采用这种教学模式。

双语班的维吾尔族学生经过了小学阶段的母语教育,已经较熟练地掌握了母语的文字和书面语,形成了用母语思维的习惯。他们从小学三年级开始学习汉语(约 500 小时左右),所学到的汉语只是最为基础的知识,还不具备用汉语进行交际的能力。所以,他们在初中一年级实验班学习用汉语讲授的数学课时,感到十分困难。讲数学课的汉族教师既要教数学知识,又要把数学课当作汉语课来教,让学生认读数学术语,有时还要注拼音。从 2000 年起,和田地区的初中双语实验班根据自治区教委实验方案的要求开设了英语课,于是对学生在语言技能方面的要求不只从单语变成了双语,而且还从双语变成了三(多)语。学生的语言知识和技能构成了"熟练的母语+不熟练的汉语+陌生的英语"。这些初中学生的学习目的不像高中生那样明确,自我约束能力也没有高中生那样强,但是因为他们只有十二三岁,基本上还处于语言学习的最佳年龄段,所以思想活跃、记忆力强,易于接受新知识，可塑性强。

（四）高中双语教育

高级中学双语教育采用的教学方法主要是：数理化三门课程从高中一年级开始用汉语讲授，其余课程一般用民语讲授。双语班的学生在小学和初中阶段主要接受以母语为主的教育，智力发展以母语为依托，已经形成了比较稳定的依靠母语思维的习惯。学生从小学三年级开始学习汉语，至初中毕业已学 1000 小时左右，已具备了初步的汉语运用能力。这些学生已经完成了九年义务教育，进入高中双语班学习是学生及家长的共同选择，因而能够承受较大的学习压力和经济压力。更重要的是这些学生的学习目的明确，有较强的自制力和竞争意识，有较好的学习习惯，他们的成绩和汉语水平考试成绩都较高，一般都超过普通班民族学生的成绩。

（五）民汉合校双语教育

和田地区实验中学、洛浦县拜什托格热克乡民汉小学等民汉合校中也设立了双语班。这类学校一般设有民语部和汉语部，民语部按自治区民族中学双语班教学计划进行教学，汉语部按国家教委制定的全国统一的教学计划组织教学。双语班无论设在民语部，还是设在汉语部，其授课教师均在校内，便于统一调配和组织教学。

（六）联办双语教育

联办双语教育是和田地区双语教育过程中产生的新的办学模式。和田地区分别与浙江省金华市汤溪中学、克拉玛依市第三中学联合创办双语班。和田地区负责初中阶段教学，负责高中阶段教学，由办班学校选配授课教师，便于优势互补，如和田市目前已将部分初中毕业的维吾尔族学生选送到金华市委托培养。

二、和田地区中小学双语教育的三种主要模式

从总体上说，目前和田地区大部分民族中小学教学中采用的还是以维吾尔语为主要教学语言，单设汉语文课的双语教育普通模式，也就是长期保存性单一双语教育模式。和田民族中小学实施的另一种主要的双语教育模式是民族学校双语实验班模式，即部分课程用汉语授课，授课的大部分老师是维吾尔族，教学环境以维吾尔语言文化环境为主。除此之外，汉族学校和新建立的民汉合校实施的双语教育实验模式主要以汉语文为主，各科尽量用汉语讲授，部分课程用维吾尔语讲授或维吾尔语文单设一门课程。

从20世纪90年代开始，和田地区的中小学进行了各种各样的双语教育实验，其中主要有民族中小学进行的维汉双语教育实验、汉族学校实施的维汉双语教育实验、民汉合校的维汉双语教育实验三种主要类型。笔者认为，根据学校的语言文化环境、教学语言的比例等因素，可以将和田中小学双语教育模式分为民族学校模式、汉族学校模式、民汉合校模式三种主要模式，本书将在后面提章节中对分类的依据、各种模式的教学特点、优点和弊端等方面进行详细的介绍和探讨。

总之，由于和田地区中小学的双语教育实验中还未形成完善的办学体制，各类民族学校、汉族学校、民汉合校都依据自身的教育水平创办双语班，因此在双语教材和双语师资方面存在着较大差异，但和田地区所有的中小学双语教育的教学目标是都一致的，都是以提高民族学生汉语水平为宗旨，以实现民汉兼通为核心目标。

第四章 和田地区中小学双语教育现状调查分析

第一节 维汉双语教育调查的目的、方法与对象

一、调查目的

和田地区是新疆维吾尔自治区维吾尔族高度聚居的地区之一，维吾尔族人口占全地区总人口的97%左右。1994年以前，和田地区的民族中小学都以汉语作为一门课程的单一模式来进行双语教育。该地区的中小学双语教育实验始于1994年，这主要是指从初中阶段开始部分课程采用汉语授课的双语教育模式。2004年，新疆维吾尔自治区党委和人民政府下发新党发［2004］2号文件①，决定在2012年之前新疆所有的民族中小学实现普及双语教育。根据文件精神，和田地区地委、行署和教育管理部门

---

① 新疆维吾尔自治区党委文件：《关于进一步加强"双语"教学的决定》，2004。

也出台了相应的文件，对整个地区民族中小学的双语教育进行了指导和规划，和田的民族中小学也开始了各种各样的双语教育实验，双语教育的模式和使用的教材五花八门，整个地区中小学还没有形成统一的办学模式和管理机制。

笔者通过观察和访谈了解到，尽管目前和田地区的双语教育实验推广得轰轰烈烈，但实际上在双语教育的办学方式和教学实施等方面还存在着很多问题。部分学校，特别是乡村学校虽然开展双语教育的热情很高，但是还不具备实施双语教育的必要条件，采取的是"能搞到哪儿就到哪儿"的"摸着石头过河"的方法。部分学校不仅双语教育的效果不好，而且对儿童的智力发展也大为不利。维汉双语教育问题是新疆民族教育改革与发展中的重点和难点，它的质量高低直接影响到维吾尔族儿童思维的发展、新疆人才的培养、民族地区的社会稳定以及构建新疆和谐社会的战略目标。笔者认为，实施双语教育是新疆维吾尔自治区民族教育政策的重要组成部分，是新疆各少数民族通往现代化的必由之路，也是改善维吾尔族青少年语言文化环境的主要措施之一。

鉴于双语教育在新疆民族教育中的重要作用，笔者以和田中小学双语教育实验作为本书的切入点，通过对6所中小学的实地考察，了解学校教师、教育管理人员、学生及家长对实施维汉双语教育的态度、看法以及目前和田地区双语教育的现状和存在的问题。在此基础上，笔者希望能为国家和新疆地方政府制定相关语言与文化政策，为和田地区中小学维吾尔族学生更好地达到民汉兼通的目的，提高维吾尔族学生在多元文化社会中的文化适应能力，构建适合和田地区实际情况的双语教育模式提供可操作性的建议和对策。

二、调查方法与对象

本课题研究主要采用了定量研究和定性研究相结合的研究方法。

（一）定量研究

定量研究方法采用问卷设计、问卷对象的取样、问卷调查、问卷数据计算机处理（SPSS 软件，社会科学统计软件包）、问卷分析等几个步骤。

1. 问卷设计。调查问卷分为客观问卷（如性别、民族、年龄、文化程度、家庭状况、家庭和学校语言使用状况等）和主观问卷（如对维吾尔、汉两种语言和维汉双语教育的态度等）两大部分，共约 80 个问题。另外，按被调查者对语言的态度，又分为"对母语的态度"、"对汉语的态度"、"对维汉双语教育的态度"三类调查问卷。

2. 问卷对象的取样（样本）。依据目前和田地区各城市、县城、乡镇中小学受汉语言影响程度的不同及正在实施的双语教育实验的特色，和田地区整个中小学的双语教育模式可分为三个类型，即汉族学校模式、民汉合校模式和民族学校模式。为了全面考察民族中小学实施双语教育实验的基本情况，笔者从每一种类型的学校中选择了 1 所中学和 1 所小学进行取样，总共 6 所中小学，其中城市和县城的学校 3 所，乡镇中小学 3 所。采用汉族学校模式的学校有和田市第五中学和和田县第三小学，采用民汉合校模式的学校有和田地区实验中学和洛浦县拜什托戈拉克乡斯亚吾拉小学，从民族学校模式的学校中选择了洛浦县第一小学、洛浦县布雅乡中学。

为了使问卷结果能够比较全面、客观地反映该地区人们对维汉双语教育的态度，笔者将问卷调查的对象集中在各种类型的学校中担任双语教育课程的教师和接受双语教育的学生群体。因为在和田地区的双语教育实践中,教师最了解双语教育的本质、教育目的、教育内容、教育过程、教育中存在的问题,同时比较了解学生和学生家长对双语教育的愿望和态度,并最能够客观地反映这个愿望与态度。学生虽然对双语教育目的看法较为肤浅,但是他们了解自己的学习情况、家庭经济情况、文化环境、家庭和学校的语言使用情况、自己学习中存在的困难和未来的愿望等。因此,教师和学生群体的观点比较具有客观性和代表性,可作为制定双语教育政策的主要依据。

3. 问卷调查的实施。3种双语教育实验模式的6所学校里有84名主要负责双语课程教学的教师以及双语实验班和普通班的251名学生参加了调查问卷的填写。问卷较为客观地了解6所学校的绝大多数双语课程教师和负责普通班汉语教学的教师以及各种类型的双语班学生的观点,能够有效反映样本学校双语教师和学生对双语教育的态度及双语教育的实际情况,因而具有代表性。

为使问卷结果更加客观、真实,笔者根据乡镇学校学生汉语水平较低的实际情况,将150份学生问卷翻译成维吾尔文,使乡村学校维吾尔族学生能够更加准确地理解和回答问题。

4. 问卷数据处理。调查问卷的数据统计主要利用社会科学统计软件包(SPSS软件)进行输入和数据分析,数据结果采用百分比形式表示。

(二) 定性研究

定性研究主要采用文化人类学的实地观察与访谈的方法。

1. 实地观察。主要包括对学校日常活动、管理、人际语言交流、学校校园环境的观察还包括深入到双语班的双语教学课堂和普通班的汉语教学课堂中进行听课。

2. 访谈。根据所调查学校双语教育的具体情况,按照不同的职业及身份，将和田中小学双语教育的访谈对象分为教育行政管理人员、学生家长、教师、学生4个群体。

（1）对教育行政管理人员的访谈：地区教育局的有关领导、地区教育局教研室和基教科负责双语教育的人员参加了访谈。访谈的主要目的是了解和田地区中小学双语教育历史的发展状况、推行双语教育过程的有关地方性政策法规、目前学校双语教育的总体情况及存在的问题、今后的发展规划等。

（2）对家长的访谈：与和田市五中和和田市三小双语班的54位学生家长进行了访谈。访谈的主要目的是了解家长对双语教育目的的理解、家长对学校和教师的看法、家长对双语教育的支持度、家庭的文化经济环境、家庭语言使用状况、家长对改善学校双语教育环境和语言环境的意见等方面的情况。

（3）对教师的访谈：笔者对所调查的6所学校的绝大多数担任双语课程教学的教师和普通班的汉语教师进行了访谈。访谈的主要目的是了解教师对和田地区实施双语教育目的的认识，教师的文化程度、汉语水平，教材的使用状况，教师在教学实践中遇到的主要问题及解决办法，教师对学生上课、作业、考试、升学等情况的看法，以及教师对提高双语教育质量的意见等方面的情况。

（4）对学生的访谈：笔者所调查的6所学校双语班和普通班的学生代表参加了访谈。访谈的主要目的是了解学生上双语班的学习目的、学生对双语教育的看法、学生在学习中存在的困难，学生在家庭和学校中的语言使用状况等情况。

从方法论的角度而言，本书所采用的定量方法中问卷的统计、取样实施及数据统计具有一定的代表性、客观性、有效性和可信性，定性方法对定量方法所得出的统计结果进行佐证，定量方法辅以定性研究，从而为本书在研究方法上的科学性、规范性、全面性提供了坚实的基础。

第二节　对和田地区教育局行政管理人员的访谈

一、对和田地区教育局行政官员的访谈

时间：2006 年 6 月 12 日上午

访谈对象：耿英（和田地区教育局党组书记、副局长）、帕尔哈提（和田地区教育局教研室主任）、提力瓦尔地（和田地区教育局基教科）。

问：根据前期我对和田地区 7 所中小学的调查情况来看，和田地区大部分中小学正在开展双语教育实验工作，双语教育在办学方面存在着多种形式并存的情况，如民汉合校双语教育模式、汉族学校开办的双语实验班模式、民族学校的理科实验班模式等。我在调查中还了解到，在和田地区中小学全面推行双语教育的过程中，地区教育局作了大量的组织协调工作，出台了一些专门的政策性文件。那么，首先能否介绍一下和田地区中小学维汉双语教育历史发展过程和目前的总体情况？

耿英：和田地区位于新疆维吾尔自治区最南端，南依昆仑山，与藏北高原相连，北部的大部分面积深入塔克拉玛干沙漠腹地，人口以维吾尔族为主，是一个少数民族高度聚居的多民族多语言地区。自古以来，和田便存在着较为广泛的双语现象，有着丰富的双语资源。它作为民族间互相接触、互相学习的必然结果，推动着和田社会和经济的发展，促进民族团结和各民族的共同繁荣进步。

双语教育对类似和田的民族地区来说是一个新课题，也是老课题。和田地区的维汉双语教育作为民族教育的一种教学模式，

主要是在新中国成立之后确立的。早在20世纪60年代初，新疆维吾尔自治区党委和人民政府为了适应新疆经济建设和社会发展的需要，加强了对少数民族民汉兼通双语人才的培养。1959年6月召开的教育行政会议提出，民族学校从小学四年级起加授汉语。1960年，教育厅发出《关于改进和提高民族中小学汉语教学工作的通知》，明确提出汉语课是民族中学主要课程之一。要求通过中小学阶段的汉语教学，使民族学生在高中毕业时达到用汉语直接听课和记笔记的水平。从此以后，在和田地区大部分民族中小学开设了汉语课程，课时定在每周2~4学时左右。1984年，在新党发［1984］13号文件中进一步指出："汉语是我国的主体语言，是各族人民群众交流思想和文化的共同工具"。在少数民族学校中加强汉语教学，实现民汉兼通，对发展新疆民族教育，提高少数民族人民群众的科学文化水平，促进新疆社会主义建设事业的发展，巩固和发展各民族的大团结，有着重要意义。文件同时指出，全日制民族中小学应该把民汉兼通作为汉语教学的基本方针，民族学生高中毕业时，要掌握3000汉字，汉语水平基本上接近汉族中学初中二年级的语文水平。自此，民汉兼通成为新疆各级各类学校民族教育的一个重要目标，二十多年来，和田地区各级教育行政主管部门和学校采取各种措施，加强了民族中小学的汉语教学，使各少数民族学生的汉语水平得到较大幅度的提高，民汉兼通的决策已初见成效。这应该说是和田双语教育的第一阶段。

问：这个阶段的和田民族中小学汉语教学和学生的汉语水平能否达到自治区规定的"1995年城镇以上民族高中的大多数毕业生在听、说、读、写方面达到民汉兼通"的预期目标？

耿英：民汉兼通已成为党政领导、学校领导和少数民族师生以及少数民族群众共同努力实现的目标。但由于种种原因，其中最重要的是师资、观念等原因，和田地区民族中小学学生汉语水平没有达到新疆维吾尔自治区党委和人民政府1987年提出的

"1995年城镇以上民族高中的大多数毕业生达到民汉兼通的标准"。

问：您刚才介绍了第一阶段的情况，那么和田中小学的第二阶段双语教育什么时候开始的，主要特征是什么？

耿英：第二阶段应该是从20世纪90年代初开始至今。这个阶段的主要特征是进行形式多样的双语教育和开办民汉合校等双语教育的新试点。1994年，地区教育处决定在办学条件较好的和田市第三中学开办双语授课实验班。1992年的新疆民族中学部分课程汉语授课实验讨论会上有关领导的讲话成为和田地、市领导开办实验班的决策依据。市三中实验班的学生从市属小学生中选拔，在初中阶段设两个班，对这两个班的学生计划将来初中毕业时，按自愿原则，选拔其中一部分学生组成高中阶段的一个实验班，其余的学生考中专、技校或按时完成九年义务教育后自谋出路。当时，初中部开办的两个班各有40名学生共80名，入学时考汉语、数学两门课进行选拔，学生、家长积极性很高。

问：和田市三中维汉双语实验方面主要做了哪些方面的实验工作？

提力瓦尔地：和田市三中部分课程用汉语授课实验是在自治区党委和人民政府关于加强民族中小学汉语教学工作的指导下开始的。这项实验的关键是数理化课要用汉语授课。具体方法是：初中一年级按民族中学教学计划开课，其中数学用汉语授课。开学时，教师先用4周时间教学生汉语数学术语，4周后开始用维、汉两种语言讲数学，其余课程用维吾尔语讲授。初二的物理课、初三的化学课也采取同样的教学方法。与此同时，数、理、化三门课每周加授专业汉语，与双语课同时开展，以便让学生掌握专业词汇，进一步提高汉语理解能力。1996年，学校采取了同样的办法每年招收两个初中班，学生初中毕业后进行分流，组成高中实验班。但是，1997年由于种种原因未再招收实验班。

问：那就是说，市三中的双语教育实验从1997年开始停止了？

提力瓦尔地：可以这么说。

问：为什么停止了实验？

帕尔哈提：主要还是师资问题。由于授课教师自身汉语水平还达不到要求，汉语授课变成了双语授课，而且维吾尔语授课的比重大，未能达到既提高汉语水平，又提高数理化水平的目的。由于同一门课上使用两种语言，数理化的术语变成两套东西，反而增加了学生的负担，而这批学生将来参加高考很难用汉文答卷，恐怕连考题都看不懂。对此，家长、学生反映十分强烈，要求学校尽快采取措施，要么做到真正用汉语授课，要么干脆改用维吾尔语授课，决不能因实验而耽误孩子的前程。地区教育局在协调师资方面做了大量的工作，但由于各种原因还是没能落实到底。例如：1998年7月，在教育局组织下，汉族学校教师曾到三中实验班试讲过三周数学课。试讲教师认为学生的汉语理解能力较差，而教师要将逻辑性极强的数学课用汉语讲授给这些汉语理解能力很低的学生，还得让他们听懂并理解透，这可不是一件易事，需要教师学生双方均付出百倍的努力，结果，试讲的老师均回了原校。实际上，在和田地区并不是找不到七八个能胜任实验班教学的教师，但由于地区用人制度、人才流动方面的种种规定，无法妥善解决师资问题。可以胜任实验班教学的内地名牌大学毕业，汉语水平较高的人调不进来，而学校的师资状况短期内又无法提高，结果地区教育处和市教育局始终未能解决实验班所面临的最关键、最紧迫的实际困难。另一方面，有的家长便将孩子转到普通班。这个学期开学时，和田市某个领导将其在实验班读书的孩子转到该校普通班。某些领导的这一举动，已引起家长和学生以及实验班教师的困惑，也更动摇了他们对实验班的信心并对其前途产生忧虑。因此，市三中的双语实验半途而废了。

问：据了解，和田市三中的实验停止以后，全区的双语实验反而上升到了新的阶段，进行了各种类型的双语实验，包括民汉合校、汉族学校的双语实验班等,请介绍一下这方面的总体情况。

耿英:自 2000 年起,我们认真总结了 1994 年以来在和田市三中初中进行理科用汉语授课实验和民族小学一年级开设汉语课的经验教训,为避免半途而废,我们为双语实验班学生创造了充分的语言环境和部分学科用双语授课的有利条件。地区教工委明确提出:"我地区的教育是以民族教育为中心,包括汉族教育都是民族教育的组成部分,都应该为提高民族教育的质量做贡献"的口号。经过广泛深入的宣传和引导,在地委、行署领导的大力支持下,地县(市)教育局层层建立双语教学实验班工作领导组,下设办公室,教育局主要领导亲自抓,分管领导具体负责,基教、教研、办班学校形成合力,为办好双语实验班提供了强有力的组织保证。随后,以行署的名义下发和行发〔2000〕92 号文件《关于认真组织落实中学"双语授课实验"的通知》,使全地区七县一市汉族中学基本上都开办了双语实验班。实验班开设的课程和学科的教学计划,原则上执行自治区教育厅下发的双语班课程计划,强化理科教学,初中学制为四年,实验班从小学五年级招生,初中上一年的预科,强化汉语教学,数学、物理、化学、英语、体育、美术、音乐、信息技术等课程用汉语授课,母语文、政治、历史、地理、生物用母语授课。在实验经费方面,自治区教育厅每年拨给批准备案的每个实验班 5000 元实验经费,地区联合下发和地教〔2000〕117 号、和地财文〔2000〕463 号文件,规定每年从人民教育基金中拨给地区教育局批准备案的实验班 6000 元的办班经费,直接下拨给办班学校,并严格规定办班经费用于教师超工作量补贴,不准挪作他用。自 2000 年起,和田地区开办了汉族学校的双语实验班,这也是和田地区加快实现民汉兼通步伐的一项探索。

2000 年,和田市五中开办了双语实验班,每学年招收两个预科班,共计 80 人。目前,该校的双语班已达 9 个,共计 490

人，学制4年。一年预科后上初中，从初一开始，除了政治、历史和语文课外，其他课程均用汉语授课。

2001年，在汉族小学和田县三小一年级开办了小学双语实验班。现有小学一年级至四年级双语教学班5个，学生215名，从小学一年级开始，除了学生的母语课用维吾尔语授课外，其他课程都是用汉语授课。

2001年，在地区一中开办了高中理科用汉语授课的双语实验班，实行面向全地区招生，每年招收两个班。

2001年开始在全地区开设双语实验班时，只有14个班，共642名学生。到目前为止，这项教学实验已经粗具规模，全地区已开设双语实验班38个，招收学生1685名。除了地区一中的6个班和和田县的3个班在民语学校开设外，其他29个班均在汉语学校开办。为使双语教育实验工作健康开展，并进一步规范各县（市）的实验工作，在定期召开实验班工作研讨会的基础上，地区教育局先后下发和地教〔2000〕127号、和地教〔2001〕30号、和地教〔2001〕82号、和地教〔2002〕123号文件，对双语教学实验班加强管理和指导，现已取得了初步成效。2005年，全地区参加内地新疆高中班考试学生共1305人，其中汉语达到限分线以上的占参加考试人数的35％，比上年提高了4.5％。洛浦县二中和布雅乡中学首批双语实验班66名学生参加中考，按自治区教育厅统一要求，文科采用维吾尔语试卷，理科采用汉语试卷，有29名学生达到内地新疆班投档分数线，最后录取16名。2006年双语班初中毕业生参加内地高中班考试的495名，其中上投档线的有131名，录取54名，浙江和田高中班录取36名。双语班毕业生的最高理科成绩为汉族考生取得的，汉语成绩远远超过了民考民考生成绩。因此，和田地区的双语教学实验工作得到自治区主管部门的肯定，在自治区汉语及双语教学经验交流会上进行了大会交流。

问：为什么开展民汉合校模式的双语教育，民汉合校目前的招生、教学情况以及家长的反应如何？

耿英：回顾过去，和田地区民族教育基本上是沿着单语制的轨道发展的，汉语仅仅是一门语言课，从小学到大学都是用本民族语言授课，缺乏交流。由于当地汉族人口少，少数民族群众运用汉语进行交流的机会少，适龄儿童入学前后极少接触汉语，限制了学生的思维和视野，容易形成自我封闭，加之少数民族民文教材、教学参考书的缺乏，给教师讲课和学生学习带来诸多不便，直接影响了教学质量的提高，严重制约了少数民族人才的成长，特别是制约了现代社会所需的科技型人才的培养。正基于此，为培养大批少数民族双语人才，和田地委行署提出要把加强汉语教学作为提高少数民族教育质量的突破口，通过汉语学习使学生掌握汉语这个交际工具，架起获取知识和信息的新的桥梁。因此，无论是从和田地区的发展来看，还是从民族教育的发展来看，有必要花大力气搞好双语教育工作。为了给少数民族学生创造更好的汉语言学习环境，让他们顺利地跟汉族学生交流，和田地区决定建立民汉合校，如和田地区实验中学、和田市第四小学、民丰县第二中学等。此类学校一般设有民语部和汉语部，民语部按自治区民族中学教学计划、汉语部按国家教委制定的全国统一的教学计划组织教学。双语班无论设在民语部，还是设在汉语部，其授课教师均在校内，便于统一调配和组织教学。课程开设方面，在初中阶段理科基本上用汉语授课，到高中阶段，逐步过渡到除了自治区规定的政治课、语文课以外，其他均用汉语授课。

问：你们怎么看待在和田这样的边远贫困民族地区实施维汉双语教育的意义？从传承民族文化和顺利融入主流社会的目标来说，你们认为哪一种类型的实验比较适合和田地区的实际情况？

帕尔哈提：当今世界，国家间的竞争日趋激烈，语言文字作为信息的一个重要载体，在推进经济发展和社会进步的历史进程中发挥着越来越重要的作用。实现我国各族人民的共同发展、共同繁荣，广泛开展同世界各国人民的交流合作都需要我们努力掌握语言这个交流工具。和田要发展，民族要发展，归根到底是要培养出一大批少数民族人才，尤其是高科技人才和具有现代管理知识的人才，而这些人才的培养首先要实现民汉兼通。衡量双语教育质量的一个重要标准就是社会及家长的认可程度。我们搞了几十年的以民语为主的民族教育，并为社会培养了一批少数民族人才，在继承和发展民族文化方面取得了巨大成就。但是，随着改革的不断深入和市场经济体制的不断完善，广大少数民族家长既希望孩子继承本民族的语言文化，又希望能在未来的生活中受益于汉语，顺利融入主流社会，获得更大的发展空间。和田是一个多民族聚居的地区，各族人民共同生活在多种语言的社会环境中必然要使用多种语言进行交际。在改革开放的今天，和田的少数民族要走向世界，必先走向全国，而走向全国，必须要先学好汉语，加强学习和交流，克服相互之间的语言障碍。少数民族学习和掌握汉语言，是培养少数民族高层次人才，发展经济的战略措施。因此，我们适应各族群众的需求，在和田地区开展了一些双语教育实验，并取得了一些成绩。双语教育所取得的成绩给家长和社会增强了信心，家长们踊跃把孩子送进实施双语教育的学校。双语教育实验班学生学习汉语的积极性非常高，成为和田地区民族语言教学的亮点。但是和田地区的双语教育实验工作还处在实验阶段，现在做总结还为时过早。随着双语教育工作的深入展开，和田各族群众会挑选出适合他们实际情况的最理想的双语教育模式。

问：目前在和田中小学双语教育当中存在的主要问题是哪些？

帕尔哈提：我们在2006年3月中旬至4月18日，用了20天的时间，对和田地区七县一市的双语教育情况开展了调查研究活动。通过这次调查，我们对存在的问题进行了总结。

第一，对双语教育的重要性认识不足。有些部门，包括一些学校的领导，对双语教育的认识还不明确，对其重要意义认识不足。领导的认识程度直接关系到双语教育能否顺利发展，他们的号召动员、实际参与以及检查督促对双语教育质量的提高起着至关重要的作用。目前，有的县市和学校只满足于开设双语课，但对如何开展、怎样提高教学质量抓得不够。从全地区的角度来说，没有一个能够统揽双语教育全局的领导、协调机构，这对建立全地区完整、科学、系统的双语教育体系，对制定有关政策、计划、措施，特别是对双语教学改革、教育思想、教学要求、教学内容、教材编写、教学方法以及考试评价等许多问题的解决十分不利。目前双语教材和双语参考书供应状况是中小学各自为战，整体比较混乱，这不仅给双语教育的评价带来不便，也影响了教学的质量。

第二，汉语教师基本功欠佳。汉语教学的目的是培养民族学生的各项交际能力，对汉语教师的基本功有着严格的要求，要求有一定双语水平，发音准确，书写规范，语法正确，用词熟练，但许多小学汉语教师并非语言专业出身，由于缺乏严格、系统的专门训练，一时很难适应汉语教学工作。地区教委教研室对和田市民族中学汉语水平较高的 46 名汉语教师进行了汉语水平考试模拟测试，总分为 100 分，测试平均分在 30 分左右，其中多数参试者汉语水平不超过三级。和田地区中心市的民族中学汉语教师水平尚且如此，其他农牧区更可想而知。中小学汉语教师中少数民族教师比例过大也是汉语教师汉语水平偏低的重要原因。据统计，汉语教师中少数民族教师占整个中小学汉语教师总数的 99.5%，其中小学汉语教师中少数民族教师占 97.8%，初中汉语教师中少数民族教师占 97.2%，高中汉语教师中少数民族教师占 98.34%。许多少数民族汉语教师在师范院校或各种培训班进修过几年汉语，初步掌握了汉语语音、词汇、语法方面的基本知识，而在实际运用汉语的技能方面还很不熟练，难以胜任教学工作。

第三，汉语教师学历偏低。据 2002 年统计，和田地区中小学汉语教师学历合格率为 62.22%，虽较 10 年前有了大幅度提高，但仍处于落后水平。

第四，汉语教师队伍不稳定。由于社会上的偏见和一些政策的不到位，许多汉语教师不愿意从事汉语教学工作，致使汉语教师转岗较多。据统计，20 世纪 60 年代分配到民族学校的汉语教师，现在只剩下 10 人，许多人从事了其他工作。和田地区有部分汉语教师调离教育战线，中小学调走 107 人，汉语教师奇缺是和田地区束缚双语教育的重要原因。一名合格的汉语教师需要长期的积累和磨炼，有一定教学经验的教师陆续离职更加造成了汉语教师青黄不接的局面，给提高教学质量带来了很大困难。上述因素制约着和田双语教育质量的提高。

提力瓦尔地：我还补充两点。第一，和田地区汉语师资短缺问题严重。据和田地区教育局 2004 年统计，全地区双语教育紧缺汉语教师 2124 名，其中小学双语教师缺 1400 人，初中双语教师缺 600 人，高中缺 100 多人。和田地区地域辽阔，民族众多。由于社会经济条件、自然地理环境、文化背景、宗教信仰等多方面的差异和不同情况，和田少数民族双语教育存在明显的不平衡性。第二，一般来说，少数民族聚居程度越高，聚居的面积越大，双向交流的机会越少，双语的发展越慢，双语教育的困难越大。南疆的喀什、阿克苏及和田地区是维吾尔族的主要聚居区，且成片居住，与当地汉族接触较少。因此，这些地区的汉语教学的整体水平明显低于北疆地区。

二、和田地区教育行政官员对于双语教育的主要观点

通过访谈，我们了解到和田地区中小学各种类型维汉双语教育的设计者与管理者对于维汉双语教育的主要看法。

和田地区教育行政官员普遍认为和田地区中小学维汉双语教

育的意义重大。大家认识到,双语教育是提高民族教育质量的突破口;是使少数民族学生顺利融入主流社会、获得更大发展空间的关键所在;是使和田地区通向全国和世界,加快民族地区社会经济发展的必由之路;是使少数民族学生开拓思维和视野,获取更多知识和信息的桥梁;更是维护社会稳定、加强民族团结,建设和田和谐社会的必由之路。

在教育、教学管理工作中,树立了和田地区维汉双语教育的最终目标,即实现民汉兼通,但是目前的总体水平还未达到自治区规定的民汉兼通的语言目标,而实现民汉兼通目标至少还需要20~30年时间。

和田地区的双语教育目前还处在实验阶段,还没有形成固定的模式,相关的政策法规也不健全,各地根据自己的情况开办了各种类型的双语实验班,但是没有统一的课程标准和教学方法,各个学校使用的双语教材也不统一,从而影响了双语教育的质量。

虽然和田地区开展双语教育实验的时间并不长,但是维吾尔族群众的热情很高,往往主动地把自己的孩子送到双语实验班或汉族学校。汉族学校模式的招生目前出现了供不应求的状况。

和田地区的双语教育实验当中存在很多问题,其中最主要的是师资问题。和田地区的汉语师资严重短缺,全地区还缺少2000多名汉语教师。另外,汉语师资的知识结构和学历结构不合理。由于当地农牧区生产力水平低下,经济落后,交通闭塞,办学条件差,教师待遇低,生活艰苦,许多汉语教师不愿意来工作,已有的汉语教师队伍也不稳定,许多教师都希望能够到条件更好的地方或单位工作。

和田地区是维吾尔族人口高度聚居的地区。汉族人口比例很低,而且大部分居住在城镇地区,农村地区两种文化、语言接触的机会极少,整个地区还未形成和谐的维汉双语语言生态环境,从而加大了和田地区双语教育成功的难度。

第三节 对汉族学校模式中小学双语班教师、家长和学生访谈

一、对和田市五中教师和家长的访谈

（一）教师访谈

时间：2006年5月18日上午10点（北京时间）
地点：和田市五中（汉族初中）双语组办公室
访谈对象：和田市五中行政人员及双语组的老师
问：首先请您介绍一下学校双语班的总体情况。
翟启勇（副校长）：我校是一所初级中学，在2000年根据上级领导的安排开办了双语实验班，每学年招收两个预科班，共计80人。目前，我校双语教学班已达9个，共计490人，现在双语实验班的名称改为双语教学班。开办双语班之后，我校立即成立了双语教学组，精心挑选教学能力强的教师负责双语教学班的汉语、数学、英语、物理、化学等课程。还从民族学校调入13名民族教师从事双语年级的政治、语文、历史等用维吾尔语授课的科目教学，其他所有科目均安排汉族教师任教。我校通过几年不断的探索和努力，在双语教学上取得了一些可喜的成绩，有1人获国家级数学竞赛中一等奖，23人在自治区级数学、物理、化学竞赛中获奖，2004年第一届双语教学班毕业生中有28人考入内地新疆高中班，2005年有51人考入内地新疆高中班，2004年、2005年我校被和田地区教育局授予"教学质量先进单位"称号。
问：双语班的民族学生入学以后能够适应汉族学校的教学环境吗？

翟启勇：双语班学生在民族小学以维吾尔语为主的教学环境中已学习了五年，他们进入双语实验班后必须尽快适应新的教学环境。因此，维吾尔族学生进入我校双语班后，他们面临着课程多、作业量大、汉语水平低、教学管理不适应等许多问题。为了迅速扭转这一局面，我校利用班会向学生反复强调，并多次召开家长会，向家长介绍学校教学管理情况，争取家长的支持与配合，教务处也加大了对双语教学管理的力度，从常规教学检查入手，对学生的听课要求、作业布置、教师备课、作业批改等方面认真督促检查，并适当调整了一些课程的上课时数（例如汉语预科班每周汉语授课18课时，初一班每周汉语授课15课时），加大了汉语教学力度，灵活使用汉语教材，注重汉语基础训练，学生汉语水平迅速提高，对理科教学中的文义理解起到了积极的作用，教育教学水平明显提高。在这个过程中我们还充分发挥了少数民族老师的作用，通过他们对新入学学生生活和学习的关心和指导，使学生逐渐适应了学校的教学环境。

问：双语教学组有几位老师，学历结构达标吗？

满红莲（学校办公室主任）：现在担任双语教学班课程的老师有27人，其中有13名少数民族老师，都具有大学本科以上学历，还有两位老师具有研究生学历，专业也对口，学历结构方面基本达标了。

问：预科班的汉语课课时和其他年级的专业设置情况怎样？

艾山江老师（民考汉，本科学历）：我一直担任民族学生的汉语课教学，一般他们入学以后，预科班主要是以汉语强化为主，每周18节汉语课，从第二学期开始加授维吾尔语文课，母语课的课时为一周四节。预科阶段主要以学习汉语为主，因为他们上初中二年级以后，化学、数学等课程要用汉语讲授。到初二、初三的时候，除了语文、政治以外的课程均用汉语授课。用母语讲授的语文和政治的课时为每周四节。

问：预科上完后，他们能够理解用汉语讲授的课程内容吗？

吾布力老师（新疆教育学院毕业，本科学历）：我们的学生全都是民族小学毕业的，其中还有农村来的学生，他们在小学阶段学习的课程都是用民语教授的。他们刚进来时，汉语水平差、作业量大、教学环境不习惯等问题非常突出。所以，我们针对这些实际情况大力加强汉语学习，特别是口语、听力练习，到初一的时候，他们听课还是觉得有困难，理解能力也不太理想，但是通过初一的熏陶，到初二的时候他们对汉语课程的理解能力有所提高，从初二下学期开始，大部分学生听课、会话基本上没有问题了，可以说80%～90%能够听懂和表达，但个别农村来的学生对数理化课程的理解和表达能力还是不太好。

　　问：学生平时的成绩怎样，都能及格吗？

　　阿衣尼沙老师（新疆教育学院毕业，本科学历）：汉语、语文、政治等课程的平均成绩还可以，平均成绩为70～80分，参加内地高中班考试时有语文考满分的学生。但是数理化成绩不太好，比如说，今年初中一年级双语班的数学平均成绩为37.15分，初二双语班的数学平均成绩是40.8分、物理35.9分，初三双语班的数学平均成绩是55.7分、化学55.38分。总体来说，数理化成绩一年比一年好。少数民族学生的英语成绩普遍比汉族学生高，平均高出4～5个百分点。

　　问：你们认为数理化成绩不好的主要原因是什么？

　　艾山江老师：我们认为有这么两个方面的原因：一是我们地区的数理化成绩普遍偏低，其他南疆地区的学校也存在这个问题。我们双语班的一部分学生是农村来的，农村小学的教学水平普遍低，所以他们来的时候基础不太好。二是这些课程都使用汉语讲授。本来民族学校用民语讲授的数理化课程的成绩就低，学生的基础就比较差，到我们学校后，这些课程用汉语讲授，他们的汉语水平有限，对汉语讲授的课程内容理解能力有所欠缺，所以初一、初二阶段成绩比较差，但随着年级升高，数理化成绩也有所提高。

问：你们目前用的是普通汉族学校的国家统编教材吗？教材的难度怎样？

吴萍老师（本科学历，担任预科班的汉语教学工作）：双语班新成立的时候，由于没有自治区和地区规定的统一教材，在对第一批学生的教学当中使用了多种教材，其中民族学校的汉语教材、汉校语文教材、双语班的教材都有。我们主要根据学生的情况（入学时组织摸底考试）混用了各种教材，也没有其他配套练习和辅助材料，所以第一届学生毕业的时候总共上完了31本教材。以后地区教育局统一了双语班的教材，现在用的是自治区的双语班统编汉语教材，从第二届学生开始使用20多本汉语教材，预科时就上完了18本教材，然后每学期一本。预科班的教材我认为过于简单，预科班目前使用的自治区统编教材有两个版本，难度都不大。

问：维吾尔族学生在学校平时讲话用什么语言？

吾布力老师：他们相互之间交谈基本上用维吾尔语，但跟汉族老师和汉族学生交谈时就说汉语。我们本来想为了尽快提高他们的汉语表达能力要求在学校里说汉语，但是据观察，他们之间讲话还是使用维吾尔语。

问：他们毕业后还是会回到民族学校的高中班吗？

艾山江老师：他们毕业后主要有这样几种出路：毕业时通过参加内地高中班的考试，一部分学生考上内地高中班；考不上内地高中的学生中分数高的被新疆试验班招收；剩下的学生有的上市内的高中，比如说地区二中的双语班，毕业后上民族学校民族班的大学生很少。

问：学校每年考上内地高中班的学生比例是多少？

翟启勇：我们学校考上内地高中班的学生的比例很高，所以学生和家长的热情也很高。2004年第一届毕业生有28人考入内地新疆高中班，占参加考试学生的30％左右，2005年有51人考上了内地新疆高中班，占参加考试学生的比例超过50％。再加上考入新疆试验班的学生，每年有50%以上的学生能够考入条件较好的学校。

问：您觉得学生在学习过程中存在的最大问题是什么？

吴萍老师：最大的问题还是汉语表达能力差。他们通过预科和初一的学习到初二时基本上能够听懂汉语课程，但是汉语表达能力还是差一点。

问：您认为你们学校的这种教学模式适合和田地区的实际情况吗？对于提高双语班学生的学习成绩您有什么建议？

艾山江老师：我们认为这种模式比较适合城镇的实际情况，对尽快提高学生的汉语水平很有利。城镇中的双语班还是设在汉族学校比较好，因为这里有学习语言的环境。当然，和田地区的汉族学校数量少，师资短缺，这种办学模式不太适合推广到全地区，特别是农村地区。

目前和田地区各所学校的双语班各自为战，使用的教材也五花八门，没有统一的办学方式、经费预算、师资培训等方面的管理机制。为了规范和统一此类双语班的办学机制，希望上级教育行政部门尽快出台统一的政策，为双语教育的发展提供制度保障。

我认为，为了提高新入学学生的汉语水平，使他们尽快适应和理解用汉语讲授的课程，要提高预科班汉语教材的难度。另外，老师参加培训和继续教育的机会比较少，我来校已经6年了，一次培训都没有参加过。我们希望上级教育主管部门为我们提供到双语教育搞得成功的地方参观学习、交流经验和进一步深造的机会。

（二）家长访谈

时间：2006年5月19日下午4点（北京时间）

访谈对象：和田市五中部分学生家长

问：首先各位家长能否做个自我介绍，主要包括姓名、孩子的上学情况和家庭情况？

家长甲：我是本校初二（一）班的学生 AYINUER 的父亲，我们家有 6 个孩子，只有这个女儿上学，其他 5 个孩子有的种田，有的做小买卖。我们家是农民，家里经济条件不是很好，因此没有让其他孩子上学。现在很后悔，但是我们决心让这个孩子好好上学。

家长乙：我是本校双语班的学生 ALITONGGULI 的父亲，以前在钢铁厂工作，现已病退，月工资 386 元，爱人没有工作。家里有 4 个孩子，两个已经参加工作，现在两个读书，希望这个孩子好好学习，能考上内地高中。

家长丙：我是初中二年级一班的学生 NURIMANGULI 的母亲，我们家也是农民，家里有 3 个孩子，有 1 个上学。本来两个都考上本校的初中，但是孩子他爸有病，医疗费太贵了，所以家里条件不允许让两个都上学。

家长丁：我是初中二年级二班的学生 ZULIFEIYA 的母亲，没有工作，家里有 4 个孩子，一男三女，只有这个女儿上学。

家长戊：我在和田市三小的老师，我是初中二年级一班的学生 ZAYTUNA 的母亲，家里有两个孩子，两个都上学，一个在市三中上高二了，爱人在和田师范专科当老师。

问：请你们先谈一谈为什么让孩子到汉族学校的双语班来上学。据了解，有部分民族学校也开办了双语班，你们为什么没有把孩子送到民族学校？

家长甲：我们家只有这一个孩子上学，她以前在农村上的小学，然后参加了中学考试，上了五中的双语班，我们全家为此感到高兴。我们认为五中的教学质量好，孩子们在这里又上汉语课，又上维吾尔语课，两种语言的资料都要看，因此这个学校毕业出来的学生能学好汉语，汉语水平相当高，民语水平也不错，况且这个学校上内地高中的比例高，所以，我很高兴让孩子到这里来学习。本来我们担心由于孩子在农村上的小学，农村学校的汉语教学水平不高，到这个学校以后听汉语跟不上其他学生，但是看现在的情况,孩子的学习很好。民族学校开的双语班也可以,但是听说汉语教学方面不如汉语学校,汉语老师的水平也不如这个学校的老师。

家长戊:我的孩子上这个学校已经三年了,她现在的汉语听说方面高于她哥(在市三中上高二)。我们把她送到汉族学校的目的是让她掌握好汉语,为以后无论上内地高中还是上内地高校打下基础。我是一位教师,我认为,现在社会在飞速发展,随着人民生活水平的逐渐提高,文化水平如果跟不上生活水平的提高,就会落后,我们是维吾尔族,中国是我们的国家,汉语是我们主体民族的语言,又是各民族的通用语言,现在关于先进科学技术等方面的书籍大部分是用汉语写的,而且有关这类的书籍即使是用维吾尔文写的,也是数量不多,而且几乎都是从汉语翻译过来的。翻译工作需要时间,有些新的科技内容又不能马上翻译过来。再说,汉族是中国的主体民族,我们生活在中国,要想学到更多的科学技术就必须首先学好汉语。不但要学好汉语,而且有条件的话,还应该学更多的语言,这样才能提高我们民族的素质。所以我要求孩子们都去学汉语,掌握好汉语。不论是维吾尔族还是其他民族都有必要学习汉语,如果不好好地学习汉语,少数民族就会在精神文明建设以及生活水平提高方面落后于主体民族,一个民族的发展以及素质的高低关键在于这个民族的文化和文明的程度,如果我们不提高本民族人们的文化素质,那么就会落后于其他民族,而要想提高各民族的文化素质就必须通过掌握语言这个武器才能实现。现在,市内其他民族学校的汉语教学也很好,但是相比较汉族学校还是存在一定差距的。在汉族学校上学,还可以让孩子在汉语言的环境中学习汉语,多跟汉族学生交往,跟他们一起学习,一起生活,这样对他们汉语水平的提高有很大的帮助。

家长丙:我也完全同意之前家长的观点。我有一个孩子经常跑内地去做生意,主要是做和田玉的生意。他第一次去北京回来后就说，要在内地不懂汉语，做生意或者干别的事是很困难的。他给我们说了很多事，还说如果他会说流利的汉语，他完全有信心还可以做更多、更大的生意，我也完全赞同他的观点。所以为了让这个孩子学好汉语，以后在社会上能站得住脚，我们就把她送到这所学校来上学。我希望孩子能考上内地高中或内地大学，并且希望她能够学好汉语。在这里我们遇到了像你这样从和田出去的博士，就对孩子今后的前途更加有信心了。一定要让他全心全意学好汉语，一定要让他考上内地高中。为了达到这个目的，今后家里会尽可能的帮助他，为他提供一个良好的学习环境。

家长丁：我认为现在除了学习本民族语言外，非常有必要学习汉语。因为现在的社会和以前不一样，已进入了一个科学技术的时代，对我们维吾尔族来说，要想学习科学技术就必须要学好汉语，而且还有必要去学习其他多种语言。现在几乎所有的书籍、资料都使用汉语，如果我们不能很好地掌握汉语的话，就不能及时学到新知识、新技能，对提高民族素质也有所影响。我们家是一个农民家庭，供一个孩子上学不容易，她的学费倒不高（一学期 300 元左右），但是交通不方便，家里离学校有五六公里，每天坐车要花 3 元，中午还在这里吃饭，孩子是很辛苦的，再加上其他的费用，对我们也不容易。但是我们知道，不能为了这个原因影响孩子的学习，无论付出多大代价，也要让孩子读到大学。孩子也挺用功，每天回家以后做作业，有时候做到晚上一点钟，早晨起得比我们还早，特别是上了这个学校以后，孩子的学习热情比以前高。她有时候还给我们翻译汉文的电视节目，我们很欣慰。我和我的爱人都不懂汉语，也不能帮助孩子的学习，但她自己依靠自己，现在学习成绩排了全班第八名。她也很希望自己能考上内地高中班，还说内地高中班录取通知书来的那天，让我跟她一起去看看内地城市。（说到这里，这位家长流泪了）

家长乙：我也很高兴孩子能上五中的双语实验班。因为这个学校学生上内地高中的比例比别的学校高，即使考不上，也能够进市内的高中。现在学习汉语很重要,我们一个邻居的孩子在北京的内地高中班上学,他也是五中的毕业生,他这次放假回来时也说在内地上学不懂汉语是不行的。我们希望孩子能上内地高中,然后上内地的大学,为我们家争光。这个学校教学质量高,老师也很认真,因此,我们很乐意把孩子送到这所学校。

对把孩子送到汉族学校的双语班学习的主要目的的问题,家长的回答基本上是一致的。家长们都是为了让孩子在学好本民族语言的同时,掌握好汉语,掌握更多的知识和信息,能考上内地高中班或其他市内的高中班,为今后的发展打下基础。

问:你们的孩子以前在民族学校上小学,现在到了汉族学校,而且预科以后大部分课程用汉语授课,孩子们能够理解汉语课程的内容吗?

答一:我们本来也担心这个问题,但现在觉得应该没有什么大问题了。孩子第一年上预科时,除了数学,其他课程成绩很好,汉语考了76分。到初一时,还加授了英语、政治、历史等课程,学习负担比读预科时大,维吾尔语课成绩有所下降,其他课程成绩很好。到了初中二年级,除了理科成绩不好(全班理科成绩普遍低,平均分为数学40.8分、物理35.9分),其他课程学得很好。现在听汉语课基本上没什么大问题了。老师们也很认真,教学方法合理,如果孩子们有听不懂的地方,下课以后老师们专门给他们辅导。老师们也很辛苦,特别是双语班的老师。

答二:我的孩子也没问题。我有时候还特意让她读一下课文,做做题,觉得没什么问题。孩子现在听两种语言的课程,维吾尔语课理解根本没问题,因为她在民族小学毕业的。听汉语课方面,一年级觉得有点困难,现在越来越好了。

答三:我们家在农村,周围没有汉族人,也没有说汉语的场合,可以说,我的孩子刚上初中的时候汉语水平很低,我们也很害怕她跟不上其他学生。但通过一年预科的汉语学习,基本上跟上了其他学生,成绩也还可以。孩子自己说,现在听汉语课基本上能理解，自己也很用功。

对于现在孩子们的维吾尔语水平高还是汉语水平高这个问题，家长们的观点基本上是一致的：还是维吾尔语水平高。

问：孩子们对双语课程的态度怎样？他们每天回家以后，每天平均用多长时间来复习功课、做作业？

答一：孩子们的热情很高。以前上小学的时候，每天回家后老跑到外面去玩，现在不一样了。她现在每天回家以后，基本上都是在学习、做作业，有时候还学到晚上12点多。我有时候担心孩子的健康，让她休息，但她不愿意，还说不这样学的话跟不上其他的孩子。

答二：我孩子的学习热情也很高。回家以后基本上是在学习。我们也不让她干家里的活儿，尽量给她创造条件。她这样用功带动了她的哥哥（在市三中），他们每天一起学习，互相帮助，如果有不懂的地方相互交流。

问：你们在家里能够帮助孩子们学习吗？

答一：我们是农民，也不懂汉语，所以基本上不能帮她学习。学习上她基本上依靠自己，成绩也不错。

答二：我是小学老师，教数学，爱人是在和田师范专科学校当老师。现在中学课程的难度比较大，况且他们听两种语言的课程。孩子在家里复习的时候，如果有不懂的地方就问我们，我们也尽量帮助她，但是有些题目我们也不知道怎么做。

答三：她哥哥在三中上高中，在家里只有他能够帮助孩子的学习。

问题：在家里你们与孩子之间用什么语言交流？

答一：基本上是用维吾尔语。

答二：我们家的孩子们或多或少懂汉语，但是孩子们之间几乎不用汉语交流。

答三：我爱人是民考汉，汉语很好，所以他有时候跟孩子说汉语，但我说得不太好，平时我要求她说几句汉语，她就说。我爱人的同事中汉族多一点，有时他们到我们家来找他，孩子会用汉语跟他们说话，我听他们说孩子的表达能力还是可以的，但她在家里和外面基本上都说维吾尔语，只在学校里说汉语。

其他两位家长表示，他们家的孩子在家里都是用维吾尔语交流。

问：他们在家里看不看汉语电视节目？

答一：在家里我们看维吾尔语的节目，所以大部分时间孩子们也跟着我们看维吾尔语节目。孩子们很喜欢唱汉语歌，听歌也是听汉语流行歌曲。

答二：我们家在没有好的维吾尔语节目或播放广告时就看汉语节目，还让孩子翻译节目内容。我发现，孩子很喜欢听汉语歌曲。

其他家长都表示，在家里基本上看维吾尔语节目。

问：你们对学校的教学满意吗？你们觉得孩子在学习上有哪些问题和困难？

答一：五中是和田市最好的初中学校，老师的水平也比较高，大部分老师都有本科以上的学历，特别是双语组的老师。从目前的情况来看，孩子们的理科成绩还是差一点，其他课程的成绩还可以。学校的环境很好，学校对双语班学生也很关心。我觉得目前在孩子们的学习上存在这样几个困难：一是汉语会话能力差。孩子们虽然会写，但不太会说，因为以前没有练习的机会，希望老师在平时交谈的时候多讲点汉语，在课堂上和课外活动时多让孩子们说汉语，这样有利于提高孩子们的汉语会话水平。第二是孩子们的学习负担重。他们从预科开始读，到初二时要学习的课程增加到十几门，作业很多，负担很重，出去玩的时间很少，我认为这也是目前的重大问题之一。第三是教材的难度大。他们从初一开始上的汉语课所使用的是国家统编教材，跟汉族学生一样。而这些学生从小在民族学校上学，汉语水平不高，即使通过一年的预科，汉语达到了一定水平，但是直接听汉语课程难度仍很大，课程内容吃不消。

答二：孩子们的作业太多，他们每天从早到晚地学习，有时候要学习到夜里一两点钟，我担心这样下去会影响他们的身心健康。

答三：学校每天放学的时间晚，因为我们家离学校很远，有时候到天黑才放学。特别是冬天，晚上没有车，很担心她的安全，有时候亲自去接她。希望学校能够考虑一下这件事情。

二、对和田县三小教师、家长和学生的访谈

（一）教师访谈

时间：2006年5月23日上午10点（北京时间）
地点：和田县三小（汉族小学）校长办公室
访谈对象：和田县三小校长、双语班的班主任、老师，共4人
问：你们学校的双语实验是什么时候开始的？
经红英（校长兼县教育局副局长）：我校的双语实验班是根据地区教育局关于"汉族小学开办双语班"的指示，从2001年开始招生。招生对象是全地区的适龄儿童，第一届招收了90名维族学生（两个班级）。开办双语班以后，我校立即成立了双语教学领导小组，精心挑选教学经验丰富的教师承担双语教学班的汉语、数学、英语等课程的教学工作。还从民族学校调入2名民族教师从事双语班的母语课教学，其他课程均安排汉族教师任教。一年级主要是大力加强汉语学习，争取一年级就突破语言关。学生在上学之前没有说过汉语，除了有部分父母是民考汉家庭出来的学生汉语水平稍好点外，大部分学生都不行。因为和田地区汉族人口少，孩子们小时候说汉语的机会少，所以他们上学之前汉语说得不好。他们入学的时候，进入单独设立的民族班，但是效果不好，学生汉语水平提高得慢。我们根据这些实际情

况，实行插班的方式，也就是让少数民族学生到汉族班去听课，上课时强调民汉学生结对子，这种方式效果明显，学生的汉语水平提高得也很快。

问：学生怎样上母语课？是不是跟汉族学生一起上母语课？

答：不是，上母语课的时候，他们集中在一个班里听课。

问：这样是不是很麻烦？

答：用这种方式既不影响母语课的学习，又能很快地提高学生的汉语水平。我们认为这种方式很好。

问：母语课的课时是多少？

答：学校的规定是每周5～6小时，但是现在每周只能上两个小时。

问：为什么？

答：我们学校只有两位少数民族老师，一位老师上学去了，还有一位老师生孩子了，不能上班。现在的母语课是我们学校的书记（维族）授课。

问：家长对这种授课方式的态度怎样？

答：我们多次召开了家长会，向家长介绍学校的意图，取得了家长的支持与配合。家长的热情很高，学生的学习效果也很理想。

问：学生们能够理解汉语课程吗？

答：一年级的学生不能够很好地理解汉语课程内容，从二年级开始基本上就没问题了。到了三四年级以后，有些课程成绩甚至超过了汉族学生，比如英语。我们班有一位学生的学习成绩从二年级以后一直排在第一名，其他民族学生的学习成绩也很好。

问：你们认为学生在学习上面临的最大困难是什么？

答：由于学生在入学之前没有说过汉话，一二年级的时候在口语表达上有些吃力，但到三年级有了很大进步，另外，他们比汉族学生多学一门母语课，学习负担也大一点。

问：学生使用什么教材？

答：母语课用的是普通民族学校的语文教材。其他课程用普通汉族学校全国统编教材，学起来比较困难，但是逐渐适应以后就没有问题了。

问：学生平时交流时是说维吾尔语还是汉语？

答：据我们了解，他们在学校基本上说汉语，有时候说维吾尔语，我们也鼓励学生在学校里尽量说汉语。在家里，如果父母是民考汉的说汉语的多一点，父母是民考民的在家里基本上说维吾尔语。

问：为了提高民族学生的学习成绩你们有什么建议？

答：我们学生里面还有农村来的一部分学生，他们的学习热情很高，但是语言上提高得比较慢，所以，希望他们的家长在家里多关心和鼓励他们的学习。在教材方面，希望上级教育主管部门根据少数民族学生的实际情况配发一些辅助材料和配套练习。

（二）家长访谈

时间：2006年5月23日下午4点（北京时间）

访谈对象：和田县三小双语班学生家长

问：首先各位家长能否做个自我介绍，主要包括姓名、孩子的上学情况和家庭情况？

家长甲：我在地区残联工作，有两个孩子，两个都在汉族学校上学，大的在和田县一小五年级（汉族班），小的在本校双语班上学（一年级）。我是新疆大学毕业的，爱人是大专学历。我们把孩子送到汉族小学双语班的目的是为了让孩子学好母语的同时掌握好汉语，成为民汉兼通的人才。

家长乙：我在二中当老师，爱人在县教育局工作，我们有两个孩子，都在这所学校上学，大的已经上五年级了。这个学校双语班的学生既学习普通汉族学校的课程，又上母语课。毕业后，虽然汉语会话能力不如汉族学校的民考汉学生，但是能够培养孩子们两种语言的听说读写能力，因此我们把孩子送到这所学校的双语班。

家长丙：我在和田市公安局当林警，爱人在县医院开车。有两个孩子，大的在本校四年级二班上学，小的还未上学。我和爱人两人的汉语水平都不高，但是我们期望孩子能够学好汉语，才把孩子送到汉族学校的双语班。本来我们生怕孩子在汉族学校上学会影响母语水平，但是根据目前的情况来看，虽然他的母语写作能力不如民族学校的学生，但是维吾尔语读说方面还不错。

家长丁：我在地区工商联工作，有一个孩子在本校四年级二班上学。当时在把孩子送到汉族学校双语班的问题上，家里有过争论。因为我们家的亲戚大部分都在农村，有部分亲戚反对让孩子上汉族学校，他们主要害怕孩子上汉族学校会忘记维族人的传统风俗习惯，不会说母语。但我们坚持把孩子送到汉族学校上学，主要是考虑以下两个问题：一是这个学校离家近，只有100米左右，上学方便；二是我们是在"文化大革命"时期上学的，汉语水平低，我们期望孩子能够把维吾尔语和汉语两种语言都掌握好，未来能有更好的出路。因此，我们把她送到这所学校的双语班学习。

家长戊：三小是我的母校，我是从小到大都在汉族班读书，现在我的维吾尔语水平也很好。我把孩子送到这所学校的主要目的是让孩子学好汉语的同时掌握好母语，能够达到使用两种语言从容交流和工作的水平，为以后上内地高中和内地高校打下坚实的语言文化基础。

家长己：我和爱人都是新疆大学毕业的，大儿子曾在和田地区一中（汉族学校）上汉语班，还有一个儿子在乌鲁木齐工作。我的孙女在本校上学，当时把她送到汉族学校是家里人一致同意的，但还有个顾虑，也就是在汉族学校读书会不会忘了母语和民族风俗习惯，但是，根据现在的情况，孩子的两种语言都可以。

家长庚：我在电视台工作，爱人在地区地委宣传部工作，现在由于工作需要调到乌鲁木齐去工作。我们把孩子送到汉语学校上学的目的是很明确的,就是要让孩子掌握好维汉两种语言,成为民汉兼通的新型人才。

问:你们怎么理解民汉兼通?

答一:首先,汉语是我国主体民族的语言,也是中国56个民族相互交流的通用语言。当今世界,语言文字作为信息交流的一个重要载体,在推进各民族的经济发展和社会进步的进程中发挥着越来越重要的作用。实现我国各族人民的共同发展,共同繁荣,广泛开展同世界各国人民的交流合作都需要我们努力掌握语言这个交流工具。我们和田地区也不例外,和田地处沙漠,自然环境恶劣,经济欠发达,人民的文化水平也低。这种情况下,和田要发展,和田的人民要达到小康生活水平,必须引进国外和内地经济科技发达地区的先进科学技术和经验,同时推广和传播和田的特色产品和民族文化,要加强人员交流,开阔人们的眼界。和田的绿色产品、和田玉、地毯、丝绸等在国际上和国内具有很大的优势,要把资源优势转变为经济优势,实现经济发展和社会进步的目标,根本问题是人才,归根到底是要培养出一大批少数民族人才,尤其是高科技人才和具有现代管理知识的人才,而这些人才的培养首先要实现民汉兼通。和田各民族学生的家长既希望孩子继承本民族的语言文化,又希望孩子们能在未来的生活中受益于汉语,顺利融入主流社会,获得更大的发展空间。和田是一个多民族聚居的地区,各族人民共同生活在多种语言的社会环境中必然要使用多种语言进行交际。和田的少数民族要走向世界,必先走向全国,而走向全国,必需先学好汉语,加强学习和交流的能力,克服语言障碍。我们认为这应该是民汉兼通的根本目的所在。

答二:民汉兼通的目的是培养一批既掌握维吾尔语又掌握汉语的少数民族双语人才。只有我们的孩子们同时掌握了两种语言,才能够有机会到内地高中和高校继续深造,顺利融入主流社会,学习先进的科学技术和经验,同时把维吾尔族的优秀文化传播到国内其他地方。目前，我国各民族的经济文化发展水平是不一致的，要想达到共同繁荣发展的目标，建立和谐社会，需要各民族之间增进交流、沟通和学习。语言是交流的主要工具，它在全国各民族之间的经济交流、文化交流、经验交流中的意义重大，我们要想发展，首先要掌握好语言这个交流工具。孩子是父母的希望、民族的希望，也是祖国的希望，我们的孩子们必须学习、掌握好汉语，获取更多的科技知识，开拓思维，为今后的发展获得比我们更大的空间。

答三：首先，我完全同意上述观点。现在我国汉语出版的书籍、资料特别多，特别是工业、商业、农业科技方面的书籍大部分是汉文的，电视台的汉语节目也很丰富，而且信息的更新也特别快。如果我们的孩子不能很好地掌握汉语，就不能及时接受新知识，对提高整个民族的素质也会有所影响。无论是到内地上学还是做生意，都需要用汉语交流，如果在内地不会汉语就会变成孤独的人，对办事、做生意都不利。我有很多朋友为了做生意去过北京、上海等城市，他们回来后都表达了共同的心声，也就是汉语好的话可以再扩大生意规模，争取更多的利润。所以，学汉语对我们来说，比学任何语言都重要。但是，民汉兼通的另一面是要学好本民族语言，用它来继承和发展民族文化，把维吾尔族优秀的文化传统传承给下一代。这是培养民汉兼通双语人才重要的目的。因此，要搞双语班、培养双语人才不仅要加强汉语学习，还要加强民族语言文字的学习，只有这样才能达到真正的民汉兼通的要求。

问：孩子们在上学之前是在家庭和社会的民族语言文化环境中长大的，现在到了汉族学校上学，而且除了母语课之外所有的课程均用汉语授课，他们能否适应学校的汉语教学环境吗？

答一：我们开始最担心以下几个问题。一是孩子们确实在上学之前，没怎么跟汉族小孩一起玩过，也没有说过汉话，因为我们地区除了城镇的个别单位和小区之外，大部分居民区是维吾尔族和汉族分开的，所以他们上学之前体验汉文化和语言的机会很少。二是学校的老师除了两三位维吾尔族老师之外，其他都是汉族老师，他们大部分不懂维吾尔语言文字，所以我们担心孩子们与汉族老师、汉族学生交流困难。三是目前学校的课程中，除了母语文课程之外的其他课程均用汉语授课，我们担心如果孩子们听不懂汉语课程的内容，会影响到他们的学习成绩。但是，从目前学生的实际情况来看，大部分学生都顺利适应了这种环境。一年级和二年级的时候，孩子们听课觉得困难，天天熬夜学习、做作业，但是到三年级以后情况逐渐好起来了。有些课程的平均成绩甚至超过了同年级的汉族学生，如英语、数学等课程，他们上三年级以后听课、会话、写作方面没有什么太大的问题了。

答二：我前面说过，送孩子上汉校的时候，我们农村的有些亲戚不太赞同。他们以为孩子上汉校会忘记母语，不了解民族传统文化，况且作为一个女孩，如果不懂这些的话，以后就不好嫁出去。对我们维吾尔族来说，学好汉语是很重要，懂得母语、了解本民族的优秀文化传统、日常礼节也同样很重要。因此，我们在家里每天花点时间，帮助她的学习，同时对她加强了本民族风俗习惯的灌输。现在孩子的情况很好，对汉语课程的理解能力比以前增强了，维汉两种语言说得都很好。特别是我们每一次到农村里看望老人和亲戚的时候，她完全说维吾尔语，亲戚们也很高兴。所以我认为她现在基本上适应了学校和家庭的两种语言环境。但是她对一些汉语词语的理解不太好，比如我们在家里有时候让她念念汉语杂志，她读得不错，普通话也很标准，但是让她用维吾尔语解释意思时，半天吞吞吐吐地说不出来。这个问题引起了我们的关注，为什么她说日常交际语时可以，但是却不知道杂志和书籍里文章的意思？我们要想培养真正的民汉兼通的有用人才，就要注意到民汉兼通不仅是语言的兼通，更是文化的兼通。

问：你们认为，现在孩子们的汉语表达、写作能力高于母语吗？

答一:他们的母语口语表达能力还是强于汉语,因为他们毕竟上学之前是在有浓厚维吾尔语文化背景的社会和家庭中长大的。汉语表达能力跟同年级的民考汉学生和汉族学生相比稍弱点,但是跟同龄的民考民学生相比强多了。

答二:我认为他们的汉语写作能力好于母语写作能力。比如我上次让女儿ALIYA用两种语言写一个请假条,结果汉文的写得不错,格式也正确的,但是维吾尔文的写得不太好。特别是到高年级以后,这种差距很明显。

问:孩子们在学习中存在的主要问题是什么?

答一:汉文资料读写方面还可以,但是对母语课文和一些关键术语的理解能力不好。

答二:母语课的课文内容过于陈旧,更新不快,脱离了孩子们的实际生活和理解能力。课文里面介绍英雄人物、内地城市生活方面的内容太多,能够真正贴近孩子们实际生活的内容不多,因此孩子们理解不了课文的真正内涵,总觉得这些东西离自己很远。

答三:他们的作业太多了,每天回家后做四五个小时的作业,休息和出去玩的时间少,这不利于孩子的身心健康。

答四:母语课的课时太少了,每周只有两个小时。

答五:孩子们的学校生活单调,学校应该组织他们出去观赏大自然的美景,加强实践学习。

问:你们认为母语课一周两学时的课时合适吗?

答一:一周两学时的维吾尔语课课时有点少。小孩6~9岁这个时期是学语言的最好时期,我们希望他们成为既懂母语又懂汉语的双语人才,应该增加母语课课时。

答二:如果孩子们在这个时期两种语言的基础打得好,以后就不用顾虑了。现在他们汉语课的课时多,这当然很好,但是母语课的时间有点少了。

对于认为母语课每周几个课时最为合适的问题上,大部分家长的回答是一致的,认为每周 4~6 个学时最为合适。

问:孩子们在家里更喜欢看维吾尔语电视节目还是汉语电视节目?

答一:在家里我们主要看维吾尔语节目,所以孩子们跟着我们看维吾尔语节目的时间多一点,但是他们很喜看汉语的动画片和文艺节目,还喜欢唱汉语的流行歌曲。

答二:我们家有两台电视机,孩子休息的时候,可以随便看节目,还是看维吾尔语节目多一点。

在关于家长与孩子之间用什么语言交流的问题上,民考汉家庭里既说维吾尔语又说汉语,而其他的家庭基本上只说维吾尔语。

问题:你们对学校的教学满意吗?有没有其他要求?

答一:母语课的课时太少了,每周只有两个小时。我认为应该增加到每周 4~6 学时,这样才能做到真正的民汉兼通。

答二:双语班的学生,特别是一二年级的学生刚入学时汉语水平不高,应该让懂维汉两种语言的老师给他们上课和负责学生的生活为好,这样对他们汉语能力的迅速提高有很大的帮助。

第三:我们最担心的是孩子毕业以后的升学问题。目前,和田地区还未形成从小学到初中、高中的一套双语班升学机制,都各自为战。学生毕业以后要么到汉族学校的汉族班继续读,要么回到民族学校上民族班。这个问题应该受到重视,希望学校能够同教育主管部门协商,合理解决孩子们的升学问题。

(三)学生访谈

时间:2006 年 5 月 23 日中午 12 点(北京时间)

访谈对象:和田县三小四年级学生,年龄 11~13 岁,共 8 位学生代表。

问:父母在什么地方工作?会不会说汉语?

一半以上的学生家长在县城里工作,其他的在农村里或没有工作。父母会说汉语的占 30%左右,会一点的占 50%左右,不会说的占20%。

问：家里主要用什么语言交流？

大部分学生表示为了提高汉语水平尽量说汉语。一个学生家中母亲是民考汉的，父亲是民考民的，所以跟父亲说维吾尔语，跟母亲说汉语；一半以上的学生表示基本上是说维吾尔语。

问：在家里喜欢看什么语言的电视节目？

学生们大都表示喜欢看汉语节目，但有时候跟父母看维吾尔语节目。

问：为什么到汉族学校来上学？谈谈你们的看法。

学生们认为上内地学校上学必须懂汉语，懂汉语找工作方便，提高汉语水平可以结交更多的汉族朋友，会两种语言对将来的发展有帮助。

问：维吾尔语课每周多少课时？你们觉得这样是否合适？

学生们说一般学校的要求是每周5～6课时，但现在只有两课时，学生们普遍希望能够适当增加维吾尔语课时。

问：你们现在的维吾尔语水平怎样？能不能背诵维吾尔文诗歌？

学生们表示都会说，其中两个学生背诵了几段维吾尔语诗歌，字写得也不错。

问：长大要做什么？

学生中长大想当医生的有3人，想当警察的有1人，想当老师的有3人。

问：毕业后上什么样的中学？

学生们大部分希望毕业后上疆内初中班①，因为这些学校的学习条件好。

问：你们的作业多不多？

---

① "疆内初中班"指的是在新疆乌鲁木齐、克拉玛依等经济发达地区开办的面向全疆招生的免学费的初中班。

学生们认为作业不多，每天做两个小时左右就做完了。

问：学习不好时父母会批评你们吗？

学生们普遍反映学习不好时父母会提出批评，主要是讲道理，会说如果不好好学习将来不会有出息的，找不到工作。

问：在学习中遇到的最大困难是什么？

学生们大多认为学习中最困难的是学习和掌握汉语口语，害怕汉话说得不准确时受到别人的嘲笑。

问：新入学的时候会不会说汉语？

学生们基本上都不会说汉语，一二年级也说不太好，上了初中三年级以后就没有问题了。

问：在学校同学之间交流用什么语言？

学生回答是基本上说汉语，有时候说维吾尔语。

问：为学好汉语和维吾尔语两种语言，对学校有什么要求？

学生们普遍认为现在的情况很好，没有提出什么要求。

问：父母什么时候奖励你们？

学生们说在当"三好学生"的时候、考试成绩好的时候或者是帮家长做家务的时候父母会奖励。

三、汉族学校双语班教师、家长和学生的主要观点

通过对上述两所开办汉族学校模式双语班的学校教师、家长和学生的访谈可以看出，教师、家长和学生对这种双语教学模式基本持肯定的态度。

和田中小学的特殊语言文化环境需要实施汉语学校模式的双语教育。和田的单语言特性非常明显，中小学大部分教师是民考民出身的民族教师，课堂上实行双语授课，但主要依靠母语来解释课程内容，民族学校模式实验班学生由于没有语言环境，出现维吾尔语水平远远高于汉语水平的情况，汉语水平提高得不快，这对学生达到民汉兼通的目标极为不利的。因此，采取汉语学校

模式的双语教育方法来提高学生汉语言思维能力对维吾尔族学生以后继续上内地高中班或疆内初中班以及适应新疆高校汉语教学的要求是很有利的,同时可以使和田双语教育模式呈现多样化。

实施汉族学校双语班模式教育的汉族学校教学语言是以汉语为主,学生在听课、做作业、回答问题时基本上用汉语。这种教学方式给学生营造了汉语"听、说"的良好环境。

学校中的教师基本上是汉族,学生中汉族学生所占比重较大,因此在校园里形成了多元语言文化环境,为学生提供了跟汉族学生交往的场所,有利于维吾尔族学生了解汉语言文化,培养多元文化适应能力。不少家长认为,汉族学校的双语教育对于迅速提高学生的汉语理解和表达能力非常有利,因此目前这种模式的双语教育在城镇地区比较受欢迎,家长的主动性、学生的学习热情都很高。

然而,家长们又有一个共同的担忧,那就是学校中汉语言课时多,课程压力大,会影响到学生学习自己的母语和了解本民族的优秀文化遗产。因此,他们认为学校在培养维吾尔族学生汉语思维能力的同时,应该高度重视对民族学生母语的教学。

第四节　对民族学校模式中小学双语班教师、学生的访谈

一、对洛浦县布雅乡中学教师和学生的访谈

(一) 教师的访谈

时间：2006 年 5 月 31 日下午 5 点（北京时间）
地点：洛浦县布雅乡中学（维吾尔中学）

访谈对象：洛浦县布雅乡中学民族中学普通班和双语班的汉语教师（共9人）

问：据教育局的同志介绍，你们学校考上内地高中班的学生数量在全县的民族中学里最多，平均总分也是全区第一名，学生的内地高中班汉语考试成绩在全地区中学里排在第二名，作为一个农村中学能够取得这么好的成绩一定付出了大量的心血，能介绍一下这个方面的情况吗？

校长：我校是在1990年建立的，当时只有8个班级、324名学生、24名老师，主要以初中为主。通过十几年的艰苦奋斗，到了现在有45个班级、1800多名学生、131名老师，是一所初中和高中相结合的综合性中学。建校以来，在上级教育主管部门的关心和大力支持下、在广大教职工的共同努力下、在家长和学生的配合下，取得了今天的成绩。我也是布雅乡人，能为广大父老乡亲做点实事，感到很荣幸。我简要地介绍几点经验。一是重视教师培训和进修的问题。我们是农村学校，条件比较差，吸引人才很难，因此我们抓紧了我们自己教师队伍的培训问题。坚持每年安排2~3名教师（有时候4~5名）到乌鲁木齐的高校或地区教育学院去继续深造，而且大部分是学历教育，不是短期培训，在学生多、师资最短缺的时候也坚持这种培训方式。这批教师回来以后在提高教学质量、更新教学思想和教学方法方面起到了重要的作用，这样下来不到五六年时间，学校的教学质量有了明显的提高。二是重视汉语教学工作。我们都知道汉语学习的重要性，学生不懂汉语对以后的发展不利，但是只在口头上讲是不行的，为了学生今后的发展，要把这项工作实实在在地干起来。因此，我们从1992年开始加强了对广大教师和家长的宣传工作，向他们解释了汉语学习在文化、经济、信息交流方面的重要作用。还请来了从咱们乡出去到内地做生意的人，组织了生动的经验介绍大会。在具体教学中，我们精心挑选汉语水平好的老师担任班主任，增加了汉语课时，让汉族老师上汉语会话课。我们到小学毕业班里去组织考试，挑选出45名学生，开办了双语强化班，制定了每周18学时（阅读13学时、会话5学时）的课时制度，还规定汉语老师在学校里必须说汉语。由于汉语强化班的汉语提高得快，第二年报名的人数超过了400人，其中外乡的也不少。总之，我们采取了能想出来的各种办法，大力加强了汉语教学。通过以上努力，2001年有3名、2002年有12名、2003年有16名学生考上了内地高中班。2003年高考时的汉语平均成绩在全和田地区中学里排在第二位，2004年的汉语平均成绩103分。2005年有38名学生参加内地高中班升学考试，考上了21名学生（包括浙江班、新疆实验中学），占全体考生的60%左右。

问：每周18课时对学生来说是不是多一点？

答：是多一点，但是效果非常好。我们是农村中学，初中毕业后大部分学生由于经济困难或别的原因回到乡里去，有的到内地做生意。我们认为对贫困地区的农村学生来说，最好的出路是要走出去，到内地条件好的学校去读书，为自己以后的发展奠定基础。我们在青岛上内地高中的一名学生在去年的高考中考了600多分，在全部600名新疆少数民族内高班学生中排位第一名，而且他是用汉语答卷。广大家长也支持我们这种教学方式。

问：有没有学生在学校说汉语的规定？

答：没有，我们的学生只在上汉语课的时候才说汉语，在家里基本上说维吾尔语，因为他们的父母不懂汉语。

问：汉族老师觉得学校汉语教学当中存在什么问题？

何斐（甘肃政法学院毕业，大专）：我来这所学校时间不长，我主要承担民族班的汉语课程教学。我觉得有部分民族学生不配合教学，对汉语课有逆反心理，不太想学，但是大部分学生能够认真学习。

还有一位汉族老师说，他给民族学生上体育课时，因为他本人不懂维吾尔语，每次都要亲自示范几遍。

问：你们觉得目前学校的汉语教学存在哪些问题？

答一：现在的教材不符合学生的实际生活，我们认为教材应该考虑学生的文化背景、贫困地区的特殊生计方式，不然，农村地区的学生不能理解现代化的城市文化和生活方式，会降低教学质量。

答二：在农村中学从事汉语教学工作比较困难，因为没有现代化的教学设备，没有学汉语、用汉语的环境。

答三：我们学校考上内地高中班的比率较高，处于全和田地区前列，但是对教师没有相应的奖励，好的和一般的都一样的待遇。

答四：我们一般每周上十多节课，教学任务很重，假期也参加政治学习、汉语学习，休息时间少，感觉很疲惫。

答五：我们认为我校汉语最好的学生的成绩或实际水平相当于汉族学校小学二三年级学生的汉语水平。从整个学校的情况来看，我们毕业班的学生汉语程度一般在汉族学校小学二年级的水平。我们希望能够增加汉语课教师与其他地区教师交流的机会，以提高教学质量。

答六：我们认为先提高老师的素质是最重要的，希望汉语课教师教课之前可以到内地去实习，参加一些实践活动。

（二）学生访谈

时间：2006年5月31日下午6：30点（北京时间）

访谈对象：洛浦县布雅乡中学民族中学初中三年级三个班的学生，每个班2名同学，共6人。

问：你们学汉语几年了？现在的汉语水平怎样？

答：五六年了。读、写还可以，说比较困难。

问：你们认为汉语说不好的主要原因是什么？

答：主要是没有说汉语的机会，我们乡都是维族人。

问：你们愿不愿意学习汉语？

答：愿意。

问：你们知道为什么要学好汉语吗？

答：汉语是国语，在我们国家大部分人用汉语交流，所以学汉语很重要。学好汉语可以掌握更多的知识和信息，能考上内地高中班或其他市内的高中班。

问：你们毕业后想上什么学校？

答：考上内地高中。

问：你们在家里看什么语言的电视节目？

答：看维吾尔文的电视节目，汉文的很少看。

问：父母会不会汉语，在家里说不说汉语？

大部分学生回答父母不会汉语，在家里说说维吾尔语。

问：你们的汉语每周多少课时？你们觉得这样是否合适？

有的说是3节，有的说是18节课（强化班），觉得合适。

问：你们觉得小学什么时候（哪年级）开始学汉语最合适？

答：我们是小学三年级开始学汉语。小学一般每周4~5个学时。我们觉得从一年级开始上汉语好点。

问：汉语学习中的听、说、读、写哪方面更容易？

答：汉语听、说难，读、写较容易。

问：长大要做什么？（共14人）

想当医生的有2人，想当警察的有2人，想当老师的有2人。

问：为了提高汉语水平，你们有什么要求？

答：为我们提供到内地或乌鲁木齐去参观、学习的机会。我们平时没有用汉语交流的实践机会。

问：你们下课后干什么？

答：帮家里干活。

问：不做作业吗？

答：做，但是大部分时间帮家里干活。

问：学习成绩好父母会不会奖励你？

答：考试成绩好的时候，他们会很高兴，并鼓励我。

问：怎么鼓励？

答：给点钱，还鼓励说我继续这样好好学习的话，肯定能上内地高中班。

问：你愿不愿意上内地高中？

答：非常愿意。

问：有没有信心能考上？

答：有。

问：你们在学汉语方面有什么要求吗？

答：多上汉语课。

二、对洛浦县第一小学教师和学生的访谈

（一）教师访谈

时间：2006年6月5日下午6点（北京时间）

访谈人员：洛浦县第一小学的校长、教务主任、德育主任、洛浦县教育局教研室和地区基教科的3位同志和第一小学汉语组的7位老师。

问：我想了解一下你们学校的双语教学情况。

校长：我校是六年制民族小学，建于1936年，是全和田地区最早建立的小学之一。现在有教职员工55名，其中维族49人、汉族6人，女教工44名。我校汉语组担任了所有的汉语教学任务，有11人，其中1人是本科学历、8人是大专学历、2人是中专学历，都是汉语专业毕业的。全校有878名学生、21班，其中"双语"实验班学生114人，全都是维吾尔族学生。我们学校从2004年开始开办双语班，现在已经两年了，双语预科班每年招收两个班级、100余名学生。其他的民族班都按照自治区规定的普通民族小学教学大纲教授汉语。2003年以后，普通民族

班的汉语课课时调为一周5学时,以前是一周3学时。学生主要来自洛浦县2个居民区、洛浦镇3个大队及教学范围内规定的个体工商户的适龄儿童。我校学生非农业人口占30%,有固定经济收入的家庭占50%,享受最低保障费的家庭占50%,农业人口学生占40%,流动人口学生占30%,学生素质参差不齐。

问:双语班和汉语加强班有什么区别,汉语加强班的开办上级教育主管部门有专门规定吗?

校长:汉语加强班的课程主要是以民族班学生的教学大纲为主,还加授双语班的课程,与汉语班的主要区别在于双语课程课时的多少。双语班完全按照自治区的双语班教学大纲进行双语教学,汉语加强班的双语课程课时比双语班少。

汉语加强班的开办是我们根据自己的情况开展的教学实验,上级教育主管部门没有专门规定。县教育局有2009年以前将所有的民族班改为双语班的计划,但是根据我们目前的师资情况,这个目标很难实现,况且我们的学生上学之前根本不懂汉语,所以我们开办了实验性的汉语加强班,并逐步扩充这种加强班。

问:双语班、普通班和汉语强化班的课程设置以及汉语水平怎样?

答:我校普通班和双语班的绝大部分学生在入学之前根本不懂汉语。我们根据这个实际情况采取了几项措施。一是增加了普通班的汉语课时,以前是3学时,现在是5~6学时,主要使用自治区统编的民族学生汉语教材,会话课由汉族老师讲授。二是双语班的教材是自治区统编的双语班教材(这种教材从2006年第一学期开始使用),由于以前没有专门的双语班教材,2006年之前使用了普通汉族小学的统编教材,学生在学习上觉得很困难。现在用了双语班教材之后,情况有所好转。比如说,三年级强化班的汉语教学使用汉族学校二年级第一册语文课本(普通教材第一册已学完)他们的听、说、读、写能力已经达到普通民族班六年级学生的汉语水平,除了汉语课以外,其他课程都用维吾尔语讲授。我校招收的双语班已经升至二年级,他们到目前为止已学完了汉族学校第一、二、三册语文课本,目前正在讲授新下发的双语班教材。一二年级"双语"实验班除母语课以外,其他课程都用汉语讲授,除了汉语课以外,其他教材都和汉族学校相同,学生的汉语阅读、会话、写作能力比汉语强化班好。

问:你们学校存在三种双语教学班(普通班、强化班、双语班),你们认为哪一种类型比较适合和田地区的实际情况?

答:这三种类型的双语教学模式是我们根据上级教育行政主管部门的安排和我们学校学生的实际情况开设的。普通班的汉语课比较少,使用的教材也是民族学校的汉语教材,难度不大,因此他们的汉语读、写、说能力比强化班和双语班弱,但是维吾尔语写作能力很好。双语班的学生(最高年级是二年级)除了母语课以外的课程均用汉语授课,所以读、说的能力比普通班和强化班好,但是理解能力(主要是维汉翻译能力)我们觉得还存在一些问题,他们会念汉文,但不能透彻地理解其内容。汉语强化班的汉语综合能力不如双语班,但是比普通班要好,而且维吾尔语水平也比较高,维汉翻译能力和理解能力比双语班好一点。我们认为通过汉语强化班让低年级学生学习维汉两种语言,然后逐步过渡到双语教学的形式是比较适合和田地区的实际情况。

问:家长对这三种教学模式的态度如何?

答:目前家长对双语班的热情较高,他们希望自己的孩子学好汉语,将来上内地学校,有更好的出路。同时大部分家长希望孩子们学汉语的同时把母语也学好,不要忘记本民族的传统文化,成为民汉兼通的双语人才。

问:你们认为目前你们学校双语教育当中存在哪些问题?

答一:一年级招收的学生没有受过学前教育,对他们进行双语教学困难很大,给我们学校造成很大的压力,各门课程都是从零起步。有些学生虽然对汉语学习很积极,但对教材内容不理解,学不进去。另外,虽然很多家长支持汉语教学,但他们多数不会汉语,而且有些是文盲,所以不能指导学生学习。

答二:教学辅助参考资料不全,虽然我校订了教科书的同步练习册,但往往不能及时送到学生手中,学生只能学习教科书的内容。

答三:双语实验班的美术、音乐和语文课的内容都是体现汉族文化内容的,脱离了学生的实际生活和贫困边远少数民族地区的经济社会、现状以及学生的文化背景。

答四:补充的汉族教师虽然会维吾尔文,但他们不会说维吾尔语,与学生交流存在一定障碍。

问:对搞好双语教学你们有什么建议?

答一:学习汉语要从学前教育抓起,否则就会出现一年级学生上双语课程以后,由于课程多、压力大、不能理解课程内容,会出现厌学现象。

答二:双语实验班要考虑配备民汉兼通的教师。特别是学生新入学阶段,双语课程由民汉兼通的老师讲授,效果会好一点。

答三:普通班的汉语课时应当适当增加,教材也应当使用双语班的汉语教材。

答四:和田地区小学阶段的课程除了汉语、数学用汉语讲授外,建议其他课程用母语讲授,这样对提高儿童理解和思考问题的能力会有帮助。

(二)学生访谈

时间:2006年6月5日下午4点(北京时间)

地点:洛浦县第一小学(维吾尔小学)双语班教室

访谈对象:洛浦县第一小学双语实验班和普通班三个班的学生,每个班来两位同学,共6人,除学生代表外,还有汉语课老师也参加了。

问:你们的汉语会话水平怎样?用汉语介绍一下自己?

两名双语班学生回答得很好,强化班的学生也可以,普通民族班的学生回答时有点紧张，但是说得还可以。

问：你们为什么不上双语班（针对普通民族班的学生）？

学生们回答说是父母让他们上民族班。

问：你们（学生）的父母会不会汉语？

一半以上的学生家长不会汉语，30%的学生家长会一点。

问：你们认为学汉语有什么用处？

学生们认为学汉语的好处很多，学好汉语可以与更多的人交流思想，可以看懂电视节目，可以看报纸等等。

问：你们毕业后想上什么学校？

学生们都希望能上疆内初中班。

问：你们长大要做什么工作？

除了一位学生想当老师以外，其他学生都想当医生。

问：你们在家里看什么语言的电视节目？

学生们看维吾尔文电视节目的较多，动画片会看汉文的。

问：与家人用什么语言进行交流？

在大多数情况下，学生们与家人用维吾尔语交流。其中有一位学生说，他的弟弟是在汉族学校上学，所以为了提高汉语水平，跟弟弟讲汉语。

问：回家后主要做些什么事？

学生们一般回答回家后做作业、干家务事、看电视。

问：每天做作业的时间有多少？

双语班的学生做作业时间稍长，需要一个半小时左右，普通民族班的学生需要半小时到一小时左右。

问：家长什么时候会表扬你们？

学生们回答说，考试成绩好时，父母会提出表扬，帮助父母做饭或其他家务事也会受到表扬，做些好事，比如在外面帮助别人、拾到的物品还给主人或交给学校，父母非常高兴，会提出表扬。

问：什么时候会受到父母的批评？

学生们说，说假话被父母发现，父母会很生气，会批评我们；成绩不好，尤其是不及格时，会受到批评；在学校、路上和院子里跟其他孩子打架时，父母也会提出批评。

三、民族学校双语班教师和学生的主要观点

对两所实施民族学校模式双语教育的学校中教师、学生以及和田市三中、地区一中等学校部分教师的访谈体现了以下几个主要观点：

首先，和田地区的大部分民族中小学长期以来普遍采用民族学校双语教育模式，特别是广大农村地区的学校至今还延续着这种模式的双语教育。它作为和田中小学主要的双语教育模式，新中国成立以来为和田地区的社会经济发展和人才培养做出了巨大贡献。

其次，实施民族学校模式双语教育的学校学生、教师队伍基本上是维吾尔族，教学语言主要以母语为主，因此这种教学模式对学生理解汉族文化，对于汉语口语的培养和迅速提高汉语水平的作用是有限的。因此，这种模式双语实验班教师的配备要考虑民汉兼通的教师。特别是学生新入学阶段，双语课程尽量由民汉兼通的老师讲授，要适当增加普通班的汉语课时，教材也尽量使用双语班的教材。

最后，广大家长、教师和学生认为，民族学校模式双语教育在未来很长一段时期内还将在和田地区中小学双语教育占据很重要的地位。应该积极采取措施，提高双语教师队伍的质量，改善教学环境，加强双语课程教材的开发，增强这种教学模式的活力，这是保障和田地区广大农村地区学校双语教育健康发展的必要举措。

第五节　对民汉合校模式中小学双语班教师和学生的访谈

一、对和田地区实验中学教师和学生的访谈

(一) 教师访谈

时间：2006年5月31日上午10点（北京时间）
地点：和田地区实验中学（寄宿制民汉合校）教务科办公室
访谈对象：和田地区实验中学行政人员和教师。
问：和田地区建立民汉合校的目的是什么？
WDC：和田地区的民汉合校主要是根据自治区《关于进一步加强"双语"教学的决定》2号文件的精神建立的，目前数量不多。我校是一所民汉合校，也是初中和高中相结合的和田地区寄宿制双语教学示范学校。汉族学生和民族学生人数基本相同，这就给双语班的民族学生提供了一个良好的语言环境，再加上学校良好的学风、严格的管理制度、寄宿制学校的优势以及教师们的辛勤劳动，为学生的健康成长提供了良好的发展空间。2004年，地委、行署为贯彻落实自治区党委［2004］2号文件《关于进一步加强"双语"教学的决定》，新成立了和田地区实验中学。建立这所学校的主要目的主要有两个：一是为少数民族学生学习汉语提供良好的语言环境，提高学生的汉语水平。和田地区从1994年开始，在双语教学方面开展了各种各样的教学实验，但是由于这种实验要么在没有汉族老师和汉语言环境民族学校进行，要么在没有民族老师的汉族学校进行，效果不是特别明显，而且在统一教学管理、安排双语师资、分配教育资源等方面遇到

了不少困难。为了满足和田地区的双语教育正规化和创造良好语言环境的需要,建立了全区唯一的以中学为主的民汉合校。另外也是考虑到提高民族学生的理科成绩。历来和田地区学生的理科成绩普遍偏低,这个问题特别是在和田学生到内地高中班学习以后显得更加突出,大部分内高班学生在内地中学学习汉语数理化课程感到很困难,因此成绩不好。如果不尽快解决这个问题,和田地区的民族教育将会受到严重的影响。因此,我校的民族学生在上初中以前开设一年汉语预科,然后从初一开始逐步实行数理化课程用汉语授课。

问:你们学校双语班的生源怎么来的?

HLD:我们学校的民族学生是从和田地区七县一市公开录取的,因此对外县来的学生实行了寄宿制。初中的学生采用自愿报考的方式,通过考试公开招录,主要是以农村的学生为主。高中的生源主要以参加内地高中班考试落榜的学生为主,现在高中实验班有两个。家长的热情也很高。

问:初中和高中两种语言的课程设置情况怎样?

XY:现在初中的最高年级为初二,高中为高二。初中课程除了语文、政治以外,三分之二的课程均用汉语授课。预科阶段的具体课程设置情况如下:用维吾尔语讲授的语文、政治课课时总共为13节,汉语课课时为13节,其他用汉语讲授的数学、美术、体育等课程课时为30节左右。到了初一加授英语、生物、地理、历史、计算机等课程,其中地理、历史课是用维吾尔语讲授,但要求教学当中适当地运用汉语术语和内容,其他课程还是用汉语讲授,因此,汉语课课时调为每周10节课。初二加授物理课,也用汉语授课。高中的课程除了语文、政治以外都用汉语讲授。高中的课程主要是由支教老师担任教学工作。

问:支教老师有多少人,都从哪来的?

XY:我校的支教老师都是国家教育部安排到和田地区来支教的教师。他们是从内地和乌鲁木齐来的,目前有三十多人,支教期限一般是一年半左右。我校高中的大部分课程是由他们来讲授，因此高中的教学效果比较好。

问：民族学生能完全听懂汉语课程吗？

HLD：高中生基本上可以听懂汉语课，因为高中双语班的学生大部分是初中双语班毕业的，理解能力没问题。初中学生中由于农村来的学生较多，而且小学期间没有上过双语课程，所以理解能力较差，但是通过一年的预科学习，到初一、初二时，大部分学生还可以，只有部分还不太好，对一些汉语词汇的理解有所欠缺，学习上也很困难。因此，教师在用汉语授课时需要一边讲课，一边把一些术语和关键词给民族学生解释清楚，这必然会加大老师的工作负担。但是随着汉族老师和学生之间的彼此沟通和了解的深入，学生的理解、接受能力会逐渐提高。根据学生现在的成绩可以看出，双语班学生的进步很明显，成绩一年比一年好。

问：民族学生的成绩与汉族学生相比差距大吗？

XY：民族双语班学生的考试成绩和汉族普通班的成绩相比较差距不大，有些课程的成绩比汉族学生还高。我校使用的考试卷是乌鲁木齐教研中心的统一试卷，在每次考试中，我们都将高中数理化考试汉族普通班成绩与双语班成绩进行对照，其结果表明汉族普通班的平均分与双语班的平均分基本持平。在这个学期的期中考试中，双语班的化学单科成绩高于普通班成绩，汉语班平均分为51分，而双语班为59分。预科班的学生刚进校门时不能很好地用汉语表达，高一双语班学生入校时成绩与汉族班相差较大。经过一年的学习，预科班的数学等学科基本可以用汉语授课，高中班的学生成绩与汉族班平均成绩基本相当，之所以双语班的汉语水平和总体成绩取得这么大的进步，是与学校治学严谨、方法得当，老师们无私奉献、辛勤耕耘以及学生们的努力拼搏分不开的。

问题：学校的及格标准是什么，有没有留级情况？

HLD：目前我们的双语教学工作还处在试验阶段，还没有毕业的学生，他们参加内地高中班考试和高考的时候就知道效果到底如何了。所以虽然双语班数理化成绩不到 60 分，但是考虑到这是试验阶段的教学，地区的双语教育机制还没有形成统一的规范和标准，因此没有让学生留级，但我们计划随着教学管理的正规化逐步实行留级制度。

问：少数民族教师的汉语水平如何？有没有上汉语班课程的少数民族教师？

XY：目前没有担任汉族班课程的少数民族教师，这主要是语言问题。我们的少数民族教师都是民考民教师，没有民考汉的，汉语过关的少数民族教师很少，大部分少数民族教师的汉语水平还达不到汉语学校六年级的水平。为了提高少数民族老师的汉语水平，我校规定在一学年内教师将多次参加汉语考试，两次期中、两次期末考试少数民族老师和学生一起参加汉语考试，甚至有的少数民族教师教的是初中考的却是高中的内容，从而大大提高了教师的业务水平。学校还开展少数民族教师学习汉语的校本培训，每周两次，由支教的北京教师授课，并且参加汉语校本培训考试。学校对教师的考试结果进行了分析，发现少数民族教师的汉语成绩逐年上升，有的老师刚进学校时汉语表达不流利，报考 C 级也只能勉强及格，经过汉语培训之后，这些以前不敢张口说汉语的少数民族教师基本上可以用汉语进行日常交流，在报考时也报考 B 级，而且成绩比以前有所提高，在经过一年多的培训之后，地理、历史、生物等科目的汉语使用率在 50％以上，在课堂上可以用汉语进行教学，他们和汉族教师也可以用汉语探讨专业知识和教学方面的问题了，教学水平也有了很大的提高，受到了学生和家长的一致好评。

问：少数民族学生之间交流使用维吾尔语还是汉语？

MMT：为了提高汉语口语能力，学校要求在课堂上和课外活动中尽量说汉语，但据我们了解，初中阶段的学生说维吾尔语多一点，高中阶段的学生说汉语的多一点。

问：你们认为民汉合校的双语教育存在哪些问题？

XY：师资短缺是最突出的问题。因为我校是新建立的学校，绝大多数教师也是在2004年建校以后招进来的，汉语师资队伍不稳定。目前有部分教师的工资兑现不了，学校自己想办法给他们发放每月400元的生活补贴。我们多次向上级部门反映这个问题，但至今没有得到解决，所以已经有6名本科毕业的教师因此离职。由于工作量大，待遇不高，大部分汉语教师更愿意到条件好一点的单位，而不愿意当老师。另外，由于办学条件差，教师待遇低，生活比较艰苦，一些内地院校毕业的人才不愿意来这里做教师。

HLD：和田是国家级贫困地区，人民的经济生活水平还很低。我校双语班学生大部分是从农村来的，农村的生活条件艰苦，供一个孩子上学很不容易。虽然目前初中义务教育阶段国家实行"两免一补"政策，但是课本以外的辅助材料和同步练习材料不是免费的，学生买不起这些辅助教材。一本辅助教材料按8元算的话，一学期8~9门课要花70~80元，再加上他们的生活费，最少也得200元左右，对农村人家来说不是个小数目。由于买不起辅助教材，只能利用课本学习，这对他们提高学习成绩是很不利的。如果强行让他们买，家长又会不愿意，以为都是免费的，说我们"乱收费"。高中的情况更加严重，他们的书本不是免费的，再加上生活费，对家长来说是一个很大的经济负担。

WMEJ：我们学校老师的工作量比和田其他学校都大，除了承担教学工作以外，老师们还得参加学生的晚自习和早晨的民族学生汉语陪读练习。由于学生新入学时汉语水平不高，预科和初一阶段要加大汉语课的课时，每周13节课，这必定会影响其他课程正常的教学安排，但不这样做又会影响少数民族学生听汉语课的效果，这就需要老师多加班，一些课程被安排到周六，影响了老师们的正常休息，教师额外的付出却没有加班费和课时费，长此以往势必会降低教师的积极性和主动性。

(二) 学生访谈

时间：2006年6月3日上午12点（北京时间）

地点：和田实验中学（民汉合校）

访谈对象：和田实验中学双语班民族学生6人，主要以高中一年级为主。

问：你们的父母在哪里工作，会不会说汉语？

这些学生的父母大部分在县城里工作或做生意，都会一点汉语。

问：你们到这学校双语班上学的目的是什么？

学生们普遍认为这所学校高中部的老师大部分是从内地中学支教来的，教学水平高，所以父母让他们到这学校来上学，目的是学好汉语，因为现在懂汉语找工作方便，提高汉语水平，还可以结交更多的汉族朋友，对将来的发展也有帮助。

问：学校的汉语课完全能听懂吗？

学生们都在初中上了双语班，汉语水平可以，听汉语课基本上没有问题。

问：你们在家里主要看什么语言的电视节目？

学生们看汉文电视节目的多。

问：家里主要用什么语言交流？

大部分学生表示，为了提高汉语水平有机会就尽量说汉语，但还是说维吾尔语的时候多。

问：你们的维吾尔语课每周有多少课时？你们觉得这样是否合适？

学生们回答说，现在语文课和政治课是用维吾尔语讲授的，总共10个小时左右，他们觉得这个课时数很合适。

问：你们认为，你们现在的维吾尔语水平高还是汉语水平高？

学生们感觉自己的两种语言水平都可以,但汉语口语没有维吾尔语好。

问：你们长大后打算做什么工作？

回答想当医生的有2人,想当警察的有1人,想当老师的有3人。

问：你们毕业后想上什么样的大学？

学生们都想在毕业后到内地去上大学,因为现在内地的发展比新疆快,内地学校的教学、学习条件也很好。

问：你们都住在学校吗？多久回家一次？

学生们都住在学校宿舍,基本上每星期回家一次。

问：学校的住宿、伙食条件怎样？

学生们认为学校的住宿、伙食条件还可以,就是最近饭不太好吃,希望学校改善一下。

问：一个月伙食和交通费花多少钱？

学生们一般一个月花费200~300元。

问：家里付得起这个钱吗？

由于这几位学生的家长大部分是在城里工作,所以还是能够支付孩子上学、住宿的费用的。

问：你们在学习上最大的困难是什么？

学生们反映汉语口语基本交流没问题,但是说太复杂的话还是觉得有点吃力还有学生说有时候很想家以及课程太多了,总有得学不完的感觉。

问：你们新入学的时候会不会说汉语？

学生入学时基本上都会说汉语。

问：你们在学校互相交流时用什么语言？

学生们在学校汉语、维吾尔语都会用到。

问：为了学好汉语和维吾尔语两种语言,你们对学校有什么要求？

学生们普遍认为现在的情况很好,没有什么别的要求,就希望学校周末早点放学。

二、民汉合校双语班教师和学生的主要观点

通过对和田地区实验中学和洛浦县拜什托戈拉克乡斯亚吾拉小学教师和学生的访谈，可以了解到这类学校双语教育所面临的问题。

和田地区的民汉合校都是2000年以后成立的，建立此类学校的主要目的是为少数民族学生学习汉语提供良好的语言环境，为迅速提高学生的汉语水平创造条件。

民汉合校设民语部和汉语部，教师基本上是两班人马，一套班子，授课教师均在校内，便于统一调配和组织教学，由此可以解决以往的双语教育民汉教师缺乏交流的问题。

和田地区的基础教育比较薄弱，学校的教学设施不完善，教师队伍的总体素质不高。民汉合校的建立在一定程度上解决了和田地区教育资源浪费、汉族学校生源不足等问题，为统一管理和安排教育资源提供了便利。

民汉合校可以让不同民族的孩子在日常生活中加强交流，体会在一个学校、一个集体中共同的责任感与荣誉感，感受不同的文化和不同的习俗，培养对不同文化的宽容与理解。

民汉合校在办学过程中存在很多困难，主要有经费短缺、师资队伍不稳定、招生和教学效果评比没有统一规定、两种语言的教学比例不合理等，另外，民汉合校模式的教学方式往往只能在城镇地区开展，农村地区不易推广。

第五章　和田地区中小学实施双语教育的必要性

第一节　社会各界对实施维汉双语教育的不同观点与争论

从 20 世纪 90 年代开始，和田地区中小学双语教育实验经过十几年的发展，初步形成了各种类型双语教育模式并存的中小学双语教育体系，并在双语教育的办学方式、教学方法、教师培训、教材建设等方面积累了不少有益的经验。目前基本形成了民族学校模式的双语实验班、汉族学校模式的双语实验班和新建的民汉合校双语班等比较固定的双语教育模式。但是由于和田双语教育还处在实验阶段，存在很多亟待解决的问题。同时，社会各界对双语教育也有不同的认识，对和田地区实施双语教育过程中产生的各种矛盾和问题，和田的广大知识分子、教育工作者、各级主管部门领导和各种群体中存在着不同的观点、疑虑和担忧。

一、双语教育中两种教学语言的比例

这个问题争论的焦点主要集中在维汉语言在教学当中的使用比例上,即双语班的教学当中应该怎样分配维汉语言教学的课时。有人认为,汉语课时应该大于维吾尔语课时,因为和田地区双语教育的重点是提高维吾尔族学生的汉语思维能力,增加汉语课时有利于提高学生的汉语水平。有人认为,和田地区是维吾尔族高度聚居的地区,维吾尔语课时应该大于汉语课时,加大维吾尔语课时所占比例有利于学生学习和继承本民族文化。还有人认为,两种语言的教学应该是均衡的,这才叫双语教育,这样有利于学生同时学习两种语言文化,目前这种以汉语教学为主的教育模式不应该叫做双语教育,它还是单语教学。

二、双语教育中维吾尔语言文化的传承

关于双语教育过程中维吾尔语言文化传承问题的争论主要表现在两种不同的观点上。一种观点认为,实施双语教育会给民族语言文化的传承带来不利的影响,因为学校是传承民族语言文化的主要场所,如果学校继续实施目前的教学模式,不断加大汉语教学力度,对维吾尔族儿童学习本民族的语言文化是非常不利的。另一种观点认为,双语教育对维吾尔民族文化的发展和传承是有帮助的,因为民族文化不是单一封闭的,它需要不断地吸收外来文化中先进的因素来充实自己,提高自身在我国多元文化环境中的适应能力,双语教育给维吾尔族文化的发展带来了新的气象和活力。

三、双语教育对民族文化认同的影响

有人认为,双语教育中双语课程的大部分内容反映的是内地的城市和现代生活,体现和田地区和维吾尔族文化传统、生计方式的内容太少,这对学生理解本民族本地区的特殊生计方式、文化传统是不利的,而且还会导致学生对民族文化的抵触。长此以往维吾尔族儿童可能会不理解甚至丢失本民族优秀的文化传统。

四、双语教育对儿童智力发展的影响

双语教育中,学校利用与学生家庭和当地社会语言完全不同的第二种语言对学生进行教学,但下课以后学生在家里和社会上还是主要用维吾尔语进行交流。因此有人认为,在双语教育过程中学生同时使用两种语言进行学习会产生困惑,对课程内容吃不消,同时要求学生用两种语言来思考问题对思维能力和智力发展会产生不利影响。

五、实施双语教育的最佳年龄

对于实施双语教育最佳年龄的问题的不同观点。一部分人认为,学生学习语言的最佳时间应该是3~6岁的儿童时期,但是和田地区大部分县城和乡村没有开设学前班,也没有学习汉语的语言环境。儿童是在封闭的本民族文化和语言的环境中长大的,在这种情况下入学的儿童接受双语教育是不合适的,这样会给儿童扩充知识和发展智力带来不利的影响。另一部分人认为,既然没有学习汉语的语言环境,那就应该加强儿童入学以后的培训,没有理由因为儿童小时候没有学过汉语就不搞双语教育,相反应该加大双语教育的力度,双语教育是少数民族地区经济、社会发展的必然选择。

六、和田地区双语教育的重点

一种观点认为,和田地区双语教育的重点是提高学生的汉语能力,提高学生的汉语思考能力。和田地区中小学开设双语教育的学校一个重要的教学目标就是把学生送到内地学校去上学,能让和田的维吾尔族儿童获得更大的发展空间,让他们在内地城市将会学习到更多的现代化知识和观念,为和田地区将来的发展做出贡献。学好汉语,学生们进入内地高中和内地高校学习时就不会感到困难。如果不搞双语教育,从长期来看对和田的发展是不利的。

另一种观点认为,现在和田地区双语教育在课程设计上,汉语课程居多,但是学生由于语言能力差,不大理解汉语课程的内容。很多少数民族教师在上双语课程时由于语言障碍,只局限在解释表面上的东西,无法讲授课程的真正内涵和深层次的内容,这对学生综合素质的培养和理解问题能力的提高是不利的。

七、双语教育对少数民族文化发展的影响

双语教育对少数民族文化发展会产生一定的影响。一种观点认为,实施双语教育会对少数民族文化的存在和发展带来很大的影响,两种语言文化的碰撞会降低少数民族语言文化在维吾尔族儿童心目中的地位,由此下去再过几代,维吾尔文化会失去其特有的价值。另一种观点认为,双语教育对民族文化的发展是有利的。民族文化不是一成不变的,需要不断吸受其他民族文化中优秀的成分,不断地接受世界和国内先进的思想和文化才是民族文化发展、进步的必由之路。

八、现有教育资源对实施双语教育的影响

现有教育资源对双语教育政策的实施会产生一定的影响,这种观点在知识分子和教育工作者中具有代表性。他们认为,从目前和田地区教师队伍和其他教育资源的现实情况来看,还未满足全面推行双语教育的条件。在和田地区双语教师队伍里,维吾尔族的教师占绝大多数,大部分双语教师的汉语水平不高,无法承担双语课程的教学任务,再加上和田地区是一个典型的单语单文化地区,除了城市,其他地方没有汉语言文化环境,因此在和田地区民族学校开展"除了部分课程用母语以外,其他课程均用汉语讲授"的双语教育办学模式是不合理的。还有的人认为,和田地区双语教育还未形成一套从小学到高中的完整的办学模式,也没有统一的双语教育政策,这种情况下,不应该把孩子当成双语教育的实验品,如果将来孩子的出路出了问题由谁来负责?因此他们不愿意将孩子送到双语实验班,他们强调学校应该加强维吾尔语教学。

九、双语教育对维吾尔语言社会功能的影响

有观点认为,加强双语教育会降低维吾尔语的社会功能,虽然学生学习汉语可以拓宽其获取现代化知识和信息的渠道,但是在学校大力加强汉语教学的情况下,维吾尔语将主要履行其家庭语言的社会功能,可能会使维吾尔语丧失其教学语言、社会交流语言和科学研究语言的社会功能,这与国家大力维护和发展少数民族语言文化的原则是相违背的。维吾尔语在和田地区学校里应该保持其重要教学语言的地位,双语教育当中两种语言应当同时发挥其功能,两种语言教学的课时分配和教材建设方面应该得到同等重视。保持和发展少数民族语言文字是加强中华民族的凝聚

力和体现我国各民族多元文化特色的保障，因此在加强双语教育工作的同时，要重视和评价其对少数民族文化的长远影响。

十、双语教育对民族语言文化产业的影响

在以前单语教学体制下，除了汉语课程的教材，其他课本都是维吾尔文编写的，而现在情况发生了变化，双语班的课本除了母语等部分课程使用维吾尔语教材以外，其他都是使用汉文的，这样会导致学生对维吾尔语出版物不再感兴趣，从而不利于民族语言事业的发展。

上述几种观点是人们对维汉双语教育在学校教育中的不同认识以及双语教育对维吾尔社会，维吾尔语言文化保护、传承等问题带来的影响的不同认识。

那么，和田的维吾尔族社会要不要接受我国主流社会的语言文化，有无必要在和田中小学里实施维汉双语教育呢？这不仅仅是和田维吾尔族社会所面临的个案问题，而且是包括维吾尔族在内的多元文化社会中人们所面临的、不可回避的共同问题。笔者认为，有必要在和田地区的中小学校实施双语教育，从下章节将从几个方面对和田地区中小学实施维汉双语教育的必要性进行探讨。

第二节 和田地区中小学教师、学生对双语教育的态度问卷调查统计

语言态度指人们对语言的使用价值的看法，其中包括对语言的地位、功能以及发展前途的看法。由于语言是人们交流思想、传达信息的工具，与人们的各种行为、社会的各种活动密切相关，因而人们在多元文化社会里使用语言或接触另一语言时，必

然会产生对语言使用价值的认识,对语言价值的各种估量。[①] 在一个实施双语教育的多元文化社会里,语言态度是影响双语学习的重要情感因素之一,双语学习者的语言态度主要体现在对母语和第二语言的态度上。了解某个民族地区实施双语教育的成效,其中最重要的因素之一,就是掌握该地区少数民族群众对两种语言文字的态度。要研究和田地区中小学是否有必要实施双语教育,就必须考察该地区群众和双语教育的直接参与者——教师、学生对维汉双语的社会语言文字态度。和田地区中小学双语教师和学生的双语态度是指他们对待母语——维吾尔语和对待族际语言——汉语的态度。教师的双语态度关系到他们工作的积极性、主动性和业务水平的提高,而维吾尔族学生的双语态度关系到他们学习和运用母语和汉语的心理、行为以及学习的成效。为了具体了解和田地区群众、教师、学生的语言评价、语言喜好、学习汉语的需求等信息,本项课题研究主要采用了问卷调查法,并辅以观察法、访谈法等。从问卷设计和调查实施过程来看,调查问卷分教师、学生的基本情况和调查内容两大部分。按三种双语教育实验模式划分的 6 所学校(一种模式两所学校)中 84 名主要担任双语课程教学的教师、双语实验班和普通班的 251 名学生参加了问卷的填写。

一、参与问卷调查的教师、学生的基本情况

(一)教师基本情况及分析

参加问卷调查教师的有效百分比各项指标如下:男性占 28.6%,女性占 71.4%。年龄分布:21~30 岁的占 78.6%,

---

[①] 戴庆厦:《社会语言学教程》,144 页,北京,中央民族学院出版社,1993。

31~40岁的占21.4%。教龄分布：1年以下的占7.1%，1~4年的占23.8%，5~10年的占47.6%，11~20年的占19%，20年以上的占2.5%。文化程度分布：初中的占7.1%，高中或中专以上的占31%，本科及以上的占59.5%。民族成分：维吾尔族教师占91%，汉族教师占9%。城市教师占68%，乡村教师占32%；公办教师占81%，民办教师占11.9%，代课教师占7.1%；第一语言为维吾尔语的教师占64.3%，双语（维吾尔语和汉语）教师占4.8%，第一语言为汉语占26.2%；汉语水平方面能熟练地听、说、读、写者的35.7%，能熟练地说、读，但不能写的占11.9%，能熟练地说，但不能读写的占28.6%，说起来比较困难或能听懂但不会说的占19.5%（无效值为4.3%）。双语（维吾尔语和汉语）水平相当的教师和汉语水平更高的教师占59.2%，母语水平更高的教师占33.3%。只阅读汉语读物的教师19%，双语平衡阅读者占35.7%，只阅读或主要读母语（维吾尔语）读物的为38.1%；只收听、收看维吾尔语广播、电视节目的38.1%，收听、收看双语节目的占54.8%。在学校交谈时有68%的教师用维吾尔语，32%的教师采用双语；教学语言使用方面，9.5%的教师授课语言使用维吾尔语，57.1%的教师采用汉语，33.4%的教师使用双语；教案编写用语方面，9.5%的教师用维吾尔文字写教案，9.5%的教师用汉文写教案，81%的教师用双语（两种语言混用）写教案。

以上数据说明，参加问卷调查的教师在性别、年龄、教龄、文化程度、语言使用情况、民族构成、城市与乡村等方面基本上能够反映和田地区中小学教师的基本情况，因此具有一定的代表性。

在各类双语教育模式的学校中从事双语教育的教师民族构成上，91%的教师民族成分为维吾尔族，9%是汉族老师。这说明90%以上的教师是维吾尔族，基本上符合目前在和田地区开办双语班的民族中小学从事双语教育工作的教师队伍基本的民族结构。调查主要反映的是该地区双语教师(包括汉族教师)对双语及双语教育的基本看法。

第一语言为母语(维吾尔语)的占64.3%,第一语言为汉语的占26.2%,能熟练操双语的仅为35.7%,大部分教师能够书写、听懂汉语,但汉语口语水平较差的教师有20%左右。参与问卷调查的教师的语言使用情况基本上代表了和田地区中小学双语教师交际用语、课堂教学与教案书写语言与文字的实际状况。

(二)学生的基本情况及分析

为了更加全面地反映和田地区中小学生的双语学习态度,笔者分别对采用3类双语教育模式的6所学校中部分学生进行问卷调查,参与调查的学生总数为251名。民族学校双语教育模式的学生占38.6%(97名),民汉合校的学生占27.9%(70名),汉族学校双语教育模式的学生占33.5%(84名)。参与调查的学生100%是维吾尔族学生,男生占49%,女生占51%;城市中小学的学生占60%(151名),乡村中小学的学生占40%(100名);父母完全不会或会一点汉语的学生占60.2%,父母会汉语的学生占39.8%;在家庭里以维吾尔语作为交际语言的学生占86.5%,用双语的学生占13.5%;在家里喜欢看维吾尔语电视节目的学生占48.6%,喜欢看汉语节目的学生占51.4%;喜欢看双语(维吾尔语和汉语)报纸的学生占77.7%,喜欢看汉文报纸的学生13.9%。

以上的几组数据说明,在和田地区现有的各种类型双语教育模式的学校里,参与问卷调查的三种类型的学校的学生数量比例,城市、乡村学校学生的比例,学生性别比例比较均衡,所调查的学生都是维吾尔族,能够比较客观地反映和田地区中小学维吾尔族学生的语言使用情况。

参与调查的学生家庭语言环境方面,不懂或懂一点汉语的家长占60%多一点,大部分学生在家庭里主要使用维吾尔语,这反映了学生的家庭交流语言主要以维吾尔语为主的实际情况。

学生中50%多的学生喜欢看汉语电视节目,大部分学生喜欢看维吾尔文和汉文的报纸,这表明汉语逐渐成为和田地区中小学双语班学生获取知识和信息的主要途径。

二、教师、学生对维汉双语教育的态度

教师、学生对维汉双语教育的态度一般表现为三个方面,即对维吾尔语和维吾尔语教育的态度,对汉语及汉语教育的态度以及对维汉双语及双语教育态度。这三种语言态度之间的关系紧密,基本成正相关。下面将列出教师和学生调查问卷统计情况。

(一)对维吾尔语与母语教育的态度

1. 学生

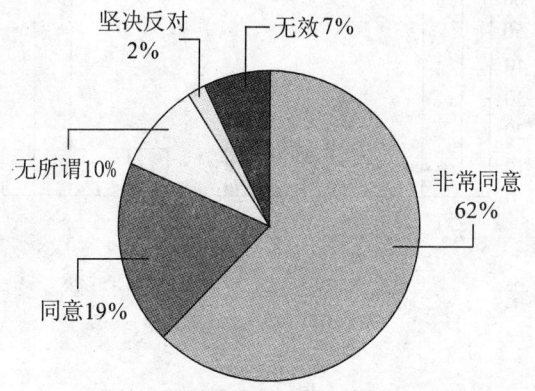

图5—1 需要保留少数民族语言

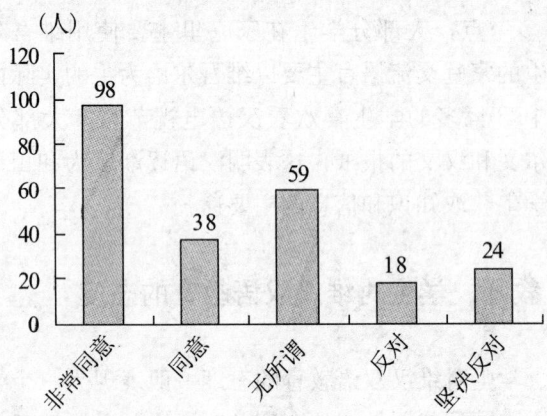

图 5—2 母语（维吾尔语）比汉语重要

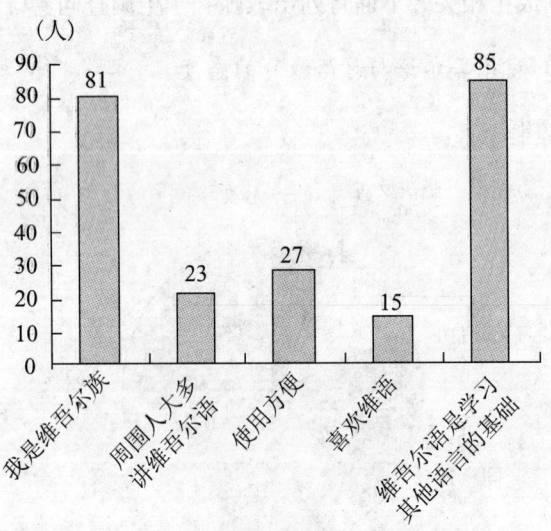

图 5—3 认为学习维吾尔语重要的理由

第五章 和田地区中小学实施双语教育的必要性

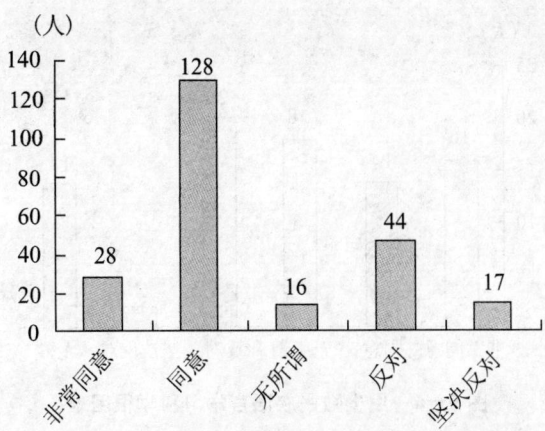

图 5—4 认为在公共场合说维吾尔语很光荣

2. 教师

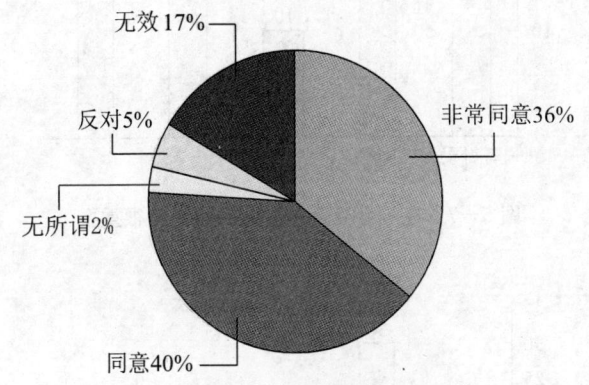

图 5—5 需要保留少数民族语言

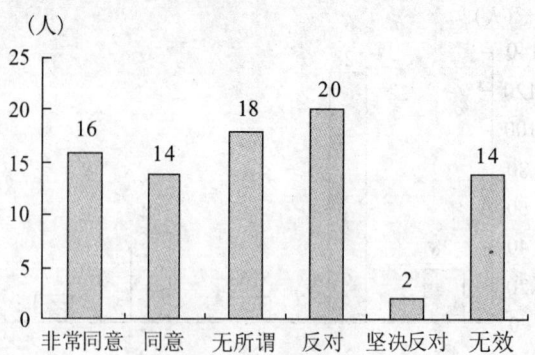

图5-6 用少数民族语言学习科学很困难

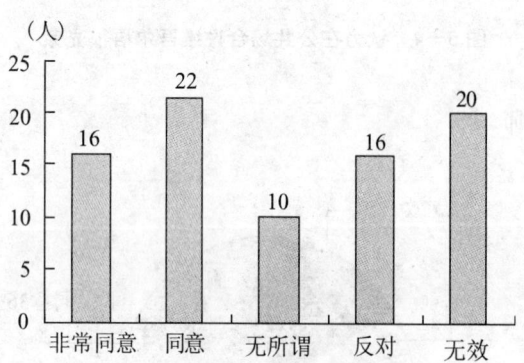

图5-7 在社会生活中少数民族语言很重要

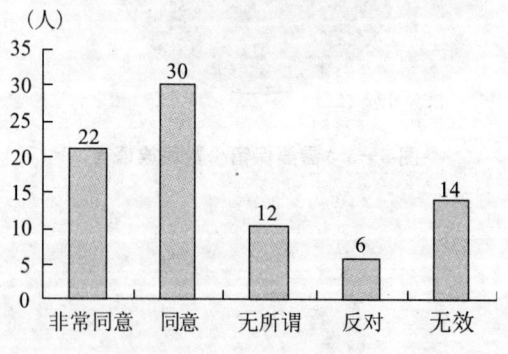

图5-8 喜欢说维吾尔语

第五章 和田地区中小学实施双语教育的必要性

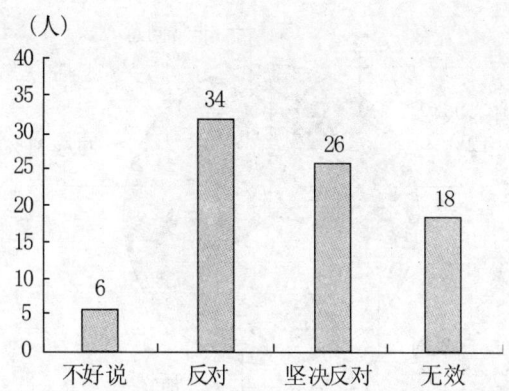

图5—9 在和田地区没有必要保留少数民族语言

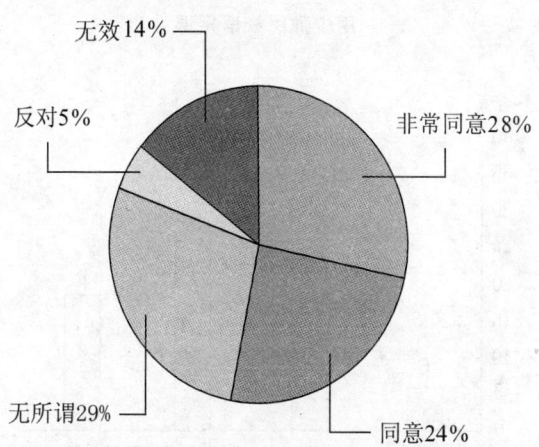

图5—10 喜欢听别人说少数民族语言

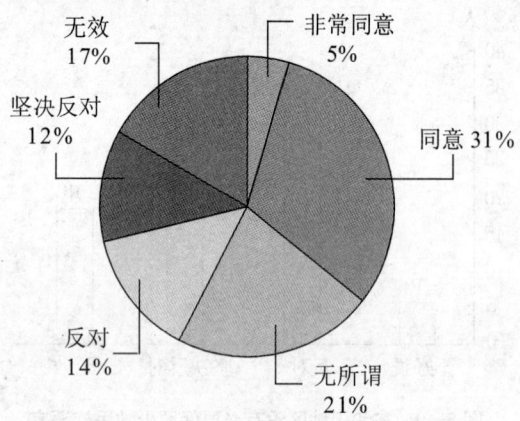

图 5—11 在和田地区所有民族学校都应该用少数民族语授课

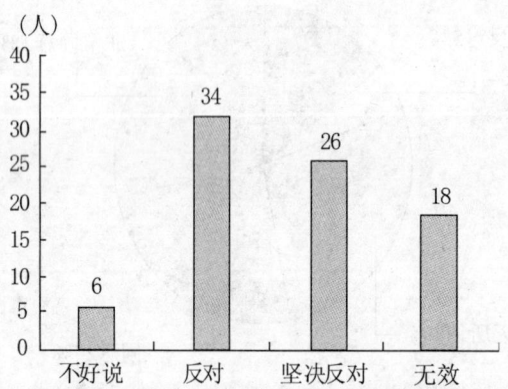

图 5—12 在现代社会少数民族语言没有地位

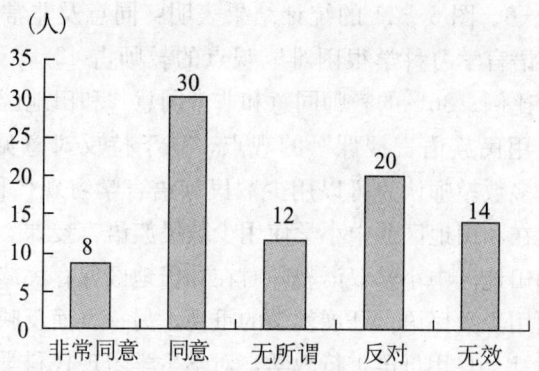

图 5-13　希望在和田地区少数民族语言比汉语更具有优势

图 5-1、图 5-2、图 5-3、图 5-5、图 5-7、图 5-8、图 5-9、图 5-10、图 5-12、图 5-13 有效统计结果表明：分别有 81% 的维吾尔族学生和 76% 的双语教师同意和非常同意"需要保留少数民族语言"的观点。57% 的学生同意和非常同意"母语比汉语重要"的观点。37% 的学生同意"母语是学习其他语言的基础，使用方便"的观点。反对和坚决反对"在现代社会没有少数民族语言的位置"的教师占 91%。38% 的双语教师希望在和田地区民族语言比汉语更具有优势。同意和非常同意"在社会生活中少数民族语言很重要"的教师占 59%。选择"喜欢说维吾尔语"的教师占 74%。对"和田地区没有必要保留民族语言"持反对和坚决反对态度的教师占 74%。52% 的教师表达了"我喜欢听别人说少数民族语言"的观点。以上统计数据说明，和田地区维吾尔族学生和教师对母语的感情是很深厚的，绝大多数学生和教师对自己母语持肯定的态度，认为维吾尔语是一门有用的语言，维吾尔语在和田地区社会生活中占有重要地位，希望将维吾尔族语言文化进行代际传承，同时通过对母语的认同表达了对民族文化的认同。

图 5—6、图 5—11 的统计结果表明：同意及非常同意"用少数民族语言学习科学很困难"观点的教师占 42%，高于持反对意见的比例。36% 的教师同意和非常同意"和田地区所有民族学校应该用民族语言授课"的观点，高于持反对意见的 26%。这表明，多数教师认为可以用少数民族语言学习现代科学知识，并且希望在和田地区的中小学使用少数民族语言授课。这一方面反映了和田地区中小学双语教师对在和田地区保存民族语言，在学校中运用少数民语言开展教学的重视，另一方面反映了他们认为在现代社会只用母语进行教学，对学生学习现代科学知识来说是不够的。

（二）对汉语与汉语教育的态度

1. 学生

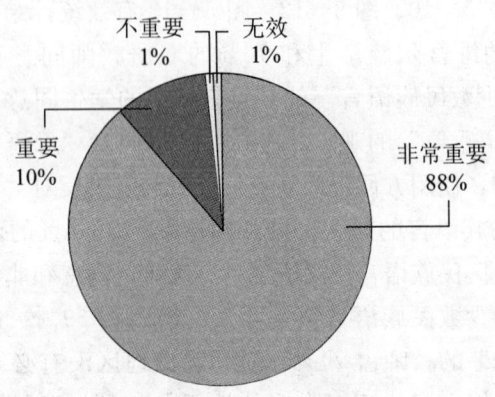

图 5—14　学习汉语在和田地区日常生活中
具有重要作用

第五章 和田地区中小学实施双语教育的必要性

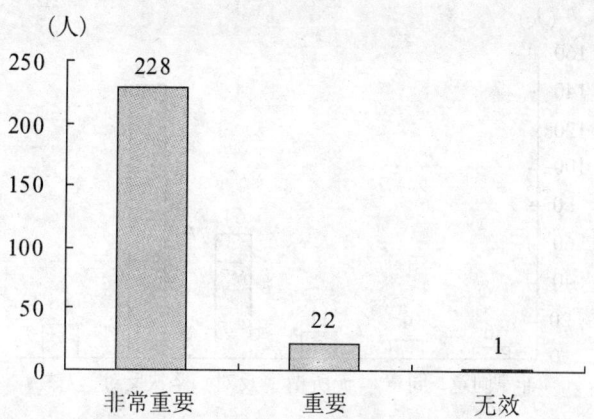

图 5-15 学习汉语对自身发展的重要性

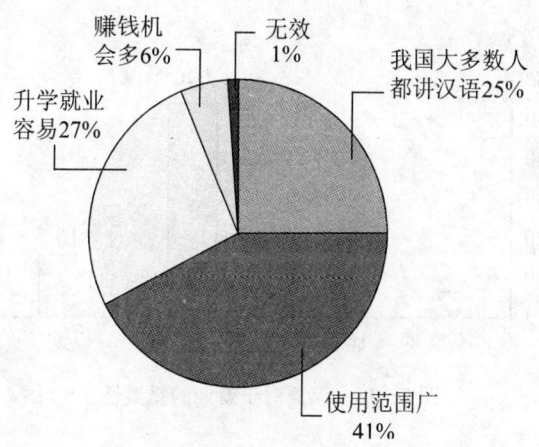

图 5-16 汉语重要的理由

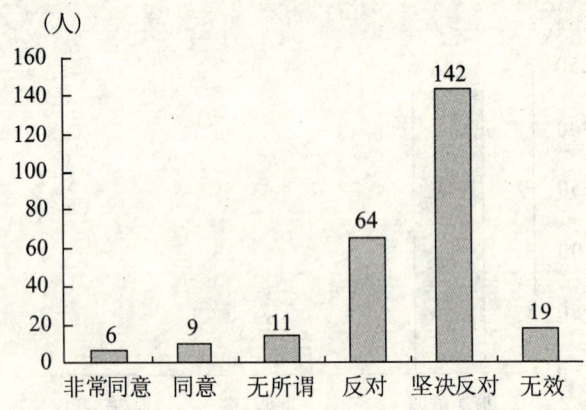

图 5-17 学习汉语对于生活和学习没什么影响

（2）教师

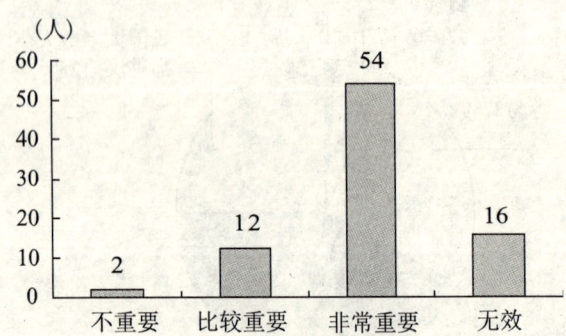

图 5-18 汉语对于就业的重要性

第五章 和田地区中小学实施双语教育的必要性

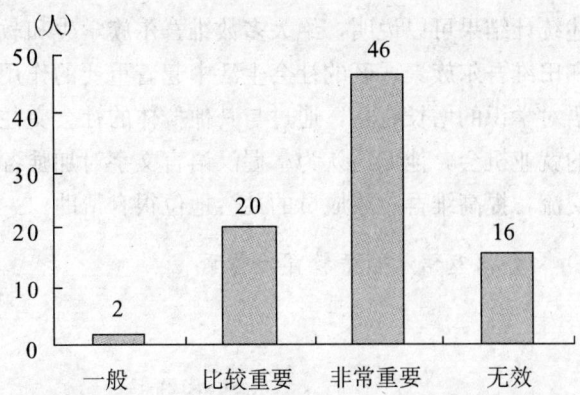

图5-19 学习汉语对于赢得别人尊重的重要性

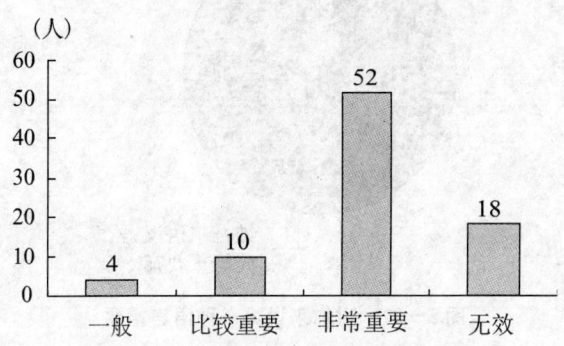

图5-20 学习汉语对丰富个人学识的重要性

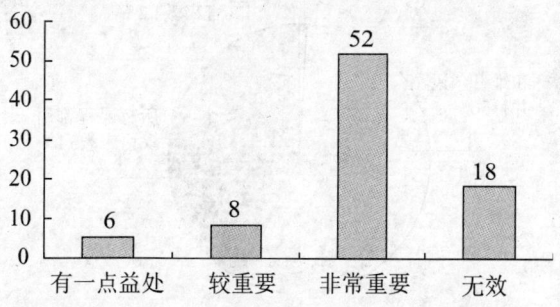

图5-21 学习汉语对于与其他民族交往的重要性

上述统计结果可以说明,绝大多数维吾尔族学生和教师认为汉语在和田维吾尔族聚居区的社会生活中起着重要的作用。他们认为汉语对学识的增长有益,通过与其他群体的社会交往可以获得更多的就业机会,他们还认为掌握汉语言文字对加强各民族群众之间交流,提高维吾尔族成员的社会地位很有帮助。

(三)对维汉双语及双语教育的态度

1. 学生

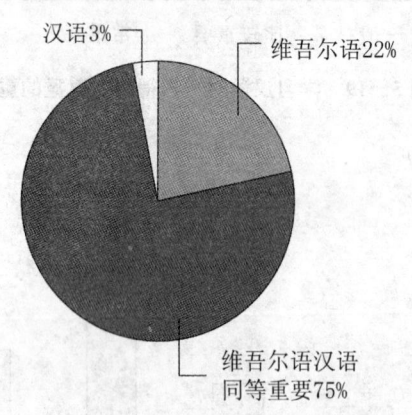

图5—22 对你来说哪一种语言重要

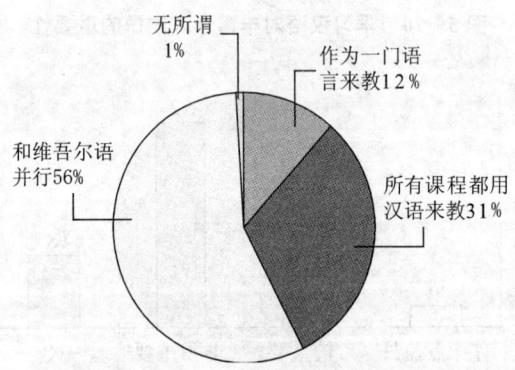

图5—23 学校的汉语文课应该怎样授课

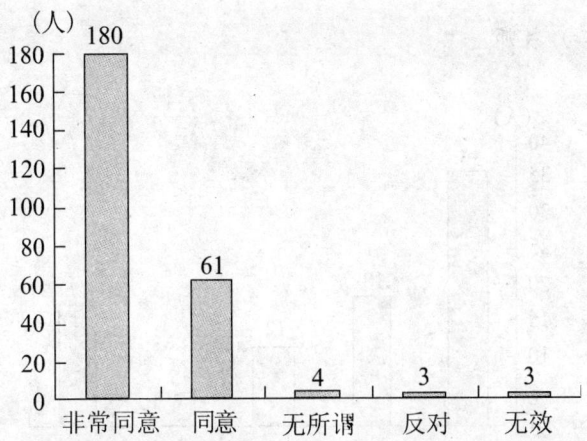

图 5—24　既能说维吾尔语又能说汉语是很重要的

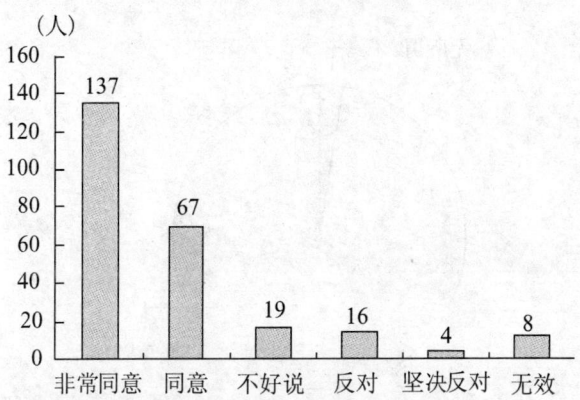

图 5—25　同时掌握汉语和维吾尔语使人聪明

(二) 教师

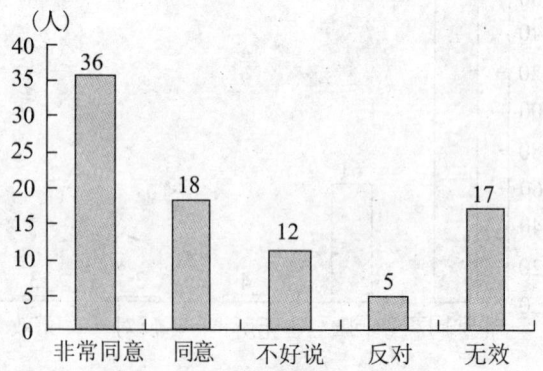

图 5—26　维吾尔语和汉语同等重要

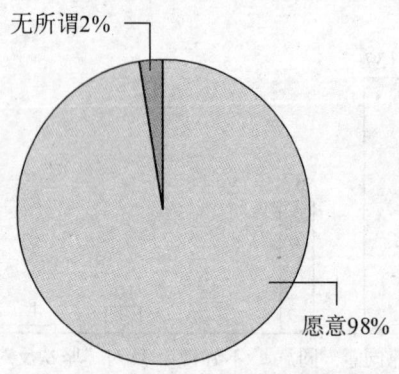

图 5—27　学生是否愿意使用汉语学习

第五章 和田地区中小学实施双语教育的必要性

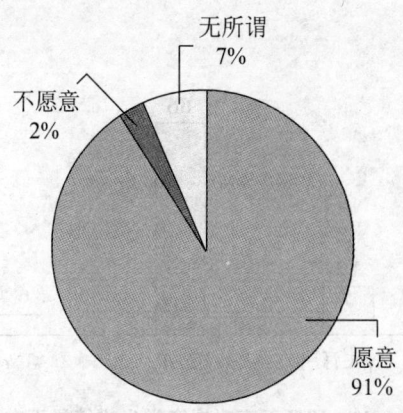

图 5-28 家长是否愿意让孩子
接受双语教育

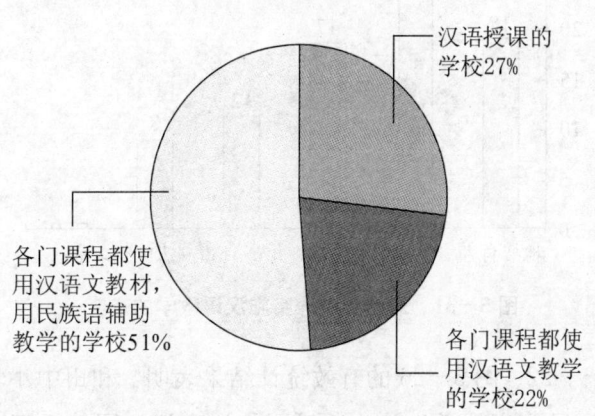

图 5-29 希望子女进哪种学校

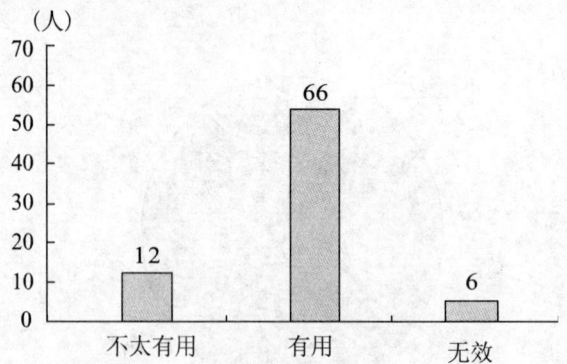

图 5-30 双语教育对提高学生成绩是否有用

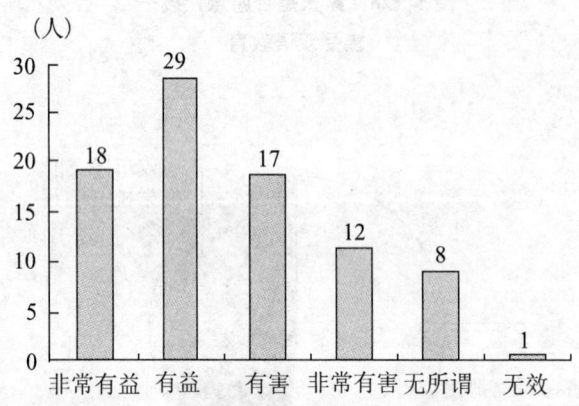

图 5-31 对学校统一实施汉语教学的态度

图 5-22、图 5-26 的有效统计结果表明：和田中小学双语班和普通民族班的学生认为"维吾尔语和汉语同等重要"的占75%，双语教师中持这种观点者比例为61%。这说明和田地区绝大多数教师和学生认为在自己的学习和生活中维吾尔语和汉语同等重要，反映了他们学习维汉双语的积极态度。图 5-24、图 5-25、图 5-27、图 5-28、图 5-29 表明：97%的学生认为能说维汉双语是重要的，84%的学生赞同"同时掌握维汉双语使人

聪明"的观点。双语教师中有73%的人希望将孩子送到用维汉两种语言进行教学的学校，教师认为98%的学生及91%家长对和田地区的双语教育持肯定态度，这表明和田中小学学生和广大双语教师希望新疆和田地区成为一个维汉双语并存的双语社会，并认为这两种语言的保留与存在对该地区的社会发展有重要的作用。

图5—23、图5—30、图5—31的统计结果表明：66%的教师对双语教育提高少数民族学生的学习成绩持肯定态度。68%的学生认为汉语教学应该与母语教学并行。56%的教师认为学校统一实施汉语教学是有益的，35%的教师认为这是有害的。以上统计数据基本反映了维吾尔族教师和家长对在维吾尔族学校实施维汉双语教育能够提高学生学习成绩持肯定态度。多数学生和教师认为在和田地区的双语教育中利用维吾尔语和汉语两种语言来进行教学是很有必要的，但对试图以汉语取代母语的观点持消极的态度。通过访谈也了解到，部分学生家长非常希望学生在和田地区的双语教育中学习民族语言，他们表示，只用汉语进行双语教育对学生的学习和智力开发并不是十分有利，并表达了双语教育当中两种语言教学并存并行的愿望。

根据以上三个方面的统计结果，和田地区的维吾尔族学生和教师对自己的母语有着很深的感情，保持和发展母语的愿望非常强烈。同时，他们对双语教育基本持肯定的态度，希望通过学习和掌握汉语获得更多的现代科学知识和升学就业的机会。该地区的教师、家长、学生、教育行政管理人员等群体的双语教育态度直接影响着该地区双语教育的发展。

第三节 和田地区中小学实施双语教育的必要性

一、实施维汉双语教育是提高民族教育质量的有效措施

新疆民族教育起步晚，教育水平落后。新中国成立以后，为加快培养少数民族各级各类人才，提高少数民族人口的素质，国家针对新疆少数民族教育事业发展水平较低的现状，制定了优先发展民族教育的各种优惠措施，新疆的民族教育事业因此有了突飞猛进的发展。新中国成立初期，和田地区只有小学教育，到1953年才建立了第一所初级中学，到1955年，各县建立了初级中学，学生增加到972人，教职工71人。2004年，全区有8561所小学，135所初中，15所高中，在校教职工超过19000名。和田地区通过五十多年的发展，在全区范围内建立了从小学到大学（高等专科学校）的完整的教育体系。但是由于历史、自然条件、经济等方面的原因，以及教师、教材、教学设施、教学语言障碍等问题，和田地区中小学的教育质量较低，人才培养困难的问题还是很突出的。

从20世纪50年代至20世纪末期，和田地区的民族中小学校教育中的教学语言和内容均以维吾尔语言文化为主，汉语仅作为一门普通语言课程来讲授。时至今日，维吾尔族语言文字仍然是和田地区维吾尔族学习传承本民族文化最直接、最有效的工具。

从1994年开始，新疆维吾尔自治区为了提高民族教育的教学质量，进行了数理化课程用汉语讲授的双语教育实验。通过十几年的努力，和田地区的民族中小学建立了各种模式的双语班（民族学校模式和汉族学校模式）和民汉合校等双语教育体系，在民族中小学的普通民族班的汉语教学中也增加了汉语教学的课时。双语教育系统作为一个整体，在本质上是受客观的社会政治环境、语言生态环境及其特定目标制约的。新疆维吾尔自治区实施各种模式并存的双语教育，首先基于国家统一与文化多元的政治目标，其次是根据新疆社会语言教育生态环境而制定的。因此，在新疆民族中小学实施双语教育的措施无疑是以该地区目前的基础教育现状为出发点，以提高民族教育质量为主要目的，它是基于目前新疆地区基础教育薄弱、民族学校与汉族学校教学质量差距比较大的现状而制定的。

长期以来，由于种种原因，整个新疆，特别是南疆地区民族中小学教学质量普遍偏低。导致教学质量偏低的主要原因是民族教育底子薄弱、起步晚，民族学校教学用书缺乏，教学方法单一，没把好教师质量关，教学仪器不能充分发挥作用，没有采取相应的教学手段完成教学，双语实验课不能按要求开展等。同时，民族中小学教学质量低下的现象导致了新疆民族中学的维吾尔族学生以及内地新疆班的维吾尔族学生在高考时与汉族学生的数理化成绩差距越来越大。民族中小学使用的教材内容陈旧，课程内容上不能够及时体现现代社会发展的新趋势，民族学生获取现代知识和科学的渠道有限，不能够直接阅读和使用语言的资料，民族学生不能够顺利融入和适应多元文化社会。

民族中小学和汉族中小学基础教育阶段的差距首先表现在民汉学生高考录取分数线和数理化课程成绩的差距上，多年以来，新疆的教育工作者始终在努力寻求缩小这个差距的办法，但是效果并不明显，民汉高考录取分数线差距由原来的几十分拉大到了160~180分，如2001年高考民汉学生重点本科录取分数线文科相差138分，理科相差171分，到2002年，这种差距分别拉大为160分和184分。而与此同时，我国内蒙古地区蒙古族比汉族高考录取分数线只低10分，延边地区的朝鲜族与汉族的录取分数线基本相同。由此可见新疆民族中小学教育水平在国内教育中所处的位置及其与汉族教育水平的差距之大，这样低的成绩是很难培养出能够适应新疆现代化建设所必需的高水平的各类专业人才的。为了改变这种状况，提高民族教育质量，在整个新疆地区开展了双语教育实验。实验的目的是消除少数民族学生在语言上的障碍，扩大少数民族学生获取信息和现代知识的机会，缩小少数民族学生和汉族学生学习成绩的差距。

新中国成立以来，和田地区民族教育基本上是沿着单语制的轨道发展的，汉语仅仅是一门语言课，从小学到大学都是用本民族语言授课，缺乏民汉语言的交流，这在一定程度上限制了学生的思维和视野；加之少数民族民文教材、教学参考资料的缺乏，给教师的教和学生的学带来诸多不便，直接影响着少数民族地区教学质量的提高，严重制约了人才的成长。目前，和田地区的很多学生尽管完成了基础教育阶段的汉语学习却不能熟练地阅读汉语原版书，尤其是听不懂、讲不出，难以用汉语与他人直接交流，这种问题的严重性在和田的维吾尔族学生到内地学校上学时表现得更为明显。笔者认为，如果和田地区中小学的双语教育质量过硬、学生的汉语水平比较高，汉语水平低下的问题就不会成为新疆民族教育中的老大难问题了。我国大部分少数民族省区民汉教育质量差别不大，高考录取线差距很小的原因就是少数民族学生的汉语水平较高，能够直接学习汉文教材和参阅汉文的辅导材料。

和田地区从 1998 年开始实施汉族学校的双语班实验工作,把加强汉语教学作为提高少数民族教育质量的突破口,试图通过汉语学习使学生掌握汉语这个交际工具,拓宽获取知识和信息的渠道。2000 年,和田市五中开办了"双语实验班",每学年招收两个预科班,共招收 80 人。目前,该校的双语班已达 9 个,共招收 490 人,实验班学制四年,上一年预科后开设初中课程,从初一开始,除了政治、历史和语文课外,其他课程均用汉语授课。2001 年,在和田县三小(汉族小学)一年级开办了小学"双语"实验班。现有小学一至四年级"双语"教学班 5 个班,学生 215 名,从小学一年级开始,除了学生的母语课用维吾尔语授课之外,其他课程都是用汉语授课。2001 年,在地区一中开办了高中理科汉语授课实验班,面向全地区招生,每年招收两个班。

为了给少数民族学生提供更好的汉语言环境并让他们顺利地跟汉族学生交流,和田地区陆续开办了几所民汉合校,如和田地区实验中学、和田市第四小学、民丰县第二中学等。此类学校一般设有民语部和汉语部,民语部按自治区民族中学教学计划、汉语部按国家教委制定的全国统一的教学计划组织教学。在初中阶段理科基本上用汉语授课,到高中阶段,逐步过渡到除了自治区规定的政治、语文课以外,其他课程均用汉语授课。目前,和田地区有汉语言学校 23 所,在校学生中民考汉学生 4350 名,占汉语言学校在校生中的 33.7%。和田地区把双语授课的主要目的定位为提高民族教育的教学质量,特别是理科教学的质量。几年来的实验结果表明,大多数双语实验班的教学质量有了明显提高。2002 年 7 月,和田地区双语实验班参加了地区组织的统考,实验班的数、理、化试卷内容与汉族学生的完全相同,初一实验班学生数学成绩在汉语学校中处于中等水平,初二实验班的数学平均分高出地区平均分 8.8 分,及格率和优秀率两项指标也列各学校之首,物理平均分处于各学校的中等水平。数、理、化三科用汉文答卷,语文、政治用民文答卷,实验班的考试成绩较大幅度地高于同级普通班,语文课成绩超出13.6分,政治课成绩超出12.3分。用汉语授课的数学、物理、化学三科与同级汉族学生相比,平均分大体相同。[1] 2004年首届双语实验班578名学生参加了高中升学考试,有151名考生被内地新疆高中班录取,2005年,528名双语实验班学生中有176名被内地新疆高班录取。这些事实证明,双语班学生的学习成绩,特别是数理化成绩普遍好于单语文教学的学生,短短的几年内和田中小学的双语教育实验取得了一些成绩。但是,和田民族中小学通过双语教育实现民汉兼通的教学目标无论从教的方面还是学的方面来看,还存在着一定的困难,我们希望将来在和田地区的民族教育中,能够探寻出适合维吾尔族学生身心特点的双语教育办学的最佳模式,以此来逐渐提高民族学生的汉语能力和综合素质,满足社会和学生家长的要求。

　　长期以来的双语教育实践证明,实施双语教育,实现民汉兼通可以给少数民族与汉族学生和教师创造更多的互相学习和交流的机会,在交流中互相促进。少数民族教师与汉族教师会有更多的共同语言对教学问题进行研究,学生对学习过程中遇到的难题易于展开讨论。在少数民族与汉族师生的接触过程中,增进不同民族间的互相了解,可以培养师生在多元文化社会的适应能力。另外,可以让少数民族与汉族学生所使用教材保持一致,从教材上取消知识量的差距,让少数民族学生在进入内地高中班和大学之前在知识结构和信息量上尽量保持与汉族学生同步。

　　尽管目前和田中小学双语教育中存在着很多问题,但是通过不断的探索和完善双语教育的办学方式和管理机制,和田双语教育可以达到缩小和田地区的少数民族学生与汉族学生在各方面差

---

[1] 和田地区教育局:《中小学双语教育调查报告》,内部资料,2004。

距的目标。和田地区维吾尔族学生通过学习和掌握好汉语，不仅能够扩大自己的视野，进一步拓宽知识面，而且还可以达到消除民汉教学质量差距，提高民族教育质量的目的。

二、实施维汉双语教育是适应当地社会发展的需要

一个特定的社会的各种语言群体的环境是诸多历史因素的作用结果。这些群体是通过社会、经济和政治的关系的复杂网络联系在一起的，归根结底表现为权力和威望的关系。[①] 当今世界，各国家和群体之间的权力和威望的争夺关系主要表现在经济利益的争夺上，同时这种争夺会增强各种不同群体之间的联系。在这种关系中，经济、政治上处在强势地位的语言具有比较高的地位，处在弱势地位的语言往往在交往中表现出学习强势语言的更多兴趣。因此，当今世界经济、政治地位上处在弱势地位的民族体在经济交往中为了获得更多的经济利益，往往主动地去学习处在强势地位的民族语言。在一个多民族国家里，这种利益的满足和机会的获得通过双语教育的方式来实现。

（一）双语教育有利于加快少数民族贫困地区的经济发展

人类社会自有语言以来，语言生活和经济生活就有着密切关系。语言在劳动中产生，而经济行为又常常是与语言行为相伴而行的。在现代社会，经济活动能否顺利进行也在相当程度上取决于经济主体的语言交际能力。从社会发展的纵向比较上看，目前社会现代化的水平是与语言多元化的程度成正比的。语言多元化状况可看作是社会开放、现代文明程度提高的一个标志。对一个

---

① ［加］麦凯、［西］西格恩著，严正、柳秀峰译：《双语教育概论》，8页，北京，光明日报出版社，1989。

地域的社会公众而言，对外语的接纳意味着对世界的开放，而对民族共同语的接受则反映着国内区域经济的相互开放。对拥有56个民族的中国多元文化社会来说，这种开放性表现在经济发达的东部地区和经济欠发达的少数民族地区资金、信息、科技、观念的交流上。东部地区不仅在科技、信息、金融、贸易、商业等方面发展迅速，而且拥有雄厚的资金、先进的技术和管理经验。经济欠发达的新疆少数民族地区要想加快发展的步伐，必须虚心地学习和借鉴东部地区的经验，引进他们的资金和技术，加强与东部沿海发达地区的协作。无论是对外开放，还是对内开放，都需要语言交流。语言文字是服务于社会的，每个民族在历史上创造、发展和完善的语言文字系统，都较好地服务于自己的民族，从这个意义上来说，任何民族语言在功能上都是相同的、等值的。然而，市场经济的开放性必将使人与人之间、民族与民族之间的交往达到前所未有的程度，民族语言的社会功能也将受到挑战。一般来说，民族语言的辐射力受到民族经济文化辐射力的影响，民族语言受其经济文化水平的限制而使其社会功能局限于相对狭窄的范围内。置身于一个超越民族地域的更为广阔、更加开放的市场经济大环境里，民族语言作为一种区域性的交际工具显然难以承担市场经济交往中的一切功能。① 因此，对外开放要求我们必须学习和掌握发达国家使用的语言——英语、法语、德语、西班牙语等，必须至少掌握国际通用语言——英语，对内开放要求我们必须掌握族际交际语——汉语。很难想像一个语言封闭、交流语种单一的地区如何以开放的形象来面对激烈的市场竞争，一个只掌握了少数民族语言的学生如何走出新疆、走向世界。从新疆的长远发展来看，汉语不仅是少数民族学生学习知识的媒介，而且是参与市场经济的工作语言，同时，也是改善投资

---

① 郭卫东：《全面推行双语教育，提高民族教育质量》，载《新疆师范大学学报》，2003（3）。

环境、吸引外资、促进新疆发展的必要条件之一。

（二）双语教育有利于民族学生顺利适应我国多元文化社会的国情

汉语是我国使用人数最多的语言，是联合国六种工作语言之一，它是有着5000年文明史的古国文化的载体。如今，汉语已经成为世界经济发达国家学习的第二语言。随着我国经济的迅速发展，综合国力的增强，国际地位的提高，汉语已经成为国际交流的重要工具，学习中文的热潮已经形成。美国教育委员会和教育测量中心决定，自1994年4月起把汉语列为外语测验的语种之一，使汉语与其他外语一样，成为学生申请大学入学资格的条件之一。在许多国家，汉语教学向中小学发展，在大学中高级阶段学习汉语的学生也越来越多。改革开放以来，我国接收的外国留学生年年都有大幅度的增加，其中也包括大量来华学中文的人。与此同时，随着中国国际地位的提高和科学技术的巨大进步，中文书刊的信息价值也迅速升值，中文书刊的国外读者也越来越多，中文书刊的国外发行量也在与日俱增。目前仅美国国会图书馆所藏的中文书籍已达70多万册。[①]

我国境内各民族的沟通主要是由汉语完成的，我国的政治、经济、文化等一切活动也主要是用汉语来进行的，汉语的社会功能是国内其他任何一种语言所无法取代的。双语教育已经直接关系到我国各少数民族在新的历史时期能否紧跟时代步伐，与时俱进，能否与国内其他民族一道共同发展和促进自己民族文化发展的问题。汉语作为我国少数民族高等教育工具语言的这种社会功能，是由我们这个统一的多民族国家的实际情况决定的，是由语言自身的功能所决定的。少数民族学习汉语，通过汉语学习科学

---

① 赵秀芝：《试论新疆双语教育紧迫性》，载《民族教育研究》，1997（4）。

文化和生产技术是最便捷、最经济、最实际的方法。作为我国各民族通用语言的汉语,今后仍然是人们从事各种社会活动的主要语言。从大多数学生家长的角度看,花费了高额的学费让孩子上大学,就是要让自己的子女能够在社会上找到合适的就业岗位,如果学校教学质量上不去,学生的汉语水平不过关,没有学到真本领,要想在社会上找到理想的工作难度就大得多。①

在当前的国际、国内环境下,有条件的地方用汉语作为主要的教育语言,对少数民族个人发展不仅是最实际、最便捷的,而且对国家统一和民族团结也是至关重要的。我国的每个公民不仅有受教育的权利,还应当履行维护国家统一和民族团结的义务。双语教育可以使民族学生更广泛地接受爱国主义思想和社会主义思想的教育,从语言文化的感情上增强多民族国家的凝聚力和向心力。

(三) 双语教育有利于加强少数民族学生在人才市场上的竞争能力

在计划经济体制下,少数民族大中专毕业生一直由政府部门统一分配。随着改革开放的深入,计划经济向市场经济转轨,竞争机制渗入人才市场,大中专毕业生就业由统一分配、双向选择、择优录用向自谋职业过渡。近几年和田地区大中专毕业生就业的基本情况是:名牌大学毕业、专业对口、有计算机特长、外语水平高的容易就业,少数民族学生中成绩好的、汉语水平高的也容易就业。多一项技能自然就多一份竞争力,这种现象是市场经济条件下公平竞争的必然结果。对少数民族学生来说,提高自身的综合素质至关重要。这种综合素质的培养要求民族学生要牢固掌握少数民族语言的同时学习汉语言文化,成为解本民族的文

---

① 周殿生、赵新居:《谈高校汉语授课与新疆民族教育质量的提高》,载《民族教育研究》,2003 (3)。

化传统又熟练地掌握汉语,具有扎实的专业知识又具有创新精神的人。实施双语教育,实现民汉兼通,能够拓宽学生们未来的就业之路。面对市场经济的冲击和就业政策的转变,社会上需要的是双语或多语人才,相对于单语者而言,"双语者"肯定会在激烈的职业竞争中处于优势地位。双语者的优势主要体现在双语者的语言优势、文化优势、经济与认知优势这四个方面。通过对和田地区教育行政管理人员、民族中小学的学生教师和家长的访谈,可以了解到,大部分教师、家长认为,掌握双语或多语好就业,达到民汉兼通又将来就业时可以在全国范围内自由选择职业,可以走向全国,甚至走向世界。因此,和田地区的少数民族学生要加强在人才市场上的竞争力,就必须提高学习成绩,特别是汉语成绩,只有这样,才能提高他们的生存和就业能力,适应新形势。

三、实施维汉双语教育是开发儿童智力,提高学生综合素质的需要

语言是一种具有工具效能的知识体系,是心智活动的重要工具,是文化纵向传承的基因,是不同文化横向交流的桥梁。本族的语言文字是本族儿童建立母语思维信号系统和继承发展本民族文化的向导与工具。

长期以来,双语教育中民族语文和汉语文如何衔接的问题是困扰我国双语教育的一个难题。如果这个问题解决不好,民汉两种语文教学就会成为"两张皮",不能发挥相互促进的作用。结果就会出现少数民族儿童既没有学好民族语言,也没有学好汉语文的情况。在双语教育中如果教育对象入学之前不懂汉语,那么先应该学好本民族语文,这是双语教育的第一要求,没有这一条件,就不可能真正达到掌握本民族语言和汉语言民汉兼通的目标。和田地区维吾尔族在社会生活和家庭生活以及彼此交往中均

用维吾尔语，维吾尔语一直在该地区儿童学习和掌握现代科学知识以及文化传承过程中发挥着独一无二的作用，而且绝大部分维吾尔族儿童入学之前没有接触过汉语言文化。和田地区绝大部分中小学从新中国成立以来至 20 世纪末期采用以维吾尔语为教学语言，把汉语当作一门语言课程的双语教育模式。这种模式持续了五十多年，目前大部分中小学还继续着这种模式的双语教育。有的学者认为这种模式的双语教育也可以视为"单语制"，因为它的主要教学媒介语言是民族语言。由于和田地区在民族结构上跟其他民族地区不同，汉族人口只占 3％左右，除了一些城镇，其他地区没有学习汉语言的环境，这种模式的双语教育对提高第二语言（汉语）的贡献不大。因此，和田传统的双语教育的结果是民族学生的民族语言水平很高，汉语言水平很低，一直没能解决好维吾尔语和汉语的有效衔接问题。这种模式很难达到新疆维吾尔自治区规定的 2012 年之前全部民族学校除了母语等部分课程以外，其他课程均用汉语讲授的要求和民汉兼通的社会语言目标。这种双语教育模式所造成的心态封闭、信息不灵、观念守旧、理科教学效果不好等问题严重影响了整个和田地区民族教育质量的提高和实现整个社会经济迅速发展的目标。

笔者在对和田地区中小学的学生、教师、家长的访谈中能够感受到他们对走向全国、向外发展的强烈愿望，特别是家长希望他们的孩子学好汉语，争取获得赴内地新疆班和内地高校就读的机会，以便更好地开阔视野、了解主流社会，更多地掌握现代科学知识和先进观念，为个人的发展打下坚实的基础。与此同时，他们也希望孩子学好民族语言，不要丢掉维吾尔族的优秀文化传统。

不难理解，和田地区的维吾尔族家长和学生把学习和掌握好汉语视为本民族走向世界、发展社会经济、掌握现代科学知识的重要桥梁。据统计，目前在新疆能看到的各种汉文期刊约有 4135 种，而本地的民族语文刊物仅有 99 种。即使今后少数民族文字读物大幅度增加,也难以与汉文书籍刊物并驾齐驱。国家教委在对新疆教育的调查中发现,新疆少数民族语文课学生的阅读量只相当于内地汉族学生的八分之一,这种巨大的差距即使做出再大的努力,在今后相当长的时间内也是很难弥补的。[①]

语言是科技信息传播的载体,是人们进行科学试验、开发智力、发展教育和科技的工具,是人类社会生产力不断发展的重要条件,也是提高整个民族科学文化素质的重要条件和工具。在当今世界信息高速传播的时代,新的科学知识、先进的生产技术层出不穷,令人应接不暇,新的科学理论转化为先进生产力的物化周期越来越短,不断提高生产力发展水平的要求越来越强烈。如果一个民族不能及时掌握当今世界上最新的科学知识,没有先进的生产技术,根本无法应付日趋激烈的竞争,必将落后于时代发展。汉语是我国最新科技的语言载体,也是维吾尔族学生学习和掌握最新科技的语言媒介。就目前而言,维吾尔族学生学好本民族语言的同时需要依赖汉语来开阔视野、了解世界,依靠汉语来了解和掌握当今世界最新科技知识,在极短的时间内吸收和消化新的科学技术,这要求他们在中小学阶段要成为操维汉双语的初级双语者。

由于操双语者拥有两套交际手段,民族学生掌握双语的过程本身就意味着他们个体智力的发展,由此可见,维汉双语教育是开发维吾尔族儿童智力的重要措施之一。在现代社会,一个民族双语程度高低直接关系到这个民族的基本素质,掌握双语的人越多,水准越高,这个民族的整体素质就越高。少数民族语言大多数只在本民族内部使用,而当今少数民族地区已不再甘于处在自我封闭的状态,尤其是在高科技发展的信息时代,使用单一母语会使民族间的交流遇到语言文字的障碍。少数民族儿童在现代社

[①] 赵秀芝:《试论新疆双语教育紧迫性》,载《民族教育研究》,1997(4)。

会生活中如果一直单一使用母语,必将会影响他们从书刊和电视、广播、互联网等信息媒介获取更多的信息,从而影响他们想像力、创造力和思维能力的发展。倘若维吾尔族儿童从小在学习母语的同时,再学习信息容量重大、内容更丰富的汉语,必将对其智力发展产生积极影响。如果维吾尔族学生不具备熟练使用汉语的双语能力,仅仅把汉语作为中介语,通过翻译的手段来传播信息的话,就会大大减缓吸收、消化新科技、新知识的速度,因为汉语作为新知识的载体较之英语已显滞后,再把汉语译成少数民族语言,将其介绍给本民族人民,势必造成新知识成为旧知识的现象。由此可见,双语在维吾尔族学生吸收和消化新科技、新知识和开发智力的过程中的作用是极其重要的。

四、实施维汉双语教育是世界多元文化教育发展的需要

全球一体化与民族文化多元化的冲突与和谐,国家一体化与民族文化多元化的冲突与和谐,是 21 世纪全人类和多民族国家面临的不可回避的两大挑战。我国著名的人类学家费孝通先生提出"中华民族多元一体格局"理论,其核心思想是我国各民族的客观差异性和中华民族的共同发展的辩证统一关系。教育人类学家、中央民族大学教授滕星在此理论的基础上提出了多元文化整合教育理论,其主要观点是:在一个多民族国家中,无论是主体民族还是少数民族,都有其独特的传统文化。在漫长的历史发展过程中,由于各民族自我文化传递和各民族间文化的相互交流,不仅主体民族文化吸收了各少数民族文化,而且各少数民族文化中也打上了主体民族文化的烙印,形成了在一个多民族国家大家庭中,多种民族文化并存共同组成代表某一多民族国家的共同文化群体。多元文化教育的目的是继承各民族优秀文化遗产,加强各民族间的文化交流,促进多民族大家庭在经济上共同发展;在

文化上共同繁荣；在政治上各民族相互尊重、平等、友好与和睦相处，最终实现多民族国家在多元一体格局下的各民族大团结。①

当今世界大部分国家是多民族、多语言国家。因此，双语教育成为多民族、多语言国家实施多元文化教育的重要手段。由于每一种语言都是说该种语言的民族群体对客观世界的一种认识和对这种认识的表达方式，都是该群体社会生活的客观需要，都具有巨大的存在价值，因此各种语言和文化的并存和相互学习是了解多民族国家的多元文化社会，更好地继承和发展本民族文化的基础。我国的双语教育作为少数民族学习主流文化、发展本民族文化的重要手段已经成为了整个民族教育的重要组成部分。和田地区实施的维汉双语教育实验，正是我国"多元文化整合教育"的具体体现，也是和田维吾尔族学生通过学习本民族语言更好地继承和发扬本民族的优秀文化传统，同时学习和掌握族际语汉语，吸收国内各民族优秀的文化传统，从而繁荣和发展维吾尔族文化，丰富和发展中华民族文化的教育过程。由此可见，双语教育是世界多元文化并存和发展的客观需要，它的意义和价值表现在以下几个方面：

第一，少数民族学生通过双语教育学习另一民族的语言和文化，可以促进不同民族，特别是国家主体民族和少数民族间的了解与团结。语言不仅是由语音、语法和语义组成的符号系统，还是文化的重要组成部分，是文化的民族表现形式，是文化的载体，学习另外一种民族语言不仅仅是学习语言的过程，更是理解和学习另一种文化的过程。有些多民族多语言的民族地区，由于语言不通，各民族间很容易产生误解和偏见，掌握另一种语言给个体提供了成为另一群体一部分的机会和对另一种文化的认同机

---

① 滕星：《文化变迁与双语教育》，157～158页，北京，教育科学出版社，2001。

会，人们可以了解使用这种语言集团的文化，从而促进不同民族间的理解与合作。同时，双语教育不只教会人们学会两种语言，在学习中还会传播两种文化，培养人们对不同文化的接纳态度，促进不同语言和文化背景的人们之间的了解与合作，形成一个国家的多元化和一体化发展的和谐态势，从而缩小各民族间的差距，共同进步。历史与现实生活中的经验和教训说明，一个存在多民族、多语言的国家和地区，在各语言群体的语言平等和教育平等的原则基础上积极推动多元文化教育，以此来真正实现各民族间的理解和和睦相处的语言文化和谐环境是推动该民族国家和民族地区社会发展和个体发展的基础，否则会产生深刻的语言文化隔阂，就有可能威胁国家的统一。和田地区从20世纪末开始实施的维汉双语教育实验正是该地区人民通过学习和掌握主体民族语言，了解主体民族文化来实现个体发展和社会发展需要的客观体现，也是和田地区的维吾尔族群众和汉族群众彼此了解、和睦相处，构建和田地区和谐语言文化社会的有力保障。

第二，培养学生对不同文化的积极态度。开展双语教育不仅使少数民族儿童学习主体民族的语言，也让主体民族的儿童学习少数民族语言，在学习语言的过程中去了解对方丰富多彩的文化，发现世界是由不同文化组成的，世界从诞生起就是一个多元文化的组合体，不同文化的存在是由于不同的民族、不同的生存环境和不同的发展道路使然，每一种文化都是对人类文化的重要贡献。[①] 因此，双语教育可以培养学生对不同文化包容的态度，使他们以平等客观的方式对待异文化。在和田地区两种模式（汉族学校模式、民汉合校模式）的学校里，不仅有维吾尔族学生，还有很多在和田地区与维吾尔族杂居的汉族儿童。这些汉族学生生活在和田维吾尔语言文化的环境中，又在学校里接触维吾尔族

[①] 董艳：《文化环境与双语教育》，38页，北京，民族出版社，2002。

儿童的语言文字和特殊的文化心理,了解维吾尔族文化。

笔者在和田洛浦县拜什托格热克乡的民汉合校和和田县三校(汉族学校)双语实验班中见到有部分汉族学生在课堂上与维吾尔族孩子一起学习维吾尔文,他们对学习维吾尔语的热情高,虽然发音不是十分标准,说得不太好,但是与维吾尔族学生关系融洽。据了解,这些维吾尔族儿童和汉族儿童共同学习生活在一个学校里,这两个亚文化群体彼此之间关系和睦,他们互相学习彼此的语言,他们之间也没有太大的矛盾和文化上的隔阂。笔者认为,他们将是不同文化交融的受益者,也将是不同文化交流的使者。

第三,双语教育作为多元文化教育的具体表现形式,有利于培养学生的跨文化能力,帮助学生学会从其他文化的角度来观察本民族的文化,获得最大限度的自我了解。随着世界一体化进程的加快,民族复兴运动的蓬勃发展,许多民族国家都认识到了世界正走向一体化,但文化应是多元的。多元文化的民族政策、多元文化的教育政策成为世界的主流,而双语教育正是多元文化教育的重要组成部分和重要标志。只有实施双语教育,培养双语双文化的新一代,多元文化教育才能实现。

从双语教育的发展历史来看,许多国家实施双语教育都是国家一体化的必然选择。在当今社会,科学技术,特别是信息技术的进步与普及加快了全球一体化进程,在一体化与多样化的摩擦与冲撞中,多元文化教育理论为摆脱这一困境找到了一条途径。多元文化教育的理论要求平等地对待任何民族的语言和文化,认为民族的语言和文化是人类共同的财富,而要平等地发展它们就要实施双语教育。许多国家都成立了官方或民间的双语教育研究和执行机构,进行各种双语教育模式的实验、推广,在这些国家中,双语教育正在取得综合的政治、经济和文化效益。由于大部分多民族国家都存在着民族差异性,如果个体仅仅从自己单一的文化与民族观去观察、认识和参与世界,那么就等于拒绝了许多重要的人类经验，这对本民族的语言文化、社会经济的发展是很不利的。如果个体在文化及民族问题上陷入盲目状态，那么他就不能充分地认识与观察本民族的文化。只有通过其他民族或民族文化的视野来认识自己民族的文化与行为时，他才能全面而深刻地理解本民族的文化。对多民族国家的主体民族而言，若没有与少数民族的比较，许多主流社会的学生也无法充分认识到他们自己文化的特色。[①] 多元文化教育的这一目标试图使每一个民族都能了解到其他民族独特的文化，从其他民族的角度来增强对自己民族文化的理解。同时，它还要求各民族学生要正确地理解其他民族的文化，以促进不同民族间的相互了解与尊重。和田地区的维汉双语教育给少数民族学生和主体民族的学生了解彼此语言文化提供了最大的可能性。和田地区民族中小学的教师和家长也表达了这种看法，即和田的少数民族学生应该多去内地的学校学习和了解国家主体民族的语言文化。这样学生在与内地主体民族教育的互动中一方面可以学到更多的现代科学知识，另一方面可以通过了解主体民族和国内其他民族文化，懂得这个世界是由多民族、多文化组成的现实，同时还可以获得重新认识和审视维吾尔族文化特色的机会。这是和田民族教育顺应世界多元文化教育、国家一体化教育而做出的客观选择。可见，和田维吾尔族的维汉双语教育符合多元文化教育规律，是顺应世界教育发展大趋势的。

五、实施维汉双语教育是实现民汉兼通社会教育目标的需要

和田地区的维汉双语教育作为民族教育的一项重要内容，主

---

① 哈经雄、滕星：《民族教育学通论》，557页，北京，教育科学出版社，2001。

要是在新中国成立之后确立的。早在20世纪60年代初,新疆维吾尔自治区党委和人民政府为了适应新疆经济建设和社会发展的需要,进一步加强了对双语人才的培养。1984年,在新党发〔1984〕13号文件中指出:全日制民族中小学应该把民汉兼通作为双语教育的基本方针。自此,民汉兼通成为各级各类学校民族教育的一个目标。二十多年来,和田地区各级教育行政部门、学校采取各种措施,加强了民族中小学的汉语教学,使各少数民族学生的汉语水平较大幅度的提高。但由于种种原因,其中主要是师资、观念等原因,和田地区民族中小学学生汉语水平没有达到新疆维吾尔自治区党委和人民政府1987年提出的1995年城镇以上民族高中的大多数毕业生达到民汉兼通的标准。1994年和田地区进行了第一次中学部分课程用汉语授课的实验工作。这项实验的关键是数理化课要用汉语授课。具体方法是,初一班按民族中学教学计划开课,其中数学用汉语授课。开学时教师先用4周时间教学生汉语数学术语,4周后开始用维、汉两种语言讲数学,其余课程用维吾尔语讲授。初二的物理、初三的化学也采取同样的方法。与此同时,数、理、化三门课每周加授了专业汉语,与双语课同时开设,以便让学生掌握专业词汇,进一步提高汉语理解能力。这种双语实验延续到了1997年,由于师资和管理等问题的原因造成的教学效果不佳而停止了。随后,在2000年全区七县一市的汉族学校开办了双语实验班。实验班开设的课程和学科的教学计划,原则上执行自治区教育厅下发的双语班课程计划,强化理科教学,初中学制为四年制,实验班从小学五年级招生,初中上一年的预科,强化汉语,数学、物理、化学、英语、体育、美术、音乐、信息技术用汉语授课;母语文、政治、历史、地理、生物用母语授课。这是和田地区加快实现民汉兼通进行的一个探索。

2001年开始在全地区开设双语实验班时,只有14个班,共642名学生。到目前为止,全地区已开设初中、小学双语实验班

164个，学生7420名。短短的几年内整个地区的双语班学生人数快速增加，这与家长和学生的热情和支持密切相关。广大少数民族家长既希望孩子继承本民族的语言文化，又希望能在未来的生活中受益于汉语，顺利融入主流社会，获得更大的发展空间。

衡量和田双语教育质量的一个重要标准就是社会及家长的认可程度。据调查可以了解到，随着和田地区双语教育教学管理机制的完善、双语实验班少数民族学生成绩的明显提高，给家长和社会增添了信心，他们踊跃把孩子送进双语教育学校。双语教学实验班学生学习汉语积极性非常高，成为和田地区民族教育的亮点。2005年，和田地区参加"内高班"考试的学生共有1305人，其中汉语达到分数线以上的占参考总人数的35%，比上一年提升了4.5%。洛浦县二中和布雅乡中学（民族中学）首批双语实验班66名学生参加中考，按自治区教育厅统一要求，文科采用维吾尔语试卷，理科采用汉语试卷，有29名学生达到内地新疆班投档分数线，最后录取了16名。2006年，双语班有495名初中毕业生参加了内地高中班考试，其中上投档线的131名，录取54名，浙江和田高中班录取36名。双语班毕业生的最高理科成绩达到了汉族考生的优良等级成绩，汉语成绩远远超过了民考民考生的成绩。这些情况表明，和田地区的双语教育取得了初步成效。

和田地区开展了几十年的以民语为主的民族教育，为社会培养了一批少数民族人才，在继承和发展民族文化方面取得了一定的成就。在国际竞争日趋激烈的当今世界，语言文字作为信息的重要载体，在推进经济发展和社会进步的过程中发挥着越来越重要的作用，实现我国各族人民的共同发展，共同繁荣，广泛开展同世界各国人民的交流合作都需要努力掌握语言这个交流工具。和田是一个多民族聚居的地区，各族人民共同生活在多种语言的社会环境中，必然要使用多种语言进行交际。和田要发展，民族要发展，归根到底是要培养出一大批少数民族人才，尤其是高科技人才和具有现代管理知识的人才,而这些人才的培养首先要实现民汉兼通。在改革开放的今天,和田的少数民族要走向世界,必先走向全国,而走向全国,必须先学好汉语,加强同其他民族的学习和交流,克服彼此之间的语言障碍。少数民族学习和掌握汉语言,是培养少数民族高层次人才、发展经济的战略措施。目前和田的双语教育工作还处在实验阶段,具体教学当中存在不少问题。但是,随着双语教育的更深入开展和民族教育的发展,和田各族群众选择适合和田实际情况的最理想的双语教育模式,将它作为培养合格维汉双语人才和达到民汉兼通双语教育目标的桥梁。

第六章　和田中小学维汉双语教育三种主要模式及分析

　　双语教育类型的多样性，是世界各国双语教育现象中带有普遍性的一个重要特点。不同的国家、不同的民族，由于分布特点不同，社会、经济、文化条件各异，双语教育必然存在不同的类型。在我国，由于民族成分众多，分布交错复杂，社会经济文化发展不平衡，双语类型也呈现多样性特点。这种多样性的双语类型现象，在历史上早已出现，后来又有所发展、变化。正确地解决一个国家或一个民族地区的双语教育问题，除了必须遵循已被公认的双语教育原理外，更重要的是从本国或本民族地区的实际出发，根据不同类型的双语现象，制定切合实际的双语教育政策。研究双语教育的目的是为了更好地认识双语教育的现状及其演变规律，并以此为依据制订相应的对策。科学的双语教育理论应该建立在科学地划分双语教育类型的基础上。

第一节　少数民族双语教育模式的分类及主要影响因素

一、少数民族双语教育模式

教学论范畴中的教学模式是根据教学思想和教学规律而形成的，在教学过程中必须遵循的比较稳固的教学程序及其相应的策略。教学模式是实施教学的一般理论，是教学思想与教学规律的反映，它具体规定了教学的进程、实施教学程序应遵循的原则等，从教学实践来看是将教学方法、教学手段、教学组织形式融为一体的综合体系。所以，教学论意义上的教学模式的描述应从四个方面展开，即理论依据、教学目标、操作程序及操作策略。

双语教学论中的教学模式涵义更为复杂。在理论依据方面，由于跨学科的角度、强调的重点不同，就形成不同的学科基础，最终形成不同的教学流派；在教学目标方面，由于双语文的学习及教学用语被考虑进去，所以在教学目标上分为不同的层次；在操作的程序上，不限于课堂教学过程的操作，而要受到较长时期的计划影响；操作策略也因不同民族的语言环境、民族居住特点、民族教育中双语的类型等因素的不同而有显著差异。[①] 目前对于双语教育模式的定义存在各种各样的观点，还没有形成统一的看法，但是我们可以从双语教学的语言类型、教学语言选择、双语教育的目标等因素中对双语教育模式予以解释。

双语类型是指一个民族所有成员的双语状况及其类别，而双

[①] 王鉴：《民族教育学》，176页，兰州，甘肃教育出版社，2002。

语教学模式是指少数民族开展双语教育实践中的教学语言选择、第二语言教学的引入时机、两种语言衔接的形式和方法、两种语言最终的目标要求等因素的有机结合。① 双语教育模式和双语教学类型有密切的联系,二者存在交叉关系。

二、影响我国少数民族双语教育模式分类的因素

在双语教育的许多分类法中,至今没有一种为学术界所普遍接受。如同所有复杂的现实问题一样,进行分类的主要困难在于人们可以选择各种各样的标准。②

我国少数民族双语教育模式的分类取决于我国各民族地区特殊的语言文化状况。由于我国各民族地区的语言文化状况存在较大差异,双语现象的形成、发展情况也不平衡,因此,我国双语教育模式受到各民族地区的双语类型多样性特点和双语现象发展程度高低的影响。

影响我国少数民族双语教育类型的因素大体上概括为以下几点:

第一,少数民族地区双语现象发展程度不同。我国少数民族双语现象的不平衡性表现在以下几个特点上:(1)杂居区的少数民族比聚居区的少数民族双语现象发展快。(2)人口较少的少数民族双语现象发展快。(3)文化程度较高的少数民族双语现象发展快。(4)内地的少数民族比地处边疆的少数民族双语现象发展快。(5)居住在城市的少数民族比居住在农村的少数民族双语现象发展快。(6)社会发展水平较先进的少数民族双语发展快。

---

① 风蕙昌:《关于双语教育研究的思考》,载《内蒙古师范大学学报》,1997(2)。

② [加]麦凯、[西]西格恩著,严正、柳秀峰译:《双语教育概论》,46页,北京,光明日报出版社,1989。

(7)双语教育受语言自身的特点影响较大。一般说来,如果两种民族语言之间关系密切、语言特点接近,以其中一种语言为母语的民族就容易兼通另一种民族语言,双语现象发展较快。如壮族、侗族兼用汉语就比较快,因为他们的语言同属汉藏语系,而维吾尔语、哈萨克语属于阿尔泰语系,维吾尔族、哈萨克族兼用汉语就比较困难。

第二,双语教育受该民族社会文化条件的制约。语言文字是一种社会现象,它随着社会的发展而不断发展、演变的。双语现象是语言使用的一种现象,必然与社会的特点及其发展密切相关。双语现象的产生是由社会需要所决定的,当一个民族与另一个民族发生接触后,由于社会、经济、文化等方面的差异,一方感到有必要与另一方发生沟通、交流时,就会学习和使用另一方的语言,从而形成了双语现象。但是,由于各民族的社会特点不同,包括其人口分布、地理条件、经济状况、文化教育状况等方面存在差异,使用双语的特点也不尽相同,因而会形成不同的双语类型。

第三,一个民族的人口分布情况往往影响双语的特点。一般来说,聚居地区的少数民族双语能力要比杂居地区少数民族双语能力弱一些。如西藏自治区的藏族、新疆维吾尔自治区的维吾尔族,由于人口众多,分布聚居,因而懂双语的人口比例相对较低;而云南省兰坪自治县的白、普米、傈僳、彝等民族,由于人口杂居程度高,少数民族除使用自己的母语外,大多数兼用一种或数种其他民族语言。[①]

第四,我国少数民族复杂的语言文字情况也是影响我国少数民族双语教育模式的重要因素之一。少数民族双语教育模式的设计还要受到少数民族语言文字情况的影响。我国少数民族的语言

---

① 戴庆厦,滕星,关辛秋等:《中国少数民族双语教育概论》,82页,沈阳,辽宁民族出版社,1997。

文字状况的复杂性表现在以下几个方面：(1) 多语性：我国55个少数民族中，有53个民有本民族的语言，使用多达80多种语言，分属全球9大语系中的5大语系。(2) 多文性：截至20世纪80年代，我国有30个民族使用或试用着约45种文字，其中有的民族文字使用的历史达上千年，有的则是最近几十年新创制出来的。(3) 语言和文字关系的多样性：主要包括多语多文、多语（多方言）一文、一语多文、一语一文、一语新创文、有语有文、有语无文、有语有文而选用汉语文、有语无文而选用汉文、原有语文消失而通用汉语文等等。(4) 分布区域的不均衡性：有的民族语文使用区域跨几省区，连片分布，形成几大民族语言文化圈，有的分布面较小，仅在个别乡镇和村落使用。(5) 使用人数的悬殊性：有的民族语文使用人口达几百万、上千万之多，有的少至仅数千人。(6) 发展趋向的兼语性和动态性：55个少数民族均不同程度地、动态变化地兼用汉语文作为族际语文和中华民族的统一通用语文。①

由此可见，影响双语教育模式设计的因素很多，主要是由于我国少数民族地区的具体语言文化条件和特点不同。我国的双语教育模式受到少数民族语言文化的多样性特点、民族人口数量及其分布、双语现象发展程度、民族地区社会文化条件等因素的影响，各民族地区实施的双语教育模式也呈现出不同的特点和内容。双语教育模式的分类，可以根据不同的标准，从不同的角度划分出不同的类型。加拿大著名的双语教育专家 M. F. 麦凯在《双语教育概论》一书里，曾按照语言目标、两种语言在课程中的地位、学生的语言与主要教学语言之间的关系、学生语言的同质性或异质性、根据双语教育在整个国家教育系统中的地位等标准来进行分类。在国内，很多双语教育专家根据我国少数民族语

---

① 王鉴：《民族教育学》，179页，兰州，甘肃教育出版社，2002。

言文化特点，也从不同的角度对双语教育进行分类。比较有代表性的如严学宭先生对少数民族地区的双语教育形式根据其地域的不同，从区域的角度划分了六种地理分布的模式，即延边式、内蒙式、西藏式、新疆式、西南式、扫盲式六种形式；周耀文则从我国各少数民族地区双语教育体制的角度划分了双语教育的七种类型[①]；周庆生以三大双语教育类型（保存性、过渡性、权宜性）[②] 为分类标志进行划分。

从名称上看，虽然形式不一，如有称双语教育计划的，有称双语教育模式的，也有称双语教学模式的，但其实质上是一样的，本课题研究以"双语教育模式"这一名称进行概括。这些不同的双语教学（教育）计划、类型、模式充分体现我国双语教育模式的多样性。在这多种双语教育的分类之中，笔者比较赞同周庆生的观点，他认为，我国现阶段少数民族学校的双语教育模式主要有以下三种：（1）保存双语教育模式，旨在保存和保护本民族的语言和文化，使本民族学生不至于因为学会主体民族语言而失去或降低本民族语言的使用能力。保存式双语教育模式又可分为长期单一保存双语教育模式和长期并行保存双语教育模式。（2）过渡双语教育模式，其宗旨是在不懂汉语的少数民族儿童的家庭和主要使用汉语文教学的学校之间架起一座桥梁，以便教学用语能够顺利地从民族语文过渡到汉语文。（3）权宜双语教育模式。这是一种反常的、临时的教学模式。其做法是在小学启蒙阶段直接讲授汉语文。到小学中、高年级突击教一些民族语文拼写法。课时短，讲授内容少，学生掌握浅。这种权宜之计的双语教育的原因是多方面的：有的是缺少民族语文教师和教材，有的是为升学创造降分条件，有的是应当地群众的要求，也有的是根据一些行政领导的喜好。这种模式，从教育心理学角度来说是违反

---

① 周耀文：《双语现象与双语教育》，载《云南民族语文》，1987（3）。
② 周庆生：《中国双语教育类型》，载《民族语文》，1991（3）。

儿童学习语言的规律，是没有科学性的。① 双语教育模式是介于双语教育理论与双语教育实践之间的中介环节，虽然划分双语教育的类型是一个非常复杂的问题，但它对双语教育的理论建设和实践都有重要的意义。

第二节　和田中小学双语教育现行三种模式的特征及分析

　　维汉双语教育是和田地区民族教育的重要组成部分，其质量的高低直接影响着和田整体民族教育的发展，影响着和田地区的社会经济发展和新型人才的培养。双语教育模式的划分可以按照不同的标准来进行。由于和田地区城镇和农村的教育发展水平和双语现象的程度不同，各类双语教育办学方式也五花八门。因此，针对目前和田中小学双语教育模式的分类上采用国内有代表性的几种分类法是不太恰当的。笔者认为，按照双语教育所实施的学校语言使用情况和语言环境的差异来进行分类是比较符合和田地区中小学双语教育实际情况。

　　如第四章所述，按照学校的语言文化环境、维汉两种语言在学校师生教学与交往中使用的程度和教学当中的使用比例，笔者将和田地区的双语教育模式大体上分为民族学校模式、汉族学校模式、民汉合校模式三个类型。

---

① 王鉴：《民族教育学》，182~187页，兰州，甘肃教育出版社，2002。

一、民族学校模式双语教育的特征及分析

（一）民族学校模式双语教育的主要特征

和田地区共有中小学 1005 所（其中汉校 36 所），在校学生 366311 人，教职工总数 20717 名。其中民族高中 13 所，普通初中 137 所，小学 829 所。和田从新中国成立以来至 20 世纪 90 年代初，所有的民族中小学的教学语言都以维吾尔语为主，仅把汉语当作一门语言课程来学习。

1950 年 5 月，新疆省人民政府下发了《关于目前新疆教育改革的指示》，要求在小学停授公民、军训及宗教课程并要求各级学校均采用人民政府审定的教材，必须去掉不切合实际的内容。规定小学课程设置，高年级（四年级）以汉语、数学、政治常识、史地、自然、音乐、美术、体育为主，中年级（三年级）以汉语、数学、常识、美术、音乐、体育为主；低年级（一二年级）为汉语、算术、美术、常识、美术、音乐为主。课时上小学高年级为 28～30 小时，初中年级为 24～28 小时。学制维持原制，即小学 4 年，民族小学一律为四年制，普通中学沿用三年制，所开设课程包括数学、政治、常识、中外历史、中外地理、动植物、物理、化学、生物、卫生、体育艺术、汉语（汉语班开维吾尔语）或俄语，周课时为 28～30 小时。1952 年 3 月，和田地区根据新疆省教育厅指示，提出了《和田地区实施四年制小学初步意见》，要求从 1952 年起不再开设春季始业班次，春季不予增班设校；汉回族小学按全国统一规定，从 1952 年秋季开始实施五年一贯制；七年制学校从 1952 年起，以前四年为小学班，后三年为中学班，进行调整合并。从 1952 年秋季起，未经教育厅批准，小学内不得乱设中学班次。

1960—1961 学年秋季开始起，所有民、汉小学一律实行五

年制。针对学制年限长、课程门类繁多、师生负担过重的现象，按照中央"适当缩短年限，适当提高程度，适当控制学时，适当增加劳动"的指示，教育厅对学制、教材、教学进行了改革试验。1964年，和田地区为了贯彻中央《关于克服中小学学生负担过重的现象和提高教学质量》的精神，进行了改革。一是适当控制学时，即学生每天的学习和劳动时间，中学一般不超过8课时。二是减轻学生过重的作业负担。工具学科的作业大部分都在课堂完成，课外留有少量的作业，在自习课内完成。只学不考的学科一般不留作业。三是控制考试科目和次数。小学只考语文、算术两门，初中考语文、数学、汉语、政治四门课，高中加考物理、化学。四是改进教学方法。五是进行了学制改革。

在1962年后的整顿、恢复时期，自治区要求少数民族中学开设汉语选修课。1963年，第二届中等教育工作会议对汉语教学提出了要求：初中，每周课时4节，大体学到2000字上下，学会一般的会话，能读懂一般的通俗读物，能用汉字表达简单的意见；高中，每周课时6节，掌握3000个汉字，学会一般会话，能理解一般科学术语的汉文名词，能用汉文记述一般事物，表达一般意见；在初高中要学会4500上下汉字，到了大学能做到看讲义听课，大体上无困难。1964年，教育厅下发《关于改进提高民族中学汉语教学工作的通知》通知，通知指出：汉语课是民族中学主要学科之一，要求学生通过中小学阶段的学习，高中毕业升入大学后能达到用汉文直接听讲和记笔记，参加工作后不用翻译，具有听、读、说、写的能力。1965年，地区教育局制订民族中学教学计划的说明中强调指出："当前应特别注意加强语文和汉语的教学工作"。民族高中汉语班的培养目标是通晓汉语文的德、智、体全面发展的少数民族高中毕业生。学生毕业后，升入内地和自治区各高等院校学习或参加工农牧业生产建设。民族高中汉语班招收民族初中毕业生。全部教学时间为四年，根据民族初中毕业生的汉语及数理基础知识较差的情况，用一年时间学习汉语和复习数理知识,这一学年作为过渡(预备班),执行过渡教学计划,后三年正式执行高中三年教学计划。

为了加强汉语教学,自治区教育厅于1985年调整了民族中小学汉语教学计划,延长了汉语学习年限,增加了汉语学习的总时数。民族小学的学制由五年改为六年,汉语课由原来四年级开设改为三年级开设;民族中学学制由五年制改为六年制,汉语课教学时数由原来的每周四课时增至五课时;民族中小学阶段的汉语教学总学时数达到1564课时,比过去增加了64%。从1994年开始,也就是在和田开办首批双语实验班以后,大部分学校根据上级的要求和家长的要求适当地增加了汉语课的课时。采用这种模式的部分学校开办了双语班,进行了数理化课程用汉语讲授、双语班学生学习自治区统编双语教材等实验。

总的来说,民族学校模式的中小学双语教育的主要特征是:(1)学校的教学语言以维吾尔语为主,除了汉语课以外的所有的课程用维吾尔语来讲授。(2)学校里绝大部分教师和学生(目前民族中小学里配备部分汉族教师)用维吾尔语进行交流。(3)学校中的教师和学生绝大部分是维吾尔族,学校以维吾尔语言文化环境为主。(4)除了部分民族学校双语班的教材是汉文的以外,绝大部分学校使用的教材和辅助材料都是维吾尔文的。和田的大部分民族中小学到现在为止还采用这种双语教育模式,特别是广大农村地区和城镇地区的大部分学校延续着这种教学模式。

(二)对民族学校模式双语教育的理论分析

和田地区民族学校双语教育模式分为两种:一种是普通类型,即传统的教学语言以维吾尔语为主,开设一门汉语言课程的模式,有95%以上的学校采用这种模式。另一种是民族学校里的双语班的实验类型,即部分课程用汉语讲授或者使用自治区的双语教材,但是上这些课程的大部分任课教师都是维吾尔族。

1. 普通类型

普通类型的民族学校双语教育模式的主要特征是：中小学各年级各门课程主要使用民族语文讲授，汉语文仅仅作为一门课程。

实施普通类型双语教育的依据是：由于和田地区的语言单一性特点比较明显，所以，民族中小学的汉语教学按照民族中小学普通类型的教育模式实施，即从小学二三年级开始。由于和田地区儿童第二语言能力的发展要依赖于已经习惯的母语能力，过早引进汉语教学，会由于儿童缺乏母语和母语学习经验的支持而引起语言学习和认知冲突，从而导致不能正确地掌握汉语。所以，生长在没有汉语言文化环境中的和田地区维吾尔族儿童的汉语学习应在他们的母语达到一定水平后再引入才比较科学。这样，儿童的语言能力就可以处在一种潜在的有益的相互渗透之中，在语言文化因素和认知方面同时植根于双语中。一般来说，儿童通过两三年的母语文学习，读、写、说方面已经达到了一定的水平，这时再引入汉语教学是合适的。中学阶段逐步增多汉语课的课时，可以使学生逐渐习惯汉语的思维方式，最终能够实现民汉兼通。我们强调母语是进行教学活动的基础，进而强调民族生活环境、民族心理特征、民族语言特征与双语教育中主体心理的一致性。这种教育模式的目的是在教学上突出民族特色，课程上尽量保持民族传统文化与传授现代科学知识相结合，保存和发展民族文化。[①]

在具体实施方面，和田地区民族学校普通类型的双语教育模式在小学阶段开设维吾尔语文与汉语文课，以维吾尔语文的学习与运用为主，汉语文仅作为语言课程开设，各科教学一律采用母语为教学用语。一年级集中学习维吾尔语，使用维吾尔语教材，

[①] 王鉴：《民族教育学》，183页，兰州，甘肃教育出版社，2002。

用母语授课。通过一二年级的维吾尔语学习，让学生掌握一般的维吾尔语文造句、写作、读写能力，然后从小学二三年级开始开设汉语课程，按照自治区普通中小学教学大纲的规定，每周4～6学时。有部分学校根据自己的情况和学生、家长的要求适当增加汉语课课时。这种教学方式延续到小学或中学毕业。这种教学方式突出了民族语文在教育体系中的重要地位和作用，保证了民汉兼通的方向，因此，深受和田维吾尔族群众或只会本族语的学生的欢迎。

在教学目标上，普通类型的双语教育模式把学生的学习重点放在传统与现代相结合的双重内容上，双语能力上尽快达到民汉兼通，从而提高义务教育的质量，提高维吾尔族整体素质，促进民族地区社会经济发展，达到民族人才与现代人才的统一结合。

在操作程序上，这种类型的双语教育模式首先通过学生对维吾尔语的学习获得母语及相应的文字运用能力，在此基础上引入汉语言的学习，形成双语教育的语言基础。然后，通过教学中维吾尔语文和汉语文两种语言的学习，使学生达到民汉兼通的实际效果。

操作策略上，为实现自治区民汉兼通的教学目标，这种模式通过教授维吾尔语言文字、使用各年级各门类的维吾尔文教科书以及配备一支门类齐全的维吾尔族教师队伍和双语师资队伍来完成原定的各种教学目标。

2. 实验类型

这种类型是和田地区民族中小学里开办维汉双语班的实验模式。

在小学阶段，实验类型的民族学校双语教育模式要求小学双语教育课程在原则上要按国家教学大纲设置，各学科的教学时数要执行自治区教育厅下发的双语教育实验学校课程计划，民族小学一年级双语班汉语课使用的教材为实验班小学一年级汉语实验课本。除识字课本外，数学用汉语授课，使用的教材为人教版汉文小学一年级的教材和实验班小学一年级民文数学课本,思想品德、自然、美术等课仍用民语授课。小学一年级双语教学课时量要执行义务教育新一轮课程设置计划。小学一至六年级数学课用汉语授课。

表6-1　和田地区民族小学双语实验班课程设置和课程时数计划①

课目\年级	一年级	二年级	三年级	四年级	五年级	六年级
语文（语字课）	10	9	9	8	7	7
数学	5	5	5	5	5	5
汉语	10	10	10	10	10	10
思品	2	2	1	1	1	1
社会				2	2	2
自然	1	1	1	1	2	2
体育	2	2	3	2	2	2
音乐	2	2	2	2	2	2
美术	2	2	2	2	2	2
劳动		1	1	1	1	1
周课时	34	34	34	34	34	34

在中学阶段,要求初高中双语教学班要继续贯彻落实行署和行发(2000)92号和地区教育领导小组(2004)2号文件精神,双语教学课程设置在原则上要按国家大纲和自治区教育厅"关于新疆维吾尔自治区少数民族中学双语授课实验方案"设课,各学科的教学时数要执行自治区教育厅下发的双语教学课程计划。上课时间为一周6天,星期天休息。

---

① 和田地区教委:《和田地区中小学双语教育调查报告》,内部资料,2005。

表 6－2　　和田地区民族中学双语实验班
　　　　　　课程设置和课程时数计划①

课目\年级	实中预科	初一	初二	初三	高一	高二	高三
政治	2	2	2	2	2	2	2
语文	5	5	5	4	4	4	5
数学	5	5	5	4	4	4	5
汉语	18	12	10	10	10	10	10
英语	2	2	2	2	2	2	4
物理			4	4	4	4	4
化学				4	4	4	4
历史		1	1	1	2	2	
地理		1	1	1	2		
体育	2	2	2	2	2	2	2
音乐		1	1	1			
美术		1	1	1			
生物							
劳技	2	2	1	1			
周课时	36	36	36	36	36	36	36

实验班学生跟普通班学生课程设置和学习成绩上的主要差异是：双语班学生每周的汉语课时比普通班学生多，一般达到 10 个小时左右。有些中小学实验班的部分课程用汉语讲授或者按照自治区民族学校双语实验班的教学大纲来进行教学，使用自治区的普通中小学双语实验班的双语教材。这种双语教育类型的学生

---

① 和田地区教委：《和田地区中小学双语教育调查报告》，内部资料，2005。

与普通班的学生在同一个学校里,他们同样主要用母语进行交流,同样跟普通班学生一样参加民语的高考。

这种双语教育的好处是:学生在听课、学习当中主要使用自己最熟悉和习惯的母语,学生理解和掌握课程内容上不会感到困难,这对他们学习掌握课程内容和智力开发是很有帮助的。这种类型学校的汉语课程的解释主要依靠母语,因此,学生理解和掌握汉语知识很快。但是这种类型学校的学生、教师基本上是维吾尔族,学校的教学语言以母语为主,因此它对学生理解汉文化、提高汉语不利。所以,这种类型的学校培养出来的学生母语文水平很高,但是汉语写作、听力、口语能力不强,发音不准确。双语实验班学生的汉语表达水平略高于普通民族班的学生,他们高考汉语课考试的分数也高于普通班的学生。但是,无论是普通班还是双语实验班的学生,他们在维汉两种语言的掌握和使用上不均衡,往往是母语的总体水平高于汉语水平,这是和田地区民族中小学学生出现民好汉差现象的主要原因之一,也是没能达到民汉兼通教学目标的最主要的困难。

二、汉族学校模式双语教育的特征及分析

(一)汉族学校模式双语教育的主要特征

目前,和田地区有汉语言学校23所,在校学生中民族学生4350名,占汉语言学校在校生的33.7%。从2000年开始,和田地区根据上级教育部门的安排和家长的要求开展了汉族中小学的双语教育实验工作。2000年,在和田地区一市七县的汉族初中开办了双语教学实验班,每学年招收两个预科班,共计80人。2001年,为了在和田这样边远、单语言地区开展多样化的双语实验教学,针对进入汉族初中学校双语班维吾尔族学生汉语水平低的问题,当地教育部门规定双语教育必须从小学一年级开始。

第六章 和田中小学维汉双语教育三种主要模式及分析

2001年9月,地区教委确定和田县第三小学为双语授课实验试点,每年招90名民族学生。此后,和田城镇地区的所有汉族小学都开办了类似的双语班。浙江省金华市开设的浙江和田班(内地新疆班)也属于这种类型的双语教育模式,近两年共招收160名学生就读。

这种模式的双语教育主要在城镇地区的汉族中小学里开办。总的来说,和田地区汉族学校模式中小学双语教育的主要特征是:(1)学校的教学语言以汉语为主,除了母语课或部分课程运用母语讲授以外,其他课程均用汉语来讲授。(2)学校里绝大部分教师是汉族,为了满足维吾尔族学生双语教育的需要,汉族中小学也调入了一些民族教师,维吾尔族学生和汉族学生的比例一般比较均衡,维吾尔族学生在学校里跟汉族教师和学生交流使用汉语,跟维吾尔族学生交流时一般用维吾尔语和汉语两种语言。(3)学校里的教学语言环境是以汉语言文化为主。虽然学校里有一半左右的少数民族学生,但是学校本身是汉族学校,因此,在教学当中汉语言的地位很突出。维吾尔语作为双语实验班的维吾尔族学生和教师平时交流的主要语言工具,在此类学校教学当中扮演辅助角色。(4)在教材使用上,有的小学除了维吾尔语课教材是自治区普通民族中小学统编的语文教材外,其他的教材都是国家教育部普通中小学的汉语统编教材。有的学校(如和田市五中双语班)学生的政治、母语文、历史等课程的教材是维吾尔文的,其他课程的教材均是汉语统编教材,绝大部分辅助材料也采用汉文版。由于和田地区的汉族人口主要聚居在城镇地区,大部分汉族中小学也集中在城镇里,因而,这种模式双语教学实验班的少数民族学生也是以城镇地区的维吾尔族人口为主。采取这种模式的双语教育是以汉语言、汉文化为主,学校的汉语言学习环境较好,对学生汉语水平提高有很大帮助,目前城镇地区维吾尔族群众普遍对这种教学模式的热情比较高。

(二) 对汉族学校模式双语教育的理论分析

和田地区汉族中小学的双语教育模式主要分为两类:一类是除了维吾尔语文课以外,其他课程均用汉语讲授。和田市里的汉族小学和少数民族人口比较稀疏的地方,如新疆生产建设兵团与和田农十四师部分维汉杂居地方的学校就采用这种模式。另一类是部分课程用维吾尔语讲授,大部分课程用汉语讲授,逐步减少母语课课时的比例。2000年以后开办的汉族学校初中双语教学班就属于此类型。

由于和田地区的单语言特性非常明显,民族中小学开办的双语实验班学生在社会上、学校和家庭的交流主要用维吾尔语。采取民族学校双语教育模式的中小学大部分授课教师都是"民考民"性质的维吾尔族教师,他们在上汉语课时还得依靠维吾尔语来解释课程内容,而且发音不准确。因此,民族学校模式实验班学生的汉语水平提高得不快,也没能解决汉语发音不准确的问题。由于和田地区儿童从小在维吾尔语言文化的大环境中成长,跟汉族人接触和交流的机会比较少,因此其思维的发展更多地依赖于已经习惯的母语,由于没有良好的汉语言学习环境,这些儿童如果继续在民族学校上小学和中学,就会出现维吾尔语水平远远高于汉语水平的情况,这对学生达到民汉兼通的目标极为不利。为了解决这一问题,采取浸没式双语教学方法来提高学生汉语言思维能力对和田地区维吾尔族儿童今后继续上内地高中班和疆内初中班,适应新疆高校汉语教学的局势是很有利的。浸没式双语教育就是将不会第二语言的学生放到第二语言环境中去,通过两种语言在课堂上的使用,培养学生两种语言的能力。这样,儿童的语言能力就可以处在一种潜在的有益的双语双文化的相互渗透之中,在语言文化因素和认知方面同时植根于维汉双语中。

这种教学模式在具体实施方面的做法是:小学阶段语文课分

民族语文和汉语文。小学一年级课程中首先开设维吾尔语识字课,使学生能够掌握维吾尔语中的 32 个字母。从二年级开始,母语文只当一门课程来讲授,按照学校的规定一周 5~6 学时,其他课程尽量用汉语讲。初中阶段双语班学生的学制一般为 4 年。第一年上预科班,预科班主要是以汉语强化为主,一般每周开设 18 节汉语课,从第二学期开始加授维吾尔语语文课,母语课的课时为一周 4 节。预科阶段主要以学习汉语为主。通过预课阶段强化汉语学习,学生的读、写能力达到一定水平以后,到初二初三的时候,除了语文、政治以外的课程均用汉语授课。用维吾尔语讲授的语文和政治课的课时为每周 4 节。高中双语班的做法也基本如此。

在教学目标上,这种教学模式可以为不懂汉语的少数民族儿童的家庭和主要是用汉语文教学的学校之间架起一座桥梁,以便教学用语能够顺利地从民族语文过渡到汉语文。为实现这一教学目标,双语文课的开设始终贯穿其中,即"开花在民族语文上,结果在汉语文上"。这样做最明显的好处是,直接完成了民族初等教育、中等教育、高等教育之间的教学用语"通车"。[①]

这种教学模式的操作程序是这样的:小学一年级、初中预科阶段开设母语文科课程,同时加强汉语学习,各课程尽量用两种语言讲授。到高年级时,逐步过渡到以汉语文讲授为主。低年级使用自治区的民语文教材,到高年级时逐步使用全国统编教材,汉语文授课为主兼学民语文。

在操作策略上,这种教学模式引导学生由民族教育特殊的、狭义的教育走向普遍的、广义的教育,即完成双语文教学向汉语的过渡,并确定主要的、与国家整体的教学相一致的各种模式。

汉族学校双语班与民族学校在课程设置和教学环境上的主要

---

① 王鉴:《民族教育学》,184 页,兰州,甘肃教育出版社,2002。

差异是：（1）汉族学校的维吾尔族学生使用的教材一般为国家统编教材，母语文课教材是自治区的双语班统编教材或民族学校的统编教材，而民族学校的维吾尔族学生使用的是双语班的统编教材。（2）汉族学校模式双语班学生的教学环境是以汉语言教学为主，学校里汉族学生和维吾尔族学生的比例一般是均衡的，两种语言文化并存的学校环境对维吾尔族学生汉语水平的迅速提高有很大的帮助。在具体的教学上，汉族学校维吾尔族学生的母语、政治、历史等课程由维吾尔族教师来讲，数理化等其他课程均由汉族教师讲，而民族学校的大部分课程由维吾尔族教师来讲授。（3）民族中小学双语实验班的课程按照自治区民族学校双语实验班的教学大纲来进行教学，汉族学校双语实验班的课程教学按照全国普通中小学的教学大纲来进行。（4）民族学校双语班的维吾尔族学生参加民语的高考，汉族学校的维吾尔族学生毕业后继续上高中的双语班，最终高考时大部分学生数理等科目的考试按照国家统考的标准参加汉语考试，语文、政治等科目的考试则按照自治区普通民族中小学的民语考试的标准进行。

汉族学校双语教育模式的优点是：（1）利用"浸没式"教学给学生营造了"听、说"的汉语文学习环境，使学生从"听、说"入门，同时还要加强"读、写"的训练，为缺乏家庭汉语文学习环境的和田中小学生提供了比较良好的学习汉语文的环境。（2）让学生逐步适应汉语教学的特点，这样他们今后继续上内地高中班及内地或疆内高校时就不会感到困难。（3）汉族学校的学生、教师队伍基本上都是汉族；学校的语言使用情况、教学语言主要以汉语为主。因此，在校园里形成了多元文化的环境，为学生提供了与汉族学生交往、沟通、互动的场所，对维吾尔族学生了解汉文化、培养多元文化适应能力是极为有利的。

汉族学校双语教育模式的缺点是：（1）汉族学校的教学语言以汉语为主，维吾尔族学生在听课、学习当中使用自己不熟悉和不习惯的汉语。由于维吾尔族学生从小在维吾尔语言文化特点浓厚的社会和家庭里成长，所以在入学之前他们早已习惯于用维吾尔语表达和交流，学生在理解和掌握汉语授课的课程内容上会感到极大的困难，这对于儿童的智力发展是不利的。（2）这种双语教育模式在和田城镇地区开展比较合适，因为这些地区有学习汉语文的环境。但是，和田广大农村地区的人口仍然是以维吾尔族为主，学校里99%以上的教师和学生都是维吾尔族，汉族学生数量很少，汉语师资短缺。因此，这种模式不太适合推广到整个和田地区，特别是和田的农村地区。（3）这类学校教学虽然对学生理解多元文化以及提高他们的汉语综合能力有利，但是由于国家统编教材里体现少数民族文化内容的知识甚少，母语课时短、讲授内容少，这对维吾尔族学生学习本民族语言、理解本民族的文化习俗是不利的。（4）这种学校培养出来的少数民族学生的汉语听、说、读、写的能力要高于民族学校的双语班学生，但是低于民考汉学生[①]。而且，汉族学校的大部分维吾尔族学生在进入中学之前接受的都是本民族语教学，到中学以后，他们立即要面临"休克式"的语言使用大转变，这可能导致他们中的一部分人最终两种语言都学不好，成为两种语言环境都难以适应的社会"边缘人"。

目前，这种双语教育的模式受到城镇地区维吾尔族人的普遍欢迎，这是因为它对维吾尔族学生迅速提高汉语水平，以及毕业后上内地高中班及内地或疆内高校都有直接的帮助，也是顺利适应我国多元文化社会和内地学校教学环境的需要。但是，开展这种双语教育模式的时间比较短，整个地区也没有形成从小学到高中的一套完整的双语教育体系，教学语言的比例、教材、具体教学计划等方面还未形成统一的认识，尚需解决的问题还很多。因此，这种双语教育模式今后的发展还需要学校、家长和社会各界

[①] 这里的"民考汉学生"是指从小和汉族学生一样接受汉语学校教育的学生。

的共同探讨和研究。

三、民汉合校模式双语教育的特征及分析

（一）民汉合校模式双语教育的主要特征

和田地区的民汉合校主要是根据自治区2004年《关于进一步加强"双语"教学的决定》这一文件的精神建立的，目前这类学校的数量还很少。有些地方也存在民汉合校，如洛浦县拜什托格热克乡民汉小学，但是按严格意义上来说这样的民汉合校是建立在原先的汉族学校基础之上的。2004年，和田地委、行署为贯彻落实自治区党委［2004］2号文件《关于进一步加强"双语"教学的决定》，成立了和田地区第一所民汉中学——实验中学。建立这所学校的目的首先为少数民族学生学习汉语提供良好的语言环境，提高学生的汉语水平。和田地区从1994年开始，就在双语教育方面做了各种各样实验，但是由于这种实验要么是在没有汉族老师和汉语言环境的民族学校里开展，要么是在没有民族老师或民族教师很少的汉族学校里进行，导致学生维汉两种语言能力均衡发展方面的效果不是特别明显，而且在统一管理教学、安排双语师资、分配教育资源等方面遇到了不少困难。为了在和田地区的学校中创造维吾尔语言文化和汉语言文化均衡发展的文化语言环境，真正达到学生维汉双语能力均衡发展的民汉兼通的教学目标，满足和田地区双语教育办学机制正规化的需要，从而建立了这样一所全区唯一的民汉中学。其次是考虑到提高民族学生理科成绩的需要。历年以来，和田地区学生的理科成绩普遍偏低，这个问题在和田内高班学生到内地中学以后显得更为突出，大部分内高班学生在内地中学听数理化课程感到很困难，因此成绩很不理想。如果不尽快解决这个问题，全区的民族教育将会受到很大的影响。因此，和田地区以培养民汉兼通的学生为宗

旨，建立了民汉合校，并打算用5年左右的时间建设8所民汉合校的完全中学（每个县、市各一所）。

民汉合校模式中小学教育的主要特征是：

（1）民汉合校一般设有民语部和汉语部。民语部按自治区民族中学教学计划，汉语部按国家教委制定的全国统一的教学计划组织教学。学生按民族身份分为民族班和汉族班，教师基本上是两班人马（民语部、汉语部），一套班子。双语班无论设在民语部，还是设在汉语部，其授课教师均在校内，便于统一调配和组织教学。

（2）民汉合校模式的双语教育还是以城镇地区为主的，因为和田广大农村地区汉族人口很少，不能保证作为汉语言文化主体的汉族学生生源。

（3）学校里的汉族教师和民族教师的比例基本上是均等的，但大部分情况下汉族教师数量略高于民族教师。维吾尔族学生和汉族学生的比例一般均衡，维吾尔族学生在学校里跟汉族教师和学生交流时使用汉语，跟本民族学生和教师交流时一般用维吾尔语和汉语两种语言。

（4）学校在教学语言使用方面，汉族学生的教学以汉语言为主，少数民族学生的教学初中低年级以母语为主，到高年级，除了民族语文和政治课以外的课程将逐步过渡到以汉语为主的模式。因此，这种模式基本上体现了过渡式双语教育模式的特征。学校里两类学生在数量上基本上是均等的，教学当中也尽量体现维汉两种语言教学的特点。此类学校最终目的是过渡到汉语教学，因此，在教学当中汉语言的地位很突出，维吾尔语在教学当中实际上扮演的是辅助角色。

（5）在教材的语言和使用上，民族班的学生使用的是自治区普通民族中小学统编教材或双语班的教材，汉族班的学生使用的是国家普通汉族中小学的教材。和田实验中学民族班学生的政治、语文、历史等课程的教材用的是维吾尔文教材，其他课程使用的教材均是国家统编的汉语教材,辅助材料也是汉文的。民汉合校民族班的学生从整个和田地区(七县一市)公开招生,在这方面与汉族学校双语班学生招生的方法有所不同。因此,在民汉合校双语教育模式中,维吾尔语和汉语两种语言同时起作用,学校的交流语言也以维汉两种语言为主,所以两种语言使用的频率基本上是均衡的。这种环境对学生母语思维的发展和汉语水平的提高均有帮助。

(二) 对民汉合校模式双语教育的理论分析

民汉合校中小学双语教育模式对和田地区来说是个新鲜事物,它的建立为统一管理和适当安排和田中小学双语教育、双语师资,解决教育资源浪费等问题提供了有效途径。

长期以来,和田的民族学校和汉族学校处于隔离状态,民校和汉校的教学、招生、考试等均属于不同的两种教育体系。当今社会一体化的趋势越来越明显,多元文化的影响逐渐加大,内地高中班、各高等院校基本采用汉语授课方式,这些因素给和田地区民族学校的民族语教学带来了严峻的挑战。要求民族学生必须提高多元文化社会的适应能力,了解主流社会的文化,掌握国家主体民族的语言,否则,将会对民族学生自身的发展和民族地区人才的培养带来很多不利的因素。

有学者指出,民族学校的理论建构存在着一个很大的缺陷,即在教育的进程中人为地脱离了宏观的文化氛围,许多民族学校往往忽视不同文化间的沟通,学生极易形成由于文化差异所造成的各种心理隔阂或障碍。[1] 还有学者认为,在中国这样一个多民族的国家里,不能在一种封闭的环境中去传承某个民族的文化传统。在民族学校的教学当中如果过分强调本民族文化对本民族教

---

[1] 王沛:《民族教育理论初探》,载《民族教育研究》,1995 (1)。

育的规约性，必将使本民族教育处于更落后的状况。① 因此，在一个多元文化的社会里，如果片面地强调民族学校教育对继承和发展本民族文化的重要性，忽视了多元文化的社会背景，人为地形成不同民族间的交往隔离与文化封闭，不论是对本民族文化的发展，还是对学生个人进入主流社会，都会有一些消极的影响。而在一个多民族合校，包括民汉合校中，不同民族的孩子在一个学校里接受教育的同时，继续进行在日常生活中所常常面对的与其他民族成员的交往，体会在一个学校、一个集体中共同的责任感与荣誉感，感受不同的文化与不同的习俗，培养对不同文化的宽容与理解，为将来他们进入社会后适应多民族社会、多民族文化，加强各民族间的沟通有着积极的作用。②

在具体实施方面，民汉合校中小学的双语教育分为民语教学、汉语教学两种。由于新入校的学生汉语水平还比较低，因此他们在上初中之前还要上一年的预科班。预科阶段教学的主要目的是加强汉语学习，以便适应初中汉语教学的要求。初中课程除了民语文、政治以外，三分之二的课程均用汉语授课。民汉合校预科阶段的具体课程设置情况如下：用母语讲授的语文、政治课课时总共为13节，汉语课课时为13节，其他用汉语讲授的数学、美术、体育等课程课时为30节左右。到初一的时候还加授英语、生物、地理、历史、计算机等课程，其中地理、历史课是用维吾尔语讲授，但要求教学当中适当地运用汉语术语和内容，其他课程还是用汉语讲授，因此，汉语课课时调为每周10节课。初二加授物理课，也用汉语授课。高中的课程除了语文、政治以外都用汉语讲授。高中的课程主要是由汉族教师（目前大部分是支教老师）担任。到了中学高年级阶段，除了民族语文和政治，

---

① 李劼：《中国民族教育概念的一些认识》，载《民族教育研究》，1999（2）。
② 李晓霞：《新疆民汉合校的演变及其发展前景》，载《新疆大学学报》，2001（6）。

其他课程将逐步过渡到以汉语为主的模式。

教学目标上，民汉合校的教学模式让处于两种文化语言隔离状态中的孩子在接受学校教育的同时，通过日常生活中的交往，达到文化上彼此了解、语言上互相学习以及行为彼此互动，培养和谐的民族感情，也为将来让各族学生适应多民族社会、多民族文化，加强各民族间的沟通打下坚实的语言文化基础。同时，通过学校环境中的互动关系，让民族学生掌握好中国主体民族的语言文化，真正达到语言、文化、感情上的民汉兼通。

在操作程序上，民汉合校的教学模式在小学和初中低年级阶段的教学语言主要以民语为主。学校民语部负责母语课程的教学，同时加强汉语学习。到高年级时，逐步过渡到以汉语文讲授为主的模式。低年级使用自治区的普通民族学校民语文教材，到高年级时逐步使用全国统编汉语教材，以汉语文授课为主兼学民语文，这一点与汉族学校模式的双语教育在操作程序上有类似之处。

在操作策略上，民汉合校的教学模式引导两种语言文化背景的学生在一个校园里生活和学习，从狭义的民族教育走向国家一体化教育。通过这种模式的双语教育，完成双语文教学向汉语文教学的过渡，形成与国家一体的各类教学相一致的模式。

民汉合校双语教育与民族学校模式双语教育、汉族学校模式双语教育在课程设置、学校环境、教学语言方面的区别在于：(1)民汉合校民族班的双语教育中的语言媒介以维汉两种语言为主。这一点与民族学校的教学以维吾尔语为主、汉语为辅的形式，汉族学校的教学以汉语为主、维吾尔语为辅的形式有很大的不同。(2)民汉合校专设民语部，也有汉语部。这两个教学单位相对来说是独立的，但是在教学计划、备课、上课等环节的关系十分密切，这一点又与民族学校模式和汉族学校模式的双语教育当中民语教学和汉语教学相互隔离的状态有所不同。(3)民汉合校既有维吾尔族教师和学生，也有汉族教师和学生，形成两种语言文化及其教学形式并存的学校环境,对于各民族学生了解彼此的文化,学习掌握彼此的语言非常有利。这一点与民族学校模式双语教育的单语言环境有很大的差别,但与汉族学校模式的双语教育环境有相似之处。(4)民汉合校从整个和田地区(一市七县)公开招生,为外县来的学生提供食宿,基本上属于寄宿制学校,从而为各民族的学生提供了更多的互相了解、学习和帮助的机会。和田地区的其他民族学校和汉族学校都不具备这种条件。(5)民汉合校中民族班和汉族班的教学大纲分别按照自治区和国家的教学大纲进行教学。民族班使用的教材、参加高考的各种语类考试科目与汉族学校的双语班学生相似,即民族语文和政治两个科目用民语考试,其他课程用汉语考试。

这种模式的优点在于:(1)为和田这样以单语言文化为主的边远贫困地区营造了两种语言文化及其教学共存的环境。长期以来,和田地区许多民校与汉校结成"民族团结联谊学校",相互间定期往来,组织一些民族团结活动,作为孩子们在学校中介入多民族社会的一个基点,但其功效是很有限的,往往又不免流于形式。民汉合校对学生在同一个集体中感受不同的文化与不同的习俗,拥有共同的责任感与荣誉感,培养对不同文化的宽容与理解,为将来适应多元文化社会,加强各民族的沟通和团结有很大的作用。(2)为解决教育资源浪费的问题提供了有效的解决措施。现代学校教育要求有一定数量的学生作为教学对象,配备一定数量的专业教师以满足教学内容的多样性并保证教学效果,另外,还要有相应的管理人员,并提供足够的教学设施以保证教学的正常进行,因此存在着规模效益问题。目前和田地区的基础教育比较薄弱,学校的教学设备不完善,教师队伍的总体素质不高,汉族教师比例较小。如果民、汉分开办学可能会造成学校生源少、规模小,教学资源浪费的现象,而学区半径的相应扩大又会给一些学生上学带来诸多不便。这种浪费与不便对于和田人口数量相对较少并且集中的城镇地区的汉族学校来说更为明显。因此，民汉合校的建立一定程度上解决了和田地区教育资源浪费、汉族学校生源不足等问题，同时为统一管理和安排教育资源提供了解决之道。(3) 在民族教育与国家各类教育之间架起一座桥梁，为缩小民族教育与汉族学校教育质量上的差距提供了有利的环境。目前新疆的高校已经开始实施汉语教学，同时和田各族人民大都希望自己的孩子到内地发达地区的中小学和高校接受教育，然而这些学校的教学语言都是汉语。民汉合校的模式为民族学生创造了掌握汉语、了解国家主体民族文化的优良场所，为他们将来上内地高中班和内地的高校提供了便利。民汉合校还提供了近距离观察民族教育和汉族学校教育之间差距的机会，这对国家和自治区有针对性地制定发展民族教育的政策法规有很大的帮助。

民汉合校模式双语教育的缺点是：(1) 民汉合校基本上集中在城镇地区。由于和田地区的汉族人口集中在城镇地区，民汉合校的办学目标、办学方式要求学校里有足够数量的汉族学生和教师，而和田广大农村地区杂居的汉族人口很少，因此这种模式的双语教育只能办在城镇地区，在广大农村地区不易推广。(2) 民汉合校民语部的民族教师主要负责民语教学，汉语部的教师除了负责汉族班的课程之外，还负责民族班的大部分课程教学，担任汉族班课程的少数民族教师很少。这当然与和田地区的少数民族教师汉语水平不过关有关，但这种状态对民族教师工作的积极性会带来一定的影响，同时也不利于汉族学生学习、了解维吾尔族文化。因此，应该鼓励民族教师积极参与汉语部和汉族班的教学，这对他们直接接触和感受汉语文教学特点，促进民语教学手段和方法的多元化很有帮助。(3) 由于和田地区民汉学校的最终教学目标是过渡到汉语教学，在学校里容易因为过分强调汉语教学的重要性而忽视了民语教学对学生智力发展、心理健康、情感激发方面的作用。和田这样一个以少数民族文化环境为主的民族地区应该重视民语在学校教育中的作用，因为民汉合校的大部分学生是来自农村地区的,这些学生从小在浓厚的维吾尔文化的社会和家庭里成长,对母语的感情十分深厚。他们在学校的目标是努力把汉语学好,但是在他们刚进入民汉合校时,就直接接受以汉语为教学语言讲授的课程,绝大部分学生都会感到非常困难,这给他们正确地理解和接受课程内容带来不利的影响。此外,维吾尔语是和田绝大多数群众的第一语言,是他们在社会和家庭中使用的最主要语言,如果民族语在学校教学中得不到应有的尊重和发展,就会直接降低民族地区群众和民族学生的积极性,影响他们对双语教育的感情,并可能使部分群众对双语教育的性质和意义产生质疑。(4) 民汉合校的汉族班尚未开设民语课。和田民汉合校中的绝大部分汉族学生都居住和生活在和田维吾尔族社区里,他们如果在与少数民族的日常来往中懂得维吾尔语,会为他们的生活提供很多便利。目前和田地区的汉族群众或多或少都懂得一些维吾尔语,但是对于生活在和田地区的汉族学生来说,仅仅懂一点维吾尔语是远远不够的,他们也应该充分了解维吾尔族的优秀传统文化、生活方式和民俗风情,为在和田地区构建和谐的双语言双文化社会创造条件。

目前,和田地区有关部门打算用5年左右的时间建设8所民汉合校的完全中学(每个县、市一所),并规定在这类学校的招生人数中,从农村来的学生必须占70%。这一计划的落实,将大大有利于整个和田地区民族教育水平的提高,对民族学生尽快掌握汉语、加强各民族之间的沟通和了解、促进民族团结是非常有利的。但是,这类学校的数量比较少、办学时间较短,具体的办学方式还有待研究和完善。特别是在和田地区各类双语教育模式还处在试验阶段,还未形成统一的双语教育办学方式和管理机制的条件下,这类双语教育模式应该发挥自己在较强的双语师资队伍、统一管理机制、优良的语言文化环境等方面的优势,尽快解决双语教学中汉语教学和母语教学的比例、教材使用、教学计划方等面的问题。笔者认为,这种双语言教学和双文化并存的学校环境，可以使民族学生达到既真正了解本民族的语言文化又充分了解中国主体民族的语言文化的目的，以便顺利适应当前中国多元文化社会发展的要求，同时又为民族学生尽快实现民汉兼通这一核心教育目标提供了有力的保障。

第三节　和田地区三种模式双语教育师资的特点及分析

在教学过程中，教师是影响教学质量与效果的关键因素。由于和田地区双语教育目标的特定性，即让学生做到民汉兼通的同时理科成绩有较大幅度的提高，从而对教师的教学水平和素质提出了较高的要求。笔者根据对和田地区双语教育开展的调查，对双语师资情况进行分析。

一、和田地区三种模式双语师资的构成

目前，和田地区双语师资的具体数量难以统计，主要原因在于：首先，在双语班授课的教师大部分并不单纯从事双语班的教学工作，他们在本校普通班或在原校另有教学任务；其次，双语班教师的调配有较大的流动性，借调、借用或聘用，教学岗位经常发生变化；最后，教学周期长，双语班的数量也在发生变化。所以，在一所学校、一个地区究竟有多少名教师参与双语教学的确无法详细统计。尽管如此，我们在调查的基础上，对双语班教师的情况可以做如下几个方面的分析。

（一）民族语授课教师

民族语授课教师在不同类型的学校中用维吾尔语讲授民族语言课程。他们大多是民考民出身的教师，学历层次较高，虽有一

定的汉语基础，但不熟练。从教学要求上来说，他们所开设课程的教学形式是用民族语教学。民族学校模式和民汉合校模式中的民族语授课教师一般都是从本校教师中选配的，而汉族学校模式的双语教学班的民族语授课教师则从其他民族语学校借用、聘用。

（二）汉语授课教师

双语班的数学、物理、化学和英语等课程，按要求必须用汉语讲授。担任汉语授课的教师在本校双语教学中承担着双重任务：一是通过汉语授课进一步提高民族学生的汉语水平，使民族学生感受到主流文化的特点；二是通过汉语授课，使民族学生改进或改变学习方法，用国家统编的原版教材指导民族学生学习，使民族学生的数理化成绩有较大幅度的提高。所以，汉语授课教师的选配一直是各学校在教学中最为关注的问题，同时也是双语教育中遇到的最大困难。

（三）民汉语混合授课教师

这部分教师主要指双语班的汉语课教师。各双语班的汉语课教师一般都是双语人，其中有一部分是汉族或回族。这些教师都曾在大中专院校接受过民族语训练，有较好的民族语基础，因而在汉语教学中主要采用汉语，在词义辨析、翻译等教学环节中使用民族语。另一部分汉语课教师是维吾尔族教师，他们有的是民考汉型的双语人，即从小学起在汉族学校学习，直至高中或大学毕业；有的是民考民型的双语人，即从小起在民族学校学习。从小学或中学开始接受以民族语为主、汉语为辅民考汉型汉语课教师的汉语水平要高于民族语水平，他们像汉族、回族汉语教师那样，在教学中主要使用汉语，辅以民族语，而民考民型汉语课教师大部分毕业于大专院校汉语专业或其他专业，他们的民族语水平普遍高于汉语水平。一般来说，这类教师的汉语发音不十分准确,汉语表达(口头表达和书面表达)也不十分流利,所以他们在汉语课教学中较多地运用翻译法、对比法。民考汉型汉语课教师不管其学历背景如何,他们在课堂教学中都不同程度地使用汉语和民族语,既不同于单纯地用民族语授课的民族语授课教师,也不同于单纯地用汉语授课的汉族、回族教师。

二、对和田中小学双语师资教学特点的分析

(一)汉族教师的教学特点

汉族学校模式或民汉合校模式的双语教育中,数理化和英语教师一般从本校汉族教师中选配。民族学校模式的双语教育中,其数理化(有时还有英语)教师一般从本地区其他汉族学校借用。汉族教师一般都是汉语单语人,极个别的汉族数理化老师是双语人或有民族语日常会话能力。据调查,给双语班上课的汉族教师绝大多数学历高、业务能力较强,教学经验也比较丰富,在教学中他们一般能够依照教学要求组织课堂教学,严格要求学生。在教学中,面对汉语理解和表达能力偏低的少数民族学生,他们中的大多数人都能够克服困难,努力完成双语教学班的教学任务,使学生理解和掌握相关的教学知识。与此同时,他们还担当着汉语教师的角色,常常将学生不认识的字、词写在黑板上,注上拼音,一边教汉语字、词,一边教数理化知识。更重要的是,他们常常通过教学使学生受到汉文化及汉民族思维方式潜移默化的熏陶。双语教育对双语班授课教师,尤其对汉族教师来说,是一种新的尝试、新的考验。因为摆在这一类教师面前的任务,不仅仅是传授课本知识,更为重要的是,这些老师一方面要接触、认识、了解、适应另一个陌生民族的文化,从而与少数民族的学生建立深厚的感情;另一方面,他们还要向眼前并不太了解汉文化的民族学生讲解、介绍汉文化,使他们对本民族文化和

汉民族文化有所认识,从而逐渐对双语学习产生感情,激发学习的内在动力。① 笔者在调查中了解到,许多汉族教师为了提高民族学生的数理化水平及汉语水平费尽心思,他们对双语教育的意义认识深刻,对双语班学生满怀希望。

当然,笔者在调查中也听到了一些汉族教师的反映,由于他们对少数民族文化不了解,常常将少数民族学生的一些在本族人中看来很正常的举动,视为对老师的不礼貌,或是学生行为不规范。也有的汉族老师没有能坚持在双语班上课,他们认为给这些学生讲课太苦、太费劲。因此有一些学校双语班的数理化课程,后来改由少数民族老师用汉语讲授,但这些毕竟只是少数现象。从总体上看,绝大多数汉族教师十分注重与少数民族学生进行情感交流,他们对工作认真负责,对学生满腔热情,双语班的少数民族学生也十分尊重汉族老师。和田地区绝大部分汉族教师都具有高度的责任心和较高的教学水平,他们为提高双语教育质量,促进少数民族学生学好汉语、了解汉文化做出了重要贡献。

(二) 民考汉型少数民族教师的教学特点

在和田地区一些民族学校模式的双语班中,部分数理化课程由本校民考汉的少数民族教师担任。而有的民族学校模式的双语班全部的数理化课程都由本校或来自其他学校的民考汉少数民族教师担任。在一些地区无法借用到汉族教师的情况下,当地教育部门和学校只好在本校、本地区挑选一些"民考汉"的少数民族教师,让他们用汉语授课。这类民考汉的少数民族教师毕业于汉语授课学校(从小学至高校),他们用汉语授课并不存在语言表达上的困难,只要他们专业基础知识扎实,教学方法得当,完全能够胜任汉语授课工作。

---

① 木哈白提·哈斯木等:《新疆少数民族中学汉语授课试验研究》,36~37 页,乌鲁木齐,新疆大学出版社,2002。

相对而言，在双语教学中比汉族教师具有一定的优势。这主要表现在：这些少数民族教师和少数民族学生同属于一个民族，他们在心理上更容易得到学生的认同，也敢于严格要求学生。在汉族学校模式和民汉合校模式的双语教育中，少数民族教师教学中的大部分课程使用汉语，学生容易保持心理平衡。在遇到学生不易理解的教学内容时，教师只要用民族语给予简单的解释一般就能使学生明白。在课外时间，教师既可以用汉语，又可以用民族语与学生进行交流与沟通。更重要的是，这些教师本身就是民汉兼通的代表，因而对民汉兼通的认识要比汉族教师或民考民的少数民族教师更加深记得。[①]

（三）民考民型少数民族教师的教学特点

民族学校模式的双语班在无法找到或聘请到上述两类汉语授课教师的情况下，不得不挑选一些汉语水平稍好的民考民教师用汉语授课。这类民考民教师在接受高等教育前就读于民族语学校，他们考上高等学校后，经过一两年预科学习，汉语水平有所提高，他们有的毕业于内地高等院校，有的毕业于新疆的重点高校。和田地区广大农村地区的民族中小学双语班教师基本上都是这种类型。

著名的双语教育学家麦凯和西格恩在《双语教育概论》一书中指出："双语教育的正常运行需要一定数量的训练有素的教师"。[②] 目前，和田中小学双语教育教师队伍无论从数量还是质量上，还存在着诸多影响双语教育正常运行、发展的不利因素。

---

　　① 木哈白提·哈斯木等：《新疆少数民族中学汉语授课试验研究》，44～45 页，乌鲁木齐，新疆大学出版社，2002。

　　② ［加］麦凯、［西］西格恩著，严正、柳秀峰译：《双语教育概论》，140 页，北京，光明日报出版社，1989。

第七章　影响和田中小学维汉双语教育实施的因素分析

双语现象和双语教育作为一种社会现象，是由于不同民族之间相互接触、交往而产生的，是随着社会的发展而发展的，因而它在发展过程中，始终受到各种社会因素的影响和制约。在不同的时代，影响双语教育发展的因素具有不同的特点。[①] 在当今双语现象突飞猛进的新疆少数民族社会中，阐明影响双语教育发展变化的因素，对我们开展有关双语教育形成及其演变的研究，预测新疆双语教育发展的趋势，无疑具有非常重要的意义。

影响我国少数民族地区双语教育发展变化的因素有来自民族外部的，也有来自民族内部的。民族外部的因素指来自这个民族所属国家（也包括其他民族）的影响，包括所属国家的性质、民族政策、语言及教育政策。民族内部的因素是指这个民族的社会、经济、文化状况，包括其人口数量、质量以及人口分布特点、自然地理生态环境、经济生态环境、人口素质、教育水平与教育观念、语言文字状况、语言态度等，我们可称之为民族因素。[②] 这些来自民族外部的和来自民族内部的因素所涉及的范围

[①] 何俊芳：《中国少数民族双语研究》，133页，北京，中央民族大学出版社，1998。

[②] 同上，133~134页。

各不相同,又有交叉现象,影响和制约一个地区双语现象和双语教育发展的程度及其特点。

第一节 国家民族语文政策及新疆民汉兼通政策对双语教育的指导作用

民族政策是指多民族国家在调整和安排各民族间关系,解决他们之间各类差别、矛盾乃至冲突时所遵循的行动准则。语言政策是民族政策的重要组成部分,可以说,它是国家、政党或社会派别实施的有意识影响语言使用,并在一定程度上影响语言结构发展的一套措施。一个国家、政党实行的民族政策是否平等,语言政策是否具有建设性,对这个国家的语言状况(包括双语状况)会产生重要影响。多民族国家的民族政策和语言政策对民族教育体系、大众新闻媒介、出版活动以及对国家机关、社会组织乃至对各民族的语言使用起到导向作用,对双语教育的形成也会产生重大的影响。①

新中国成立以后,中央政府废除了历史上民族压迫、民族歧视的政策,开创了民族平等、民族团结、各民族共同发展繁荣的新时代。在这个政治背景下,少数民族语言文字也得到了充分尊重。1949年通过的《中国人民政治协商会议共同纲领》、1951年颁布的第一部《中华人民共和国宪法》、1951年政务院批准的关于《第一次全国各民族教育会议的报告》、1952年公布实施的《中华人民共和国区域自治实施纲要》、1984颁布实施的《中华人民共和国民族区域自治法》、同年教育部颁发的《全日制民族中小学汉语文教学大纲》、1995年颁布实施的《中华人民共和

---

① 何俊芳:《中国少数民族双语研究》,135页,北京,中央民族大学出版社,1998。

教育法》、2002年7月召开的第五次全国民族教育工作会议,都对少数民族学习、使用和发展本民族语言文字的自由平等权利做出了法律和政策上的保障,强调了少数民族学生学习汉语的重要性,并为少数民族地区双语事业的发展提供了政策和法律依据。①

新中国成立初期颁布的一系列法规和政策明确了我国少数民族语文和汉语文的关系,并将少数民族语文的使用范围史无前例地扩大了。民族语文不仅是少数民族的日常交际工具,而且已经成为少数民族地区政治、经济、文化发展的重要工具。在当时的历史条件下,在处理民族语文和汉语文的关系上,党和政府突出了民族语文的地位。20世纪50年代至80年代中期,新疆维吾尔自治区依据国家相关的政策和法律,制定了相应的语言政策,突出了以民文为主,民汉语言并用的原则,同时提出了民汉互学语言的双语政策。以民文为主,即少数民族认真学习、使用和发展民族语文,这对于实施民族区域自治法、切实贯彻和落实民族政策、增进民族团结和社会稳定、维护祖国统一、继承和发扬新疆各少数民族优秀文化、加速新疆的现代化建设都具有重要的意义。因此,从新中国成立到20世纪末期,新疆少数民族地区的学校教育均采用母语授课的形式,建立起了从小学到高中乃至大学的完整的民族教育体系。

从20世纪60年代初开始,新疆的民族中小学开设了汉语课程,但是在整个教学中,汉语课程只是作为一门语言课程,真正的民汉双语教育体系还没有建立起来。1959年6月,新疆召开教育行政会议,提出民族学校从小学四年级起加授汉语。1960年,新疆维吾尔自治区教育厅发出《关于改进和提高民族中小学汉语教学工作的通知》,明确提出汉语课是民族中学主要课程之

---

① 王阿舒、孟凡丽:《新疆少数民族双语教育政策发展综述》,载《民族教育研究》,2006(2)。

多元文化整合教育视野中的维汉双语教育研究

一。要求通过中小学阶段的汉语教学，使民族学生在高中毕业时达到用汉语直接听课和记笔记的水平。这一通知的发布和贯彻执行，标志着新疆双语教育政策的初步形成。这对于加强民汉之间的文化交融、促进民族团结、推进新疆社会经济建设起到了积极作用。从此以后，在和田地区大部分民族中小学开设了汉语课程，课时定位每周2~4学时。

1984年新党发［1984］13号文件提出民汉兼通战略目标以来，它已成为各级各类学校民族教育的一种目标。1994年，和田地区开展了第一次初中部分课程用汉语授课的双语教育实验，这项实验的关键是数理化课程要用汉语讲授。

2000年，和田地区为落实自治区提出的"提高民族教育质量，以汉语教学改革为突破口"的指示，下发了和党发［2000］92号文件《关于认真组织落实中学"双语授课实验"的通知》，在各地市县民汉中学开办双语教学实验班，首批招生576名民族学生。

2004年，自治区党委、人民政府下发［2004］2号文件《关于大力推进"双语"教学工作的决定》。和田地区贯彻落实自治区决定，下发115号和党文［2004］25号文件《关于贯彻自治区党委、人民政府大力推进"双语"教学工作决定的实施意见》，认真总结实行"双语"教学实验的成功经验，并在广泛调研的基础上，结合和田教育工作实际，明确了双语教育目标。

由此可见，新疆民族中小学民汉双语教育体系的建立和完善，和田地区中小学双语教育从原先的以民语为主的单语制教学过渡到部分课程用汉语讲授的双语教学实验，最终在全区范围内建立各种类型的双语教育体系的整个过程，都受到国家和新疆民族教育政策的强烈影响。国家的民族语文政策和新疆维吾尔自治区民汉兼通教育政策的确立及其演变在和田地区民族中小学建立和完善维汉双语教育体系的过程中起到了指导性作用。

第二节　和田地区语言文化生态环境对中小学双语教育的影响

一、和田地区人口结构与特殊语言文化环境对双语教育的影响

W. F. 麦凯和 M. 西格恩指出："在描述一个双语环境时首先要考虑的因素是，作为第一语言所拥有的使用人数。原则上说，说某种语言的人数越多，它的社会地位就会越高，尽管不是所有的情况都是这样。在某些因素的影响下，说一种语言的个体数量和所在人口总体中的比例终将要发生变化。其中一种因素就是生育率，它在所有语言群体中可能并不相同。另一种因素是移民，它可能有利于一个群体而不是另一个群体。最后，双语环境中的社会压力的相互作用可能改变不同语言习得的速度，增加或减少使用每种语言的个体数量。这些情况放在一起，能随时显示语言的分布状态并能进行预测。还应该记住，不同语言的使用人数在地域或各种社会层次上的分布并不均匀，它能够并且经常发生这样的情况，即每种语言使用人数在地区之间、城乡之间等都有极大的不同，不同社会层次之间也同样各不相同。最后，确定操双语者的数量和比例是重要的。这种数量和比例在不同环境中的差异也是很大的。除了了解操双语者在人口总量中的数量以外，还有必要了解使用每种语言的人成为操双语者的数量。"[1]

因此，一个地区双语现象和双语教育的发展程度受该地区人

---

[1] ［加］麦凯、［西］西格恩著，严正、柳秀峰译：《双语教育概论》，27～28页，光明日报出版社，1989。

口因素的影响，主要表现在以下三个方面：一是持某种语言人口的数量对双语教育产生影响；二是持某种语言的人口分布类型对双语教育的影响，人口分布类型是指语言聚居区、杂居区、城镇与乡村、不同社会阶层等；三是该地区少数民族持双语者的人口数量占该群体总人口的比例对双语教育的影响。

和田地区是具有典型意义的维吾尔族聚居区，除汉族外，尚零散居住着一些塔吉克族、柯尔克孜族等少数民族。据1949年的统计，和田地区总人口有66万多，其中汉族人口有3000多人，只占全地区总人口的0.5%左右。新中国成立以后，国家派了大批汉族干部赴和田地区帮助少数民族发展生产与教育，从此城镇地区的汉族人口逐渐增多。特别是改革开放以来，许多汉族人举家前往和田城镇地区经商和从事农耕。现在和田到处都能见到来自全国各地的汉族人，既有干部、商人，也有农民、打工者。和田地区的语言使用主要操维吾尔语，包括在家庭、学校、单位、集市贸易、农业生产劳动等方面。在县城与和田市内的城镇地区，维吾尔族在日常工作生活中一般使用维吾尔语进行交流，遇到不会讲维吾尔语的汉族群众或其他民族群众时才尽量改操汉语，农村维吾尔族人口一般不懂汉语，基本使用维吾尔语。大部分汉族人口或多或少会说维吾尔语，如遇到不懂汉语的维吾尔族人他们就尽量用维吾尔语与之进行交流。和田地区的文字使用状况是各级地方政府公文采用维吾尔语和汉语两种文字，学校的教学媒介语言和文字一般使用维吾尔语言与文字并加授一门汉语课（比较普遍的是民族学校双语教育模式）。政府工作人员、教师、商贩等一般可不同程度地操维汉两种语言交流，其中政府工作人员、教师和部分不同职业的城镇人口能够不同程度地使用两种文字。随着改革开放的深入，大量的汉族人到和田来经商，也有部分维吾尔族人到内地来经商和进修深造。这种需求加强了维汉两个民族之间的交流和交往，不同民族在交流和交往当中自然地学习和使用彼此的语言。同时，广大少数民族家长既希望孩子继承本民族的语言文化,又希望他们能在未来的生活中学好汉语,顺利融入主流社会,获得更大的发展空间。因此,和田地区维吾尔族学生到内地高校和内地新疆高中班学习的愿望强烈,这加强了和田少数民族群众学习和掌握汉语的热情。目前和田地区城镇不同程度地使用维汉两种语言。笔者认为,这表明和田地区乡镇以上的城乡社会已经形成以维吾尔语言文字为主、汉语言文字为辅的双语双文的初步特征,而农村地区基本上还是一个以使用维吾尔语言文字为主的单语单文社会,但已受到城镇双语社会的强烈影响。随着和田地区的社会经济的发展,在未来的几十年里,和田维吾尔族的汉语总体水平会大大提高,大部分地区将会形成维汉双语环境。

和田地区民族中小学从 20 世纪 50 年代至 20 世纪末期学校教育中以维吾尔语为主的教学语言,汉语只是作为一门语言课程来讲授。从 20 世纪 90 年代开始,根据各地人口、语言的分布特点,和田地区的中小学进行了各种各样的双语教育实验。广大农村地区由于汉族人口很少、没有学习汉语的语言环境、师资队伍的总体素质偏低,因此这些农村地区和城镇大部分民族中小学实施的是民族学校模式的维汉双语教育实验,即教学中还采用以维吾尔语为主的教学语言,汉语文课单设一门课程或部分课程用汉语讲授的双语教育实验模式。在汉族人口比较集中,学习汉语环境比较完善,汉语师资调配条件成熟的城镇地区(主要指和田市和 7 个县城)的汉族学校进行了汉族学校模式的维汉双语教育实验,即教学当中主要以汉语文为主,各科尽量汉语讲授,部分课程用维吾尔语讲或维吾尔语文课单设一门课程的双语教育实验模式。另外,在一些语言、人口条件成熟的城镇和农村地区新建立了民汉合校,实施了民汉合校模式的维汉双语教育实验。由于和田中小学双语教育实验开始得比较晚,才经过了十几年的发展历程,目前还处在实验阶段,还没形成统一的双语教育模式和管理机制。虽然当地政府、教育行政部门、家长和学生的热情很高,但是由于大部分农村地区缺乏维汉双语学习的环境，导致目前和田中小学的维汉双语教育工作遇到了不少困难。笔者在调查中了解到，和田地区为了促进民族中小学学生学习汉语，为每个学校调配几名主要教授民族学生汉语课程的汉族教师，在学校通过张贴汉语标语、组织汉语歌咏比赛等形成为学生创造汉语学习氛围。例如，在洛浦县布雅乡中学、洛浦县恰尔巴格中心小学等学校就随处可见鼓励学生学习汉语、汉文的标语。据校领导的介绍，他们以前不定期地组织学生到市内的汉族学校去跟汉族学生交流，但是由于经费问题没能坚持下来。由此可见，缺乏语言环境的现实情况是影响和田广大民族中小学双语教育质量的主要问题之一。

二、和田地区人口素质对双语教育的影响

人口素质一般是指人的思想道德素质、身体素质和文化素质。人口的思想道德素质是指人的政治态度、道德品质、思想观念、个性修养等整体素质。身体素质主要用一岁以下（或零岁）婴儿死亡率、出生时平均期望寿命等指标来衡量，人口的文化素质主要用自立人口平均受教育年数、文化水平结构与专业知识结构等指标来表示。①

民族地区人口素质的高低直接影响该地区教育、经济事业的成功与否。少数民族地区人口的素质与民族教育有直接的关系，人口素质直接决定民族地区教育的社会环境、学校教育生源的总体素质、对教育的支持度、教育观念等。

民族人口素质客观上决定了民族教育的社会环境。学校及学生所在的生活区域内，落后的社会观念与教育观念是当前民族基

---

① 伊力哈木·吐乎提：《影响维吾尔族人口素质的教育经济因素分析》，载《民族教育研究》，1995（3）。

第七章 影响和田中小学维汉双语教育实施的因素分析

础教育质量低的一个社会因素。少数民族人口素质与民族教育的发展是相互制约的。少数民族人口素质与民族教育相互促进，形成一种良性循环关系，良好的人口素质可为民族教育提供良好质量的生源，营建一种良好的教育环境，从而促进民族教育质量的提高，而民族教育质量的提高，反过来又可以提高人口的素质。低下的人口素质与低下的民族教育质量相联系，一方面表现为相当多的人缺乏必要的基础教育，使人口质量下降，影响了民族社区新生活、新价值观念的形成；另一方面，良好的教育资源（如设备、师资和校舍等），也会因人口素质与民族教育质量低下而多方面的消耗，无法形成教育投入与产出的良性循环关系，不仅造成了智力开发的限制，而且造成教育资源的严重浪费。①

从历史上看，新疆少数民族地区始终是全国文化素质较低的地区之一。新中国成立初期，新疆的文盲、半文盲人口占人口总数的90%以上，当时6岁以上人口的平均文化程度还不到小学一年级水平。1990年的全国人口普查资料表明，新疆6岁及6岁以上人口的平均受教育年限为6.52年，其中6岁及6岁以上有文化人口的平均文化程度已超过初中二年级水平。和田地区在1952年只有1所初中，三十多个学生。截止到2004年，全地区共有各类学校1036所，在校生36万人。与新中国成立初期相比，和田的基础教育得到了很大的发展。但是，总体来说，和田地区人口的平均文化程度较低，文盲和半文盲的比例与新疆其他地区相比是最高的。一般来说，对没有受过教育或受过很少教育，但不具备基本读写能力的人，我们称之为文盲、半文盲人口。按国际惯例，文盲、半文盲指15岁及15岁以下不识字或识字很少的人。就一个地区和民族而言，人口文化程度的高低，文盲、半文盲人口状态是衡量教育普及程度和经济发展水平、社会

---

① 薛健：《新疆南部地区基础教育》，171页，乌鲁木齐，新疆大学出版社、新疆教育出版社，2003。

发展状况的重要指标之一,也是反映人口整体文化素质状况的标志之一。

表 7-1　新疆不同地区每万人拥有各种文化程度人口和文盲人口比较①

文化程度 地区	大学	高中	初中	小学	15岁及以上文盲、半文盲人口	大学文盲比	名次
总计	185	1039	2069	3646	1307	14.15	
乌鲁木齐	829	2222	3011	22412	740	112	1
克拉玛依市区	550	2448	3228	27643	557	399	2
吐鲁番地区	97	847	1845	29321	1139	288	12
哈密地区	202	1665	2646	73343	1060	52	4
昌吉回族自治州	161	1078	2959	32733	1210	19	7
博尔塔拉蒙古自治州	155	1304	2642	37842	1118	613	6
巴音郭楞蒙古自治州	152	125	2498	68409	1266	3113	9
阿克苏地区	75	650	1527	24158	1493	0.861	14
克孜勒苏柯尔克孜自治州	94	722	1166	44793	1469	2.01	13
喀什地区	69	528	1216	54237	1733	5.02	15
和田地区	53	386	887	50344	1823	6.04	16
伊犁哈萨克自治州	127	1123	2429	13478	1021	3.89	8

---

① 《跨世纪的中国人口(新疆卷)》,123页,北京,中国统计出版社,1994。

续表

地区\文化程度	大学	高中	初中	小学	15岁及以上文盲半文盲人口	大学文盲比	名次
伊犁地区	107	1038	2116	2274	1012	2.91	11
塔城地区	117	1077	2733		1067	12.4	10
阿勒泰地区	132	1145	2524		851	410	5
石河子市	321	1888	3636		247	57	3

统计结果表明，在每万人中拥有大学文化程度的人数排列上，和田地区居倒数第一位。总体上看，在新疆不同地区每万人拥有各种文化程度人口和文盲人口中，和田、喀什、阿克苏南疆三地区位于最后，在每万人中高中文化人口的比例也远远低于其他地区，这与三个地区的经济发展水平是一致的。这三个地区具有初中文化程度人口每万人中的人口比例与其他地区也有近一倍的差距。南疆各地区呈正态分布的每万人中拥有小学文化程度的人口排在前四位的是：和田地区4479人、阿克苏地区4268人、喀什地区4158人、克孜勒苏柯尔克孜自治州4092人。每万人中，15岁及15岁以上的文盲、半文盲人口排在前四位的分别是：和田地区1823人、喀什地区1733人、阿克苏地区1493人、克孜勒苏柯尔克孜自治州1469人。从以上统计结果可以看出，和田地区在人口素质几个重要指标上，均排在末位。这种情况一方面反映了和田地区在人口总体素质和文化教育水平上与其他地区之间的差距，还反映了和田广大学生家长总体素质较低的现状。由于学生上学之前在家庭的文化氛围里长大，不可避免地受到家长的文化观念、教育观念、价值观的影响。

可见，少数民族人口的素质决定了学校生源的整体素质。和田地区基础教育的质量低，其中一个重要的原因就是生源质量较差。就和田地区而言,广大农村和乡镇,真正受过较好学前教育的学龄儿童人口很少。整个地区的农村中几乎没有什么学前教育,这就使得基础教育中少数民族学龄儿童与汉族学龄儿童的文化素质在一开始就形成了一定的差距。由于民族儿童家庭与汉族儿童家庭中父母的文化程度和教育观念的差距,家庭的文化背景不同,学生家长对子女未来发展的要求不同,这一切对民族基础教育都产生了一定的影响。[①] 和田农村地区中小学学生辍学、生源不稳定的现象比较严重,一部分学生的学习处在一种间歇性的状态中,学习热情不高,使民族中小学的教学质量受到了严重的影响。

和田双语教育作为民族教育的一部分,不可避免地受到人口素质因素的影响。和田人口素质的高低直接影响到双语教育教学对象的学习态度、人们对新观念的接受程度、群众对双语教育的支持度,对和田双语教育的顺利实施起到至关重要的作用。因此,双语教育的发展必须与人口素质的不断提高相适应。随着义务教育的普及和农村综合教育改革的不断深入,和田地区民族人口的素质将不断提高,这是一个必然趋势。这就要求我们逐步扩大民族基础教育的普及范围,不断提高普及层次,使越来越多的少数民族人口得到不同层次教育的机会。

[①] 薛健:《新疆南部地区基础教育》,171页,乌鲁木齐,新疆大学出版社、新疆教育出版社,2003。

第三节 和田地区地理经济生态环境对双语教育的影响

一、教育生态学理论与民族教育

所谓生态,是指生物与环境的关系。生态学自 1868 年由德国生物学家赫克尔给以较明确的界定,至今已有一百多年的历史了。然而直到 1976 年,"教育生态学"这一科学术语才由美国哥伦比亚大学师范学院前院长劳伦斯·克雷明在《公共教育》一书中正式提出,并列为专章进行探讨。20 世纪 80 年代以来,教育生态学研究不仅范围更加拓宽,而且向纵深发展。一些学者把教育放在当代为世人注目的环境与发展的大背景下进行考察。[①]

马克思主义认为,人是自然的一个组成部分,人类活动首先作为一种自然力与自然界发生交换关系。不管人类活动是法之于天,法之于地,还是法之于人,但归根到底还是法之于自然。人类的整个活动都在程度不同地受着自然环境的制约。自然环境是指人类赖以生存的自然生态条件,是人类进行各种教育活动的生态基础,对人的身心健康和认识能力、审美能力的发展产生直接和间接的影响。自然环境为人类的生存和发展提供适宜的空间和各种资源,也为各种教育活动的发展投入必要的资源。自然环境的恶化,最终会影响人自身的生存与发展,在这个过程中,也就不能不影响与人的发展密切相关的教育生态系统。教育是人类文

[①] 吴鼎福、诸文蔚:《教育生态学》,41 页,南京,江苏教育出版社,2000。

化的组成部分,一定的教育总是与一定的民族经济生态环境有关。要摆脱生态环境来讨论教育,是很难说清楚问题的。[①] 人类的实践活动中与地理环境最密切的是以科学技术为主要标志的智能文化。民族教育中的基础教育是塑造劳动者素质的基础工程。因此,民族基础教育与民族生存的地理经济生态环境之间具有密切的关系,生态环境的优劣与否,直接影响到民族教育的质量。同样,民族教育的质量高低,也会对生态环境产生一定的影响。

新中国成立60年来,新疆民族教育获得了极大的发展,但由于其自身发展基础薄弱,与发达地区教育水平相比,新疆民族教育仍然存在着较大的差距,而且这种差距有拉大的趋势。目前,少数民族地区的教育面临许多问题,主要包括:我国的少数民族在地域分布上基本形成分布于山区、高寒地区、荒漠干旱地区及草原的格局,极大地影响了教育规模与学校的设置;许多少数民族地区由于教育经费紧张导致教育资源极度匮乏;在民族教育内部生态结构上也存在失衡现象,表现为基础教育普遍存在"三高三低"现象,即辍学率、复读率、留级率高,入学率、巩固率、升学率低,职业教育和成人教育尽管获得一定发展,但整体水平依然偏低,难以满足民族地区社会发展需要,高等教育规模发展有待进一步加快,办学水平和办学效益有待进一步提高。可以说,民族教育生态系统的生存与发展面临许多困难。面对这些危机、困难与失衡,确立与强化民族教育生态意识,是我们解决种种生态问题的思想基础。由此可见,民族地区教育的发展离不开这个地区的地理和经济生态环境,把握民族教育的生态规律,不仅可以正确处理民族教育与生态环境的内在关系,对更好地制定民族中小学双语教育政策和实施双语教育也具有重要的意义。

---

① 薛健:《新疆南部地区基础教育》,151页,乌鲁木齐,新疆大学出版社、新疆教育出版社,2003。

新疆的和田、喀什、阿克苏等南疆地区在地理环境、人文环境、经济发展、人口素质、历史沿革等各个方面与新疆其他地区存在一定的差别，这些因素对基础教育的发展会产生或多或少的影响。如果仅仅局限在教育之中谈教育，很多问题是难以解决的。以下就南疆地区的地理生态环境、经济生态环境等主要教育生态因素对和田地区基础教育的影响进行探讨。

二、和田地区特殊地理生态环境对双语教育的影响

每个民族都生存于特定的自然背景当中，其生存的自然条件各不相同。这些差别体现在地质、地貌、自然环境、气候及生态环境等各个方面。它们在为不同民族的形成和发展提供了必要条件的同时，也为其带来了种种阻碍和不利因素。

从地理环境的角度讲，中国960万平方公里的土地上，其地貌总轮廓自东向西构成一个巨大的阶梯状斜面。阶梯的最高一级是号称世界屋脊的青藏高原，它的平均海拔高度在4千米以上，面积占国土总面积的27％。第二级是从青藏高原东北向东至大兴安岭—太行山—雪峰山连接的中间地带，排列着内蒙古、黄土、云贵三大高原和四川、柴达木、塔里木、准噶尔四大盆地，其海拔高度在1000～2000之间，约占国土总面积的30％。从以上连接线往东直到海岸阶梯的第三级，它主要是由海拔在5000米以下的丘陵和平原组成，占国土总面积的34％。而中国的少数民族地区主要分布在远离沿海平原的丘陵山地和戈壁草滩。由于山川阻隔，交通不便，民族众多，形成了文化的多元性，不利于形成统一的办学形式和教学内容。

新疆维吾尔自治区位于我国西部，面积160多万平方公里，是我国陆地面积最大的省级行政区。从地理环境来讲，新疆的基本特征是：深居内陆，环境封闭，群山环绕，高低悬殊，气候干燥，沙漠广布。新疆远离海洋，高山环绕，加之盆地的封闭性，

使水系不能外流。两大盆地均属内陆盆地，塔里木盆地内的河流被封闭在盆地中部而不能流到海洋，河流最终流入罗布泊，使塔里木盆地成为全封闭的内陆盆地。位于阿尔泰山和天山之间的准噶尔盆地，除北部的额尔齐斯河能流到北冰洋，属外流水系外，其他河流均属内流河，从而使两大盆地呈现出一种封闭性的地理特点。

　　新疆西南部是和田地区的7个县，面积24.8平方公里，占新疆总面积的15％，人口占新疆总人口的8.8％，平均每平方公里47人。和田的绿洲长度不等，沿大河两侧可延伸近200公里，一般的仅有20～30公里，沿东西方向的绿洲并不连续，和田东部，绿洲中断的距离超过了连续的距离。在平原上，绿洲状似葡萄，绿洲以北是沙漠，平原北部是塔克拉玛干沙漠。除和田、克里雅等河沿岸及沙丘间的洼地有植物外，全是流动沙丘。干旱、沙暴、浮尘天气多是这个地区的气候特点。这个地区每年有沙暴天气20～40天，浮尘天气多达150～200天。1999年5月，和田地区沙暴天气一次长达8天，使1400多万亩棉田全部受灾，给人们的财产带来巨大的损失。例如：和田地区洛浦县，灌溉绿洲面积仅占总面积的10％，大部分地区是流动沙丘。民丰县北部是古代汉朝时的精绝国，在尼雅河下游的大麻扎附近，已被沙丘掩埋。和田地区维吾尔族人口占总人口的97％左右，是新疆境内维吾尔族人口比例最高的地区。汉族人口仅占3％左右，是新疆各地区汉族人口比例最小的地区。和田地区农业人口比例高达89％，工商业极不发达。因经济发展的速度慢，加之交通不便，支持经济开发的外来人口少，异质文化的交流在这里也不深入，在广大的农村维吾尔族，传统文化的大部分内容仍然被保留着。①

---

　　① 薛健：《新疆南部地区基础教育》，152～154页，乌鲁木齐，新疆大学出版社、新疆教育出版社，2003。

第七章　影响和田中小学维汉双语教育实施的因素分析

教育从来都不是一种抽象的活动，其对象、内容、形式、方法、目的以及全部体系都不能脱离具体的时空，具有明确的指向性，因此，民族教育必须依托民族地区的自然环境妥善发展。任何一个民族所处的自然生态环境，都同时兼有不利和有利两种客观条件。民族地区的自然生态环境影响了民族学校的分布形式与规模。沙漠绿洲中干旱少雨，水资源非常缺乏，森林覆盖率低，只能依靠地下水，南疆地区主要利用河水和井水来生活和灌溉，生态系统薄弱，此类地区的生态问题与当地少数民族的生计方式紧密相连的，进而影响到民族的整个生计活动、教育选择和学校布局。草原牧区由于人民的生活大都随季节的变化而变化，不十分稳定，因而牧区的学校分布一方面可以设立"流动学校"，另一方面亦可建立寄宿制学校。

和田地区自然地理生态环境恶劣的问题引起了交通闭塞、人民生活贫困、生产结构单一等一系列社会问题，给中小学双语教育的顺利实施也带来了一定的困难。据调查，和田地区实验中学和七个县的县立双语教育实验学校（民汉合校）都属于寄宿制学校，主要生源来自和田7县1市的适龄儿童。由于和田地理环境恶劣、人口分布不均（汉族人主要集中在城镇地区），为了在中小学中营造学习汉语的语言环境，保证双语教育的质量，教育主管部门只能在城镇地区设立民汉合校等双语教育实验学校。这类学校的大部分民族学生从四面八方来到城镇里的学校读书，如和田地区实验中学的双语班学生中有来自离城200多公里远的于田县来的学生。和田地区所处的自然环境不仅增加了民族中小学开办双语班的难度，而且使这个地区与全疆其他地区及全国其他民族地区相比，经济发展明显滞后，甚至一般性的学校建设和运行都完全依靠国家救济。恶劣的自然地理生态环境造成该地区经济发展滞后，教育资金严重匮乏，使得和田民族教育工作难上加难。

三、和田地区经济生态环境对双语教育的影响

如上所述,新疆南部地区较为恶劣的生态环境,具有无法更改的客观性,它是和田地区经济欠发达与贫困的一个根本性原因。新疆有 30 个贫困县,其中有 21 个分布在南疆和田、喀什、阿克苏三地区长期依靠国家补贴。和田地区自然条件恶劣,干旱少雨,经济基础薄弱,经济发展水平在自治区 16 个地州市处于较低水平。和田地区的 7 县 1 市均属于国家或自治区级贫困县,全地区有 56 个贫困乡、7 个贫困镇。整个地区主要的支柱产业是农业,缺乏工业传统,财政自给率仅为 11.3%。[①]

目前,整个和田地区的贫困人口数为 22.15 万人,占自治区贫困人口总数的 50%,因其所辖县市均为国家或自治区级贫困县,贫困一经形成,难以在短时间内消除。2000 年,新疆维吾尔自治区政府拨专款 480 万元用于解决 7.1 万名贫困学生的课本费。2002 年,中央又拨专款 497 万元解决 7 万名贫困学生的课本费,[②] 但和田地区贫困问题的解决还需要相当长的一段时间,这些援助措施毕竟不能从根本上解决问题。

目前和田地区广大农村中小学生辍学问题比较严重,归根结底是经济困难和观念落后造成的。和田地区农村小学入学率为 98.7%,而初中入学率只有 64.7%。笔者通过对和田地区 6 所中小学的访谈,了解到造成学生辍学的主要有四个方面的原因。

首先,最主要的原因是由于当地经济水平低,农牧民家庭贫困。和田地区农村农牧民家庭一般生育 2~5 个子女,很多贫困

---

① 新疆维吾尔自治区教委"南疆三地区小学毕业生升学率低问题"调查组:《南疆三地区小学毕业生升学率低问题的调查报告》,载《新疆师范大学学报》,1993(1)。

② 赵新居:《新疆和田地区民族教育成就及问题分析》,载《新疆社科论坛》,2003(5)。

家庭连一年40元的学杂费都交不起。虽然国家实行了"两免一补"政策,解决了学生经济负担过重的问题,但是学生的其他教学辅助资料和交通费、生活费还得自己解决,这对生活在绝对贫困线以下的大部分农村家庭来说,困难还是很大的。

其次,就业难造成新的"读书无用论"。当地不乏大学毕业生毕业之后三五年还没有找到工作的例子,对学生家长的负面影响很大。

再次,学校课程脱离了当地生产生活实际,教学内容单一化。目前和田地区大部分学校仍执行国家统一的课程模式,出现"校校同课程、生生同课本"的局面。而国家统一课程管理模式的弊病是其教学内容和教学要求主要面向发达地区的城市学生,很少考虑到边远、贫困地区社会发展的需要,导致学校课程脱离了当地生产生活实际,教学内容单一化。如:墨玉县托乎拉乡毕业生中接受基础教育后,只有极少数升入高等院校继续深造,绝大多数人面临就业问题。由于他们接受了学校教育,具备了一定的文化知识,但缺乏更高的社会生存技能,在城镇就业十分困难,又无法认同"落后",回归传统社区,造成基础教育与当地经济社会相互脱节的现象。诸多研究证明:学生,特别是少数民族农村学生厌学、辍学的重要原因之一就是基础教育课程远离学生的实际生活经验,导致学校中习得的普实性知识与日常生活经验无法建立有机联系,无法满足带有地域性、民族性和学校特点的发展需要,导致学生对基础教育课程陌生,进而产生自卑感,在学习过程中备受挫折,从而丧失了学习的动力。①

最后,家长的教育观念存在偏差。一些家长不舍得在孩子读书上花费,他们认为上大学的学费实在太高,不如用这些钱买汽车、做生意、学点手艺,让孩子早早就业。1999年以前,和田

---

① 艾力·伊明:《新疆贫困农村地区校本课程开发的几点思考》,载《民族教育研究》,2006(6)。

地区大部分父母对孩子的学习还是寄予很大希望的，因为那时学费不贵，工作相对也好找一些。但是2000年以后，由于学费攀升，毕业后工作又难找，一些家长的热情也随之下降了。这些因素直接影响到学生报考大中专院校的人数减少，如2001年全和田地区报考中专学校的学生有5600人，可是2002年却减少到1800人。同时，这还影响到大中专学生入学的报到率。如1999—2001年，和田地区考上大专院校的282人、考入中专学校的981人接到通知后没有去报到，分别占当年应报到总人数的5.1%和17.4%。①

和田地区这种由地理环境造成的贫困是一种"绝对贫困"，对整个地区全面建立中小学双语教育体系，实施双语教育也带来了不少困难。如笔者调查和田地区实验中学的双语教学状况时，该校教务科的老师介绍这方面的困难时说："我校双语班学生大部分是从农村来的，农村的生活更困难，这样条件下供一个孩子上学不容易。虽然目前初中义务教育阶段实行国家的（两免一补）政策，但是课本以外的辅助材料和同步练习材料不是免费的，学生想买也买不起这些辅助材料，例如一本辅助材料按8元算的话，一学期8~9门课要花70~80元，再加上他们的生活费（最少也得200元左右），对农村家庭来说不是个小数目。由于买不起辅助材料，只限于学习课本知识，对他们深入学习是非常不利的。如果强行让他们买，家长会不愿意，以为都是免费的，说我们乱收费。高中的情况比这还严重，他们的书本费不是免费的，再加上生活费，对家长和学生的压力很大。和田市五中双语班的一个学生，为了在双语班上学，每天都要走两趟5~6公里的路，一天下来就是20多公里的路程。大部分乡村维吾尔族小学生每天中午只能在学校里吃早晨从自己家里带来的馕，再喝上

---

① 赵新居：《新疆和田地区民族教育成就及问题分析》，载《新疆社科论坛》，2003（5）。

点水，就算是一顿午饭了。"

经济贫困问题还影响到了民族中小学双语师资队伍的稳定性。如和田地区实验中学是新建立的学校，绝大多数老师也是在2004年建校以后招进来的，目前有部分老师的工资兑现不了，学校自己想办法给他们发放每月400元的生活补贴。他们向上级部门多次反映这个问题，但都没有得到解决，已经有6名本科毕业的教师离开学校。由于工作量大，待遇不高，大部分汉语教师希望能够调到别的条件好一点的单位，不愿意当老师。此外，由于办学条件差，教师待遇低，生活比较艰苦，一些内地院校的毕业生往往不愿意来这里做教师，已有的汉语教师队伍也不稳定。

经济是教育发展的重要基础，和田地区的经济贫困状况决定了政府办学能力低、对教育的投入有限，这种局面还将长期存在，这与国家教育部提出的实施国家课程、地方课程和校本课程的分级办学目标形成了矛盾。在原来的办学体制下，基础教育由国家包干来办，教育经费由国家统一下拨，而现在基础教育的办学任务部分地转移到了各级政府身上，对落后地区而言，压力很大。和田地区一方面要求依法普及义务教育，另一方面又拿不出多少钱来办教育。因此，经济因素将在一个相当长的时间内对和田的双语教育起到制约作用。

第四节 民族文化心理对双语教育的影响

民族文化心理是影响民族地区教育发展的重要内部因素。影响双语教育的民族文化心理是多方面的，在此，笔者主要从和田地区民族文化对双语教育的影响，和田维吾尔族社区较为封闭的社会文化心理与教育观念对双语教育的影响，当前和田维吾尔族的社会语言态度与社会舆论对双语教育的影响，和田地区人口素质对双语教育的影响几个方面进行分析。

一、民族文化对双语教育的影响

双语教育不仅涉及两个民族的两种不同语言,也是两种不同文化的媒介之间的交流。因此,双语教育不仅仅是少数民族教育背景下一种特殊的教学形式,而且也是跨文化教育的一种重要手段。

文化的概念始终是个比较含糊的、学术界争论不休而又歧义层出的问题。对文化的定义,有人说有100多种,也有人说有200多种。在我国比较普遍的观点是:文化有广义和狭义之分,广义的文化指文艺创作、哲学著作、宗教信仰、风俗习惯、饮食器服之用等。狭义的文化指能够代表一个民族特点的精神成果。[①] 对于双语教育使用的"文化"这一术语,从广义上说,文化是"人类在社会历史发展过程中所创造的物质财富和精神财富的总和"。从狭义上说,"文化是一种生活方式,文化是人们生存、思维、感知和相互交往的背景,是连接一个特定的人类社团的粘合剂"[②]。每个民族都有自己特殊的文化。所谓民族文化就是一个民族在他自身的发展过程中所创造的物质、制度方面的成果以及基于物质、制度之上的民族共同心理。由于文化的产生、维持和发展都要以人类的成员为动力、载体和媒介,而人类成员又随着生态环境、生计方式和文化传统的不同而分属于不同的民族,所以,任何文化首先都是民族文化。同时,有生命力的文化应该是能不断地在民族性的形式下筛选其内容,择优劣汰,与时俱进的,即文化还要具有时代性特征。

民族文化与民族教育关系密切。教育从来就是某个共同体、

[①] 任继愈:《民族文化的形成与特点》,《中国文化研究集刊(第二集)》,上海,复旦大学出版社,1985。

[②] 盖兴之:《双语教育原理》,72页,昆明,云南教育出版社,1997。

社会或民族借以向下一代传授它认为对于本团体的稳定必不可少或至关重要的文化传统的一种社会活动,是"传递和发展文化的工具和手段"①。民族文化与民族教育的关系可以从两个方面去理解:一是民族文化是民族教育的重要内容之一;二是民族文化是民族教育的生态环境,即民族文化对民族教育的影响。

综观人类社会的教育史可以发现,每个民族基本都有自己传统的教育方式和教育内容,在现代教育产生以前,人类社会的教育基本上都是各民族自身传统的教育,即保持民族文化及其传统成为教育的首要目标,传统文化成了教育的主要内容。即使是在现代社会的学校教育中,那些把个人发展理解为使教育者成为聪明、有礼有节,进而使他们能为所在群体的发展作出贡献的现代民族中,人们也认为受教育者应该在一定程度上接受本民族传统文化的教育。②

民族文化对民族教育的影响主要表现在:民族文化影响民族的教育观和教育意识,民族文化影响学生人生价值观,民族文化影响学生的认知结构等。我们在民族教育中应主动地采取适合于民族文化的形式和内容以提高民族教育的功效。同时,我们还必须重视民族教育对民族文化的影响,这种影响是由教育的本质决定的。"教育就是人类社会发展到一定阶段,人类文化积累到一定程度之后产生的对年轻一代进行系统的、集约化的文化传授方式。"③ 这种传授方式的出现体现了人类的文化特性。回顾人类的历史,一个明显的事实是,自教育产生以后,尤其是学校教育出现以后,人类社会的进步速度在明显加快。而且,一个民族的教育越发达、越普及,它的社会文化发展就越快。这一事实说明

---

① 周南照:《教育改革与文化观念转变》,载《教育研究》,1987(2)。
② 王鉴:《民族教育学》,159页,兰州,甘肃教育出版社,2002。
③ 孙若穷主编:《中国少数民族教育学概论》,139页,北京,中国劳动出版社,1990。

了一个深刻的道理,即教育是文化的动力,民族教育是民族文化发展的动力。换言之,教育又是文化的一部分,它是文化当中最有发展潜力的部分,文化的传承、传播、发扬和创造无不以教育为最有效的手段。从民族文化与民族教育的关系考察双语教育的文化人类学基础,是对民族文化与民族教育关系的进一步深化。可以说,双语教育与双文化传承是民族教育中相辅相成的两条主线。所以,在研究双语教育当中的文化价值和传承问题时,必须把握好以下几点关系。

第一,要正确理解双语教育与双文化的传承与发展之间的关系,这是民族教育中有关"怎么教"和"教什么"的理论探讨。从教育哲学上讲,双语教育是手段、工具,而双文化的传承与发展是内容,是目的。正是从这一点出发,双语教育的实践必须为双文化的传承和发展服务,双文化的传承和发展又制约着双语教育的实施。

第二,民族教育中的民族文化具有自我维持和自我强化的惯性。我们对文化价值的判断应该持相对主义的态度,任何一个民族所拥有的文化,相对于该民族所处的生态环境,所达到的发展水平和所拥有的价值观念而言,都有其存在的合理性。即使要对文化中的某些内容进行更新,或在民族教育中增加新的内容,也应在尊重现有的民族文化并借助民族文化传统中的积极因素的前提下进行。

第三,由于民族文化间存在着较大的差异,现代民族教育演化成了一种跨文化教育。跨文化背景中的双语教育,其内涵、类型、理论、实践等都会因文化间的差异而形成不同的模式。

第四,双语教育的运行除了要处理好双语教育与双文化的关系外,还要体现出两种语言本身的性质与价值。①

---

① 王鉴:《民族教育学》,160~161 页,兰州,甘肃教育出版社,2002。

早在 20 世纪 80 年代初期，新疆维吾尔自治区教委就提出中小学要加强汉语教学，在中小学阶段完成汉语教学任务达到民汉兼通，进入高校直接用汉语进行教学的要求。20 多年时间过去了，目前全疆所有的民族中小学普遍开设了汉语课，都配备了汉语教师，都安排了汉语教学计划。和田地区的民族中小学也不例外，不仅所有的学校都开设了汉语课，而且从 1994 年开始，在一部分中小学还进行了形式多样的双语教育试验。但是，由于缺乏有关双语教育的理论研究，在探索适合和田地区维吾尔族文化心理特点的科学的双语教育模式时，在双语教育的具体实施操作方法、教学内容等方面遇到了不少问题。其中首先要解决的是教学模式问题，因为它涉及和田双语教育中的双语双文化学习、传承、内涵、类型和教学过程的态度、方法等问题。然而，和田地区的维汉两个民族虽然共同生活在相同的社会环境中，但是分别拥有不同的文化背景。由于维汉两种文化具有较大的差异，维汉双语教育不仅应该考虑两种语言之间的异同，而且还应该考虑两个语言群体之间在文化上的异同。在维汉双语教育当中应该充分认识两种文化在语言文化等各方面的差异，而且让双语教育充分显示出两种文化背景下的语言性质和语言价值，这是维汉双文化交融活动的必然要求。

二、封闭的社会文化心理与教育观念对双语教育的影响

社会文化环境又称价值环境，是人类在社会生活过程中所形成的各种态度、风气、价值观念等。[1] 教育的发展除了要以经济为依托外，人们的价值观念、文化传统也发挥着重要的作用。

---

[1] 吴鼎福、诸文蔚：《教育生态学》，南京，江苏教育出版社，2000。

和田地区的绿洲经济是建立在相对脆弱的生态环境基础上的，生态环境恶劣，经济欠发达，交通闭塞，人口流动少，特别是少数民族人口流动少，广大的农村基本上仍处在静止和半静止的状态中。因为与外界的物质与文化交流有限，人们习惯于按照传统的方式在相对贫困的地理环境中谋生。由于对地理环境开发的技术手段与能力非常有限，所以当地人产生了环境贫乏条件下的"贫困文化心理"，具体表现为：乐于安命，不思进取，小康皆安，缺乏商品意识，不注重积累与扩大再生产，即使有了一些剩余产品和资金，也大多用于家庭日常消费和传统的礼尚往来，还有一部分用于宗教活动的消费中。这样就形成了一个恶性循环，贫困生态环境下产生一种相对贫困的文化心理，贫困的文化心理使人们的生活进一步贫困。笔者在和田地区调查时，看到这样一种情况：一些维吾尔族农民家庭除了从事农业生产外，还在从事家庭手工业、商业、餐饮业、运输业、修理业、加工业等，有了一定的收入，盖起了新房，但却不愿意为子女交纳相对来讲微不足道的学杂费和书本费。贫困文化下产生的落后的教育观念，也是制约和田地区民族教育发展的一大障碍。①

由于经济发展水平低，工商业欠发达，生产方式简单，社会对人口的文化素质还没有提出较高的需求。人们年复一年地重复着同样的劳动，父传子，子传孙，耳闻目睹，言传身教，使农业生产、传统家庭手工业的技术得以世代相传。维吾尔族学生读书毕业后依然重复父辈们做过的事情，读书在当地许多农民眼中自然成了无用的事情。"读小学的孩子是个好农民，读中学的孩子不愿当农民"成了和田维吾尔农村中的一个普遍现象。如笔者在墨玉县托乎拉乡调查时了解到，仅1999—2001年，全乡中小学在校生巩固率只达到65%，初中一年级巩固率为60%左右。尤

---

① 薛健：《新疆南部地区基础教育》，156页，乌鲁木齐，新疆大学出版社、新疆教育出版社，2003。

其到了农忙季节,学生到校率就更低,老师只好到农村挨家挨户找学生,农村初中教育处于尴尬的局面。笔者调查发现,学生家长不让孩子上学的原因主要有三个方面:一是许多家长认为孩子上完小学能识字、会看书不当文盲就行了,家里农活多,人手不够,希望他们能够帮助家里;二是有的家长认为,过去考入中专、大专院校,国家实行包分配,毕业后能有稳定的工作和收入,而如今不仅国家不包分配,而且上学的学费太高,还不如早点回家帮助家里干活;三是有些家长认为,学校没有吸引力,子女毕业回到家里和父母一样从事劳动,所学的知识没有太大的用处,没必要让他们白白浪费三年时间。和田的各县、乡为完成国家的"普九"任务,都做了大量的工作,诸如为上中学的学生家庭多提供几分地,免去义务工,给学生提供免费餐,经济发展好一些的县、乡,还给中学生买了自行车,为考上大、中专院校的学生提供学费等。在各种各样的优惠政策出台的同时,仍有相当部分的中小学生在重读或者辍学。经济落后所造成的对基础教育的需求不足和封闭的教育观念是和田民族教育发展的一个客观的制约因素。

另外,和田是维吾尔族高度集中聚居的地区,维吾尔族人口多,密度大,且大多为农业人口。这种特殊的人文社会背景决定了和田基础教育的发展重点是广布于农村中的中小学,因此提高农村中小学的办学水平是和田地区基础教育发展的重点。就现状来看,和田维吾尔农村经济发展比较落后,社会发展缓慢,农民文化素质低,农村科学技术的普及率较低,传统文化及传统的价值观念依然较顽固,社会对人才的要求高,客观需求不足。由于和田是典型的农牧区,又是维吾尔族高度聚众的地区,这种生产方式特点和民族构成因素使和田的少数民族教育更多地面临为当地经济建设服务的问题。笔者经调查了解到,和田农村的维吾尔族基础教育当中最需要一批具备一定农牧业生产技术知识、手工业生产技术技能,能为家庭农牧业生产服务,为家庭致富的人才。这样的学生不仅要接受一般的文化基础知识教育,而且要在此基础上接受一些农牧专业和手工业知识与技能的教育。因此,从基础教育的发展趋势来说,和田民族中小学的民族教育在教学内容上并不切合当地的实际需要。

此外,一部分农村中小学也开始进行双语教学实验,其目的是通过学习和掌握汉语,尽可能地让农村学生走出和田。目前,在和田民族中小学校,考上内地高中班和疆内初中班已成为几乎所有维吾尔族学生追求的教育目的。新疆内地高中班的招生计划中规定,60%以上的内高生生源必须是农村学生。然而,从目前的实际教育情况来说,和田广大农村学校学生的综合汉语能力与其他少数民族甚至北疆的维吾尔族学生相比,还是很低的,即使和田的一些维吾尔族学生考上了内地高中班以后,恐怕也很难迅速适应内地中学的教学要求。这就需要和田农村中小学加强双语教育,同时通过基础教育改革来尽快提高教育质量,实现和田民族教育真正的发展。

三、社会语言态度与社会舆论对双语教育的影响

加德纳(R. Gardner)指出,学习者对所学语言的态度往往会影响学习的效果。[1] 语言态度一般指人们对语言的使用价值的看法,其中包括对语言的地位、功能以及发展前途的看法。不同的民族,由于社会历史不同、社会条件和人们心理特征不同,语言观念也会有所不同。一个民族的语言观念即语言态度,决定他们对使用语言的认识,对语言存在与发展的认识。[2] 一个民族的语言观念主要表现在对待本民族语言和对待外族语的态度上,也

---

[1] 王初明:《应用心理语言学》,长沙,湖南教育出版社,1997。
[2] 何俊芳:《中国少数民族双语研究(历史与现实)》,150页,北京,中央民族大学出版社,1998。

就是对待双语或多语的态度上。和田地区维吾尔族群众对双语的态度是指他们对待母语——维吾尔语和对待族际语言——汉语的态度。笔者通过对和田地区教育行政管理人员,中小学教师、学生、家长的访谈和问卷调查了解到,和田的维吾尔族都对自己的语言具有深厚的感情,因此,对本民族语言都持维护的态度,但与此同时,他们在对待族际语——汉语时持开放的接纳的态度。从调查统计结果中可以看出,和田地区维吾尔族学生和教师对母语的感情很深厚的,绝大多数学生和教师认为维吾尔语是一门有用的语言,维吾尔语在和田地区社会生活中占有重要地位,希望将维吾尔族语言文化进行代际传承,他们通过对母语的认同表达了对民族文化认同。与此同时,绝大多数维吾尔族学生和教师肯定了汉语在和田维吾尔族聚居区的社会生活中的重要作用以及对学生发展前途的重要意义。在对和田地区中小学实施维汉双语教育的态度上,和田中小学学生和教师希望和田地区成为一个维汉双语并存的双语社会,并认为这两种语言的保存对该地区的社会发展有重要的作用。这些观点表明,当地维吾尔族群众对和田中小学实施维汉双语教育持肯定态度。这也反映了当地维吾尔族群众对后代语言学习的态度,表达了他们对学校管理者实施双语教育政策的希望。大多数学生和教师认为在和田地区的双语教育中利用维汉两种语言来进行教学是很有必要的,对一些人试图以汉语取代母语的观点持消极的态度。

以上分析结果表明,和田地区实施双语教育是广大维吾尔族群众为了适应时代的发展,为了提高民族教育质量而做出的正确选择。广大维吾尔族群众对母语的深厚感情以及对于学习汉语的积极态度影响着今后和田中小学双语教育的顺利实施。因此,在双语教育中必须考虑到广大群众的语言态度问题。对和田地区而言,如果在双语教育中放弃母语,以汉语教学完全取代母语教学,就不符合广大维吾尔族群众的意愿。笔者认为,在今后和田的双语教育中,我们必须充分发挥母语的作用,在课程设置、课时分配上注意两种语言教学的比例。只有这样，才能保证和田中小学双语教育的顺利开展。

此外，本书在第五章的分析中，将和田地区维吾尔族群众对双语教育及其作用、双语教育对民族文化的传承带来的影响等方面的不同观点和认识归纳为十点。这些社会舆论反映了和田广大群众对双语教育及其作用的认识存在某些分歧，这主要是由于人们对双语教育的一些理论和现实问题还缺乏认识所造成的。笔者通过调查了解到，包括很多教师在内的和田老百姓、学生家长和教育行政管理人员对双语教育的理论认识都很浮浅，甚至有的人认为汉语教学就是双语教学。双语教育的决策者和实施者对双语教育认识的严重不足会影响整个和田中小学双语教育的方针政策的制定、学制管理、课程设置、教学计划和大纲的安排、教材编写、师资培训、教学方法、测试评估等一系列活动，也会引起老百姓对双语教育的误解。双语教育活动要依靠系统、科学的双语教育理论指导才能顺利进行。笔者曾向和田教育系统有关部门提出建议，希望和田的双语教育要做到实践同理论相结合，从方针政策、基础理论、教学理论、教学方法等方面开展进一步探讨和研究，总结出具有地方特点和民族特点的双语教育规律、途径和方法，使和田双语教育进一步科学化、系统化、规范化，进一步提高双语教育质量。

第五节　和田地区的教育资源对双语教育的影响

任何一个国家和民族地区在规划双语教育系统时，首先必须考虑到该地区现存的教育资源问题，教育资源对双语教育的顺利实施起着重要的作用。没有考虑到现存教育资源条件的双语教育方案，即使做得再好也不会取得真正的成功。我们在此提到的教育资源包括双语教育的师资、经费、教材与教学参考资料等因素。下面笔者从以上几个角度对和田地区现存的教育资源总体状况及其与双语教育之间的关系进行分析。

一、双语师资因素对双语教育的影响

双语教师通常是指那些能熟练运用两种语言进行教学的教师,特指能用一门外语教授非语言课程的教师。[1]

一个双语教育系统不仅需要一定数量的训练有素的教师,而且要求他们中的一部分人能以另一种语言教学。即使教师总数得到满足,如果每一种语言的教师得不到满足,系统也不能顺利运行。[2]

从以上观点可以看出,合格的双语教师必须具备两个基本条件,一是具有能够满足教学的两种语言和文字能力的基本素质;二是具有能够满足教学的学科专业基本素质。无论上述两种基本素质中哪一种素质欠缺,都会对双语教育产生不利的影响。一般情况下,经济落后的少数民族地区的双语教师呈现出不但在数量上缺乏,而且在质量上也较低的状态。和田地区也存在着这种现象,严重影响着维汉双语教育的质量。

据和田地区教育局 2004 年统计,全地区双语教学缺汉语教师 2124 名,其中小学双语教师缺 1400 人,初中双语教师缺 600 人,高中缺 100 多人。由于和田地域辽阔,社会经济条件、自然地理环境、文化背景、宗教信仰等多方面的因素影响和田中小学双语教育师资队伍的数量和质量,主要表现在:

第一,汉语教师数量不足,理科双语教师奇缺。全地区中小

---

[1] 姜宏得:《试论双语教师的专业素质》,载《当代教育科学》,2003(23)。
[2] [加]麦凯、[西]西格恩著,严正、柳秀峰译:《双语教育概论》,140 页,北京,光明日报出版社,1989。

学共有10048个教学班（其中用汉语授课的班级不到2%），仅有1869名汉语教师。民族学校中教学班与汉语教师班师比例约为5：1，平均每班汉语教师0.17名，难以满足汉语教学的需要。目前初中有2380个教学班，按两个班一名汉语教师计算，缺417名中学汉语教师，小学三年级以上的班有5770个，按每三个班一名汉语教师计算，缺1044名小学汉语教师，两项合计，目前尚缺汉语教师1461名。

目前和田地区从双语教育实验过渡到推进双语教育之后，仅2006年秋季从预科班进入初一双语教育段的班级就有114个班，需要双语数学教师57人（按两个班一名数学教师计算），初中阶段已培训上岗的数学教师仅43人，由此可见，数学等理科双语教师短缺，已有的理科双语教师实际上是在超负荷工作，质量难以保证。

第二，汉语教师基本功欠佳，整体素质偏低。双语教育究其实质是以培养民族学生的各项跨文化交际能力为目的，因此，双语教育对汉语教师的基本功有着严格的要求，除了要具备一定的双语水平，发音准确、书写规范、语法正确、用词熟练等能力之外，还要求双语教师具有能够满足双语教育的学科专业基本素质。但目前和田地区许多中小学汉语教师并非语言专业出身，由于缺乏严格、系统的专门训练，一时很难适应汉语教学工作。2000年，和田地区教委教研室对和田市民族中学水平较高的46名汉语教师进行了HSK水平模拟测试，总分为100分，最高分30分，最低分27分，其中多数参试者不超过3级。和田地区中心市的民族中学汉语教师水平尚且如此，其他农牧区更可想而知。

第三，双语教育师资队伍中民考民出身的民族教师的比例过大。据统计，少数民族汉语教师占整个中小学汉语教师总数的99.5%。其中小学少数民族汉语教师占97.8%，初中少数民族汉语教师占97.2%，高中民族汉语教师占98.34%。许多少数民族汉语教师仅在师范院校或各种培训班进修过几年汉语,初步掌握了汉语语音、词汇、语法方面的基本知识,而在实际运用汉语的技能方面还很不熟练。汉语拼音是汉语教学的重要部分,是掌握汉语发音的基本技能。中小学汉语教学大纲规定:汉语拼音教学初始于小学三年级第一学期,形成于小学阶段,巩固于初中阶段,至高中阶段可以自由运用。然而地区教育局教研室的《和田地区部分民族中小学汉语教学质量调查报告》显示,小学阶段完全掌握汉语拼音的只有23.3%,基本掌握的占28.4%,没有掌握的占57.3%;初中阶段基本掌握的不到10%,基本没有掌握的高达90%以上;高中阶段完全掌握的只占6.8%。和田地区中小学生学习汉语文的错误类型主要有三种,即没有掌握汉字字音而无法正确注音,发音不准造成误写,没有掌握汉字的写法和拼写规则,显然这种状况与汉语教师的汉语语音水平不无关系。

第四,双语教师队伍不稳定、工作量大。由于双语师资工作量大,且待遇方面的政策不能落实,许多双语教师不愿意从事汉语教学工作,致使双语教师转岗情况较多。据统计,20世纪60年代分配到民族学校的双语教师,原来有一百多人,现在只剩下10人,许多人转行做了其他工作。1985年,和田地区双语教师大量调离教育战线,其中中小学就调走了107人。双语教师奇缺和师资队伍不稳定是困扰和田中小学双语教育的主要原因之一。一名合格的双语教师需要长期的积累和磨炼,大批老教师的离岗,更加造成了双语教师青黄不接的局面,给教学质量的提高带来了很大困难。许多人认为,给民族学生教汉语简单,只要会说汉语,有一定民族语基础就能教,双语教师在修养和知识结构上并不需要什么特殊的要求。这种轻视双语教育师资的思想影响了双语教师的积极性。双语教师的工作性质比较特殊,他们在课堂中用两种语言来讲课,大部分中小学的双语教师每周课时量在15节以上,有的甚至超过20节,长期的超负荷工作使双语教师很少有时间去钻研教学,而且很容易引起教师身心疲倦,这些都影响到他们工作的积极性。

上述和田双语教师队伍中存在的种种问题，使本来就欠佳的双语师资队伍的素质面临进一步的倒退，这种情况对和田中小学的双语教育来说无疑是一个极大的威胁。我们知道，教学大纲、教学计划、教材内容一旦确定后，教育的实施者——教师知识水平的高低对双语教育的成败起着关键作用。和田中小学双语班挑选的是最有潜力的维吾尔族学生，家长乃至整个社会对他们的期望很高，如果师资得不到保证，教学质量无法保证，学校就难以向家长、社会交代。因此，解决双语教育的师资问题必须有一个长期规划，需要设计一套完整的双语教育师资培训计划，建立稳定的双语师资培训系统，才能为和田双语教育的发展奠定稳定的基础。

二、教育经费因素对双语教育的影响

和其他所有的教育体系一样，双语教育也涉及费用问题。双语教育的经费一般是指超过单语教育之上的那些额外费用，[①] 这些额外费用之所以高于单语教学的正常费用，是因为双语教育系统需要一定比例的会讲一两种语言的教师，然而大部分少数民族地区本身都没有这个条件，需要培养或者聘请一批双语教师来任教，因而使得组织费用升高。其次由于学生说两种语言的熟练程度不同会使组织费用加大，需要特殊照顾或补助的学生人数增加也是使费用增加的一个原因。再次，使用两种语言进行教学意味着教材必须进行双语对照，在某些场合下，双语教育教材的编写和使用甚至需要"白手起家"。最后，如果两种语言都用作行政目的和内外交流目的，双语费用将进一步增大。除了这些业务费

---

① 滕星：《文化变迁与双语教育》，231页，北京，教育科学出版社，2001。

用之外，还有一些建设和更新费用：培训未来的双语教师对教师作进一步培训，以所需要的语言编制和出版教科书和教材以及双语教育的研究实验费用。①

因此，在一般情况下，双语教育实施的费用要远高于单语教育的正常费用。无论是发达国家还是发展中国家，实施双语教育的少数民族地区通常是经济欠发达、自然地理环境恶劣的落后贫困地区，这些地区实施单语教学的费用本来就已经不足，实施双语教育就更加困难了。

和田地区的教育经费来源主要包括国家财政性教育经费、社会捐款、集资经费、事业收入和其他收入，其中国家财政性教育经费占绝大部分。和田地区是国家级贫困地区之一，贫困人口占绝大多数，地区财力微弱。改革开放以来，和田地区的教育经费增长迅速，特别是近20年来，年平均增长率为20％左右，基本和国民生产总值增长率同步。国家对贫困少数民族地区教育事业的发展投入了大量资金，使和田民族教育事业的发展在资金上得到了一定的保障。但是由于和田地区总体经济发展水平有限，大量农牧民还处在贫困线以下，再加上自然经济生态环境恶劣，地区财政能够投入的教育资金与内地发达地区以及新疆北部经济比较发达的地区相比，还是很低的。因此，和田地区的基础教育发展历年来都存在着经费严重不足的问题。和田各县（市）基本上只有一所少数民族语言高中或完全中学，且规模小，校舍面积小，可容纳学生有限。2004年，和田初中毕业升高中入学率仅为11％。由于历史原因及经济条件制约，和田地区的教育基础设施建设，特别是高中教育建设远远跟不上社会经济发展的需求。根据和田地区人们对教育日益增长的需求，和田地区不但要普及九年义务教育，而且要逐步普及高中教育，使该地区高中普

---

① ［加］麦凯、［西］西格恩著，严正、柳秀峰译：《双语教育概论》，148页，北京，光明日报出版社，1989。

及率达到自治区的平均数的 40%，这就需要在现有的基础上新建 8 所高中，总投资 11410 万元。然而，这笔基础建设所需经费的筹备对经济欠发达的和田地区来说十分困难。① 由于和田地区财政收入增长滞后于经济增长，财政收入占国民生产总值的比重逐年下降，财政性教育经费的增加还远远不能满足教育事业发展的需要，特别是生均公用经费支出（扣除物价上涨因素，和田财政收入实际增长并不多，使各类学校生均公用经费始终十分紧张）。另外，和田地区小学、普通中学及职业中学的教学、实验实习仪器、图书设备配备都远远没有达到规定的最低要求。

总之，社会经济发展水平较低的和田地区所能够提供的预算外教育经费很少，群众的经济承受能力较低，这些都给当地的双语教育带来了很多困难。因此，教育经费短缺问题是目前制约和田中小学双语教育发展的关键因素之一。今后，国家应当充分发挥宏观调控的作用，采取措施在财力上大力改善和田地区民族教育的办学条件，不断满足当地教育发展的需要。

三、双语教育的教材与参考资料因素对双语教育的影响

规划双语教育的必要条件之一是保证教学中能容易地得到适当的教科书和标准相同而语言不同的教材。尽管这种要求看起来似乎容易满足，然而实际上并不尽然，适用教材的缺乏是大多数双语教育碰到的主要障碍之一。②

教材通常称课本。它是根据教学大纲和教学法的要求，简明、系统地讲述各门学科内容的教学用书，它既是教师教学的依

---

① 和田地区教育局：《2005 年工作总结报告》，内部资料，2005 年 12 月。
② [加] 麦凯、[西] 西格恩，严正、柳正峰译：《双语教育概论》，142 页，北京，光明日报出版社，1989。

据，也是学生获得这一学科系统知识的重要工具。双语教育教材是指少数民族学校使用民族语文和主体民族语文两种语文编写的教材，既包括语文学科教材，又包括语文学科以外（如数、理、化）的学科的教材。大、中、小学、社会扫盲的教科书和教学参考资料都属于教材范围之内。大致看来，我国的双语教育教材主要有三类，即民族文字教材、用民族文字编写的语文学科以外的各科教材以及民族学校的汉语文教材。双语教育教材是民族学校教育组织双语教育活动、顺利完成教学任务实现教育目的的必要条件。[1]

双语教育的教材在各地有不同的使用情况。有的以本民族语言为主，中小学文科理科教材全部用民族文字编写，汉语只作为一门课开设，以学会汉语为目标，教材与统编汉文教材不同，它是以汉语作为第二语言教学的原则来编写的。有的采用汉文统编文科理科教材，以汉语为教学语言，同时用民族语言辅助教学。有的以汉文教材为主，全部采用统编的教材的译文，本民族语文教学课只在三年级以前开设。[2] 和田地区中小学双语教育推行了汉族学校模式、民族学校模式、民汉合校模式三种模式的双语教育，各类学校的教材使用特点也有所区别。有的学校以维吾尔文教材为主、汉文教材为辅，有的学校以统编汉文教材为主维吾尔文为辅，有的把汉文统编教材、民文教材和双语教材混用。因此，和田地区中小学双语教育的教材使用也比较复杂。据调查，和田的双语班新开办时，由于没有自治区和地区规定的统一教材，在第一批学生的教学中使用了多种教材，其中民校的汉语教材、汉校语文教材、双语班的教材都有。有的学校根据学生的情况（入学时组织摸底考试）混用了各种教材，也没有其他配套练

---

[1] 戴庆厦、滕星、关辛秋等：《中国少数民族双语教育概论》，153～154 页，沈阳，辽宁民族出版社，1997。

[2] 盖兴之：《双语教育原理》，103 页，昆明，云南教育出版社，1997。

习和辅助材料。因此,首届学生毕业的时候上完了总共 31 本教材。总体上说,整个新疆及和田地区在维汉中小学双语教材和教学辅助资料的开发上存在以下两个问题:

一是缺乏适合维吾尔族学生文化心理特点的教材。目前和田中小学使用的汉文教材是主要以中国主体民族文化与价值为背景的统编教材,这套教材的内容没有考虑到少数民族文化心理特点。民语课的课文内容过于陈旧,更新不快,脱离了孩子们的实际生活和理解能力。课文中介绍的英雄人物、内地城市生活方面的内容太多,能够真正贴近孩子们实际生活的内容不多,因此孩子们理解不到课文的真正内涵,总觉得这些东西离自己甚远,贴近维吾尔族学生心理特点和维吾尔族文化历史的教材很少。

二是缺乏有效的维汉双语对照教材和参考资料。目前自治区有关部门编写了一部分维汉双语对照图书和参考资料,但是数量少、质量低。双语课程学习过程中学生和教师的大部分时间用于查字典、翻译课文内容。双语参考资料有利于双语班学生快速学习两种语言和知识,双语对照图书和辅助资料在学生与老师和家长之间能够架起一座重要的桥梁。和田广大农村的维族家庭的家长基本上不会汉语,但是他们几乎都会读写母语,如果开发有效的双语教材和辅助资料,家长就能够对孩子进行有效的指导。此外,双语图书还能够减轻师生的负担,节省很多学习时间。双语图书还具有体现少数民族语言文字存在价值的独特作用,但是目前这种教学资料很少。当然,双语教材的开发还需要大量的研究,具有民族和地方特色课程内容的双语教材的开发、编写、出版及印刷也都需要大量的资金。同时,我们还应当清醒地看到,由于新疆双语教材编写工作起点较低,有许多理论问题有待人们进一步去探索和解决。上述种种问题都不是短期内所能解决的。笔者认为,在维汉双语教材和参考资料的编写、使用中最重要的是认识问题。无论双语教材编写中遇到多大困难,我们也应该对双语教材建设持积极的态度,因为双语教材为双语教师的备课、授课和检查学生的学习情况提供了基本依据,同时它还通过反映一定教学目标的练习体系指导学生进行双语学习。总之,编写科学的、具有民族地方特色的双语教材是保证和田地区双语教育顺利实施,提高民族地区教育教学质量的有力保障。

第八章 和田地区维汉双语教育的发展趋势与对策研究

第一节 和田地区双语社会和双语教育的发展趋势

一、双语人数量不断增多、语言观念不断更新

随着经济文化水平的不断提高,人们对物质生活和精神生活的追求也会提高,而物质生活和精神生活的提高需要第二、第三语言为其服务,人们在现实生活中有必要使用双语,民族教育的普及不仅提高了人们的教育水准,还提高了人们使用语言的能力,而民族教育的普及一般包括汉语文的普及。现代化大众媒介工具的普及,为双语的发展提供了必要和可能;各民族流动人口的增多,使不同民族间日益频繁的交往更加需要族际语第二语言的汉语作为媒介。不管是经济落后的民族地区,还是经济发达的民族地区,在居住地域上不管是聚居的还是杂居的,边疆的还是内地的,他们的双语都会向前发展,这是由我国社会经济发展的

总趋势决定的。①

如上所述，随着和田地区改革开放事业的进一步发展，人们在构建和田和谐经济文化语言生活实践中越来越深刻地认识到：如果没有一批高质量的双语人，不仅不能使双语更有效地为本地区的经济文化建设服务，而且双语的发展也难以稳步前进。新中国成立前，由于时代的局限，和田的经济都处于比较封闭、落后的状态，不同地区和民族之间的经济文化交流还不十分频繁，双语教育的发展很缓慢。加之历代统治者实行民族歧视、民族压迫政策，民族矛盾、民族隔阂严重，少数民族学习汉语的自觉性不高。因此，新中国成立前双语的普及率比较低，特别是由于民族教育极度落后，双语教育的质量就更无从谈起。新中国成立后，由于民族平等政策的实行，特别是随着内地经济文化影响的扩大，新疆不同地区和民族之间在政治、经济、文化上的交流有了空前的发展，加之民族教育水平的逐步提高，少数民族双语教育无论是在人数上还是质量上都有了大幅度的增加和提高，新疆少数民族群众在语言观念上也发生了很大变化，开始从封闭走向开放。

和田地区是维吾尔族高度聚居地区，在日常生活和交往中基本上使用维吾尔语。由于历史原因，过去人们对学习第二语言——汉语的积极性不高。据笔者的调查访谈，现在，无论是和田地区的领导干部、教师，还是当地的家长、学生，他们大都已经开始认识到学习汉语文的重要性。笔者对不同群体对双语教育的语言态度的调查统计结果表明，大部分学生、教师和家长对学习汉语持积极的态度。他们认为，汉族是我国的主体民族，文化教育发展水平较高、科技较发达，为了学习和了解汉文化，更好地掌握现代科学文化知识，首先必须学好汉语。大部分维吾尔族

---

① 何俊芳：《中国少数民族双语研究（历史与现实）》，161页，北京，中央民族大学出版社，1998。

访谈对象认为：学好了汉语不仅便于维吾尔族群众对外经商，与国内其他民族交流、交往，了解更多的信息，而且也便于维吾尔族学生考上大学，为将来找一份好工作打下基础。越来越多的家长已开始扔掉陈旧的观念，鼓励和支持孩子上双语班，希望他们在学好本民族语言文字的基础上努力学习汉语文。很多家长认为，民族学校里的汉语教学水平不高，效果不好，他们不愿意送子女上民族学校，而更愿意送子女上汉族学校。如和田市五中、和田县三校（汉族学校）等汉族学校模式的双语班在招生时，由于条件有限，远远满足不了群众的需求，每年均出现招生名额供不应求的现象。当然，在和田地区，由于维吾尔族人口高度密集，广大农村地区还处于比较封闭状态，经济落后，与外界交往不多，因此一部分人对汉语的学习和需求还没有产生真正的紧迫感。但笔者的调查表明，和田地区不少群众已开始把汉语看作是与外界往来、发财致富的一种重要工具，看作是促进本民族兴旺发达的一个重要手段。当今中国社会改革开放和经济发展的大潮正在冲击着和田广大地区，当地绝大多数维吾尔群众对他们的后代学习汉语不仅采取认同的态度，而且给予积极支持，和田维吾尔人传统的语言观念已开始发生变化。

二、双语教育的最终社会目标——实现民汉兼通、构建和谐进步的语言文化生活

语言作为人类最重要的交际工具，首先要满足人们一般的生活交际与社会交际。在多民族多语言地区，每个民族都有使用与发展自己民族语言文字的权利，保证民族内部语言生活与社会生活的和谐，同时在跨民族的交际中，根据不同语言社会功能的差异，形成不同层次的共同语，各种语言在不同民族间的交往中发挥着各自积极的社会功能，为各民族间共同的、和谐的社会生活服务，表现出一种和谐共生的局面，我们称之为和谐的语言生

活。对这种自然形成的、历史形成的和谐规律,我们应该正确认识、充分尊重,并主动发挥它对多民族地区社会和谐发展的积极作用。经济的发展、社会的进步是人类社会发展的总趋势。语言生活适应经济的发展、社会的进步,是语言发展的客观规律,整个人类语言的发展史都在阐释这一规律,这个规律也是我们目前进行语言生活建设应遵循的规律。遵循这个规律建设我们的语言生活,称之为进步的语言生活。[①]

因此,每个民族的语言在民族间的交往中都可以发挥自己积极的社会功能,同时,也应当不断适应社会的发展。每个民族在历史上创造、发展和完善的语言文化系统,都较好地服务于自己的民族,从这个意义上来说,任何民族语言文化在功能上都是相等的。但是,在语言文化上存在着较大差异的多民族地区,由于各民族之间的文化和语言上的差别,往往在共同生活和发展过程中会出现一些误解和不和谐的现象,这是世界上任何一个多民族国家在其发展过程中存在的共同问题。如何使这些具有不同文化语言背景的民族群体能够自觉和谐地生活在一起,为一个共同的社会目标而奋斗,是每一个多民族国家必须思考和解决的重大问题。

当今世界,大部分国家为了达到这个目的,往往通过双语教育的方式来缩小各民族间在文化语言上的差距,拉近彼此间的感情。双语教育不仅仅是教会学生学习两种语言,在语言的学习中还要让学生充分了解两种文化,培养他们具备适应和接纳不同文化的能力,从而有利于促进具有不同语言和文化背景的学生之间的相互了解与合作,为形成一个统一的多民族国家、构建多元一体的和谐社会提供必要条件。就新疆而言,较大的语言文化群体是维吾尔族和汉族,双语教育的主要形式是维汉双语教育。维汉

---

① 张卫国:《双语学与新疆双语问题》,博士论文,中央民族大学,2005。

双语教育的社会目标是：继承维吾尔族优秀文化遗产，加强维汉两民族间的文化交流，促进多民族大家庭在经济上共同发展，在文化上共同繁荣，在政治上各民族相互尊重、平等、友好与和睦相处，最终实现多民族国家在多元一体格局下的和谐的语言文化生活。

新疆维吾尔自治区的民汉兼通政策作为新疆双语教育发展的最终教育目标，是构建新疆和谐的社会语言文化生活的必然选择。民汉兼通是指少数民族学生在学习本民族语言文字的同时，也要学习汉语，最后达到民族语、汉语兼通的目标。1984年，在新党发〔1984〕13号文件中提出了民汉兼通的理念，后来这一提法在自治区党委和人民政府一系列的文件中得到具体化和规范化，成为自治区各级各类学校民族教育的目标之一。民汉兼通的基本理念与和谐进步的语言生活不相矛盾，和谐进步语言生活是针对整个社会语言生活提出的理想模式，民汉兼通则是针对少数民族教育提出的具体努力方向。

按照建设新疆和谐进步语言生活的理念，民汉兼通应该理解为新疆少数民族学生在学习使用母语的同时，学习掌握好汉语，至于学习哪种语言，第二语言应掌握到什么程度，就应根据学习者自身的生活、工作、发展上的需要来决定。我们提倡民汉兼通，但不能要求每个语言学习者的两种语言能力达到同样的水平。从语言学习规律上来讲，除了少数人以外，绝大部分双语者都很难达到两种语言在所有领域里从语言到文字实际能力的完全同等。构建和谐语言文化社会的前提是：各种语言在便捷高效、有利于社会和谐与发展的原则下，在自己适用的领域、行业、场合中发挥各自的社会功能；在有些场合下可能要双语并用；在有些场合下，也可能以单语为主。① 各种语言都以自己的方式为社

---

① 张卫国：《双语学与新疆双语问题》，博士论文，中央民族大学，2005。

会的和谐与发展做着贡献,这应该说是比较理想的和谐的语言文化双语社会的基本内容。

三、双语教育稳步发展,质量不断提高

当前世界,随着经济信息一体化、全球化时代的到来,各国之间、不同民族之间的交流不断加强,双语问题显得更加重要,已成为世界范围内的一个涉及语言、文化、教育、科技、政治、经济的大问题。各国各民族也日益认识到一个民族走向双语和多语是民族语言生活选择上的基本趋势。我国少数民族也进一步认识到,实现民汉兼通是少数民族地区发展文化、教育、经济、科技的必然选择。和田地区实施的维汉双语教育作为和田民族教育的特殊模式,是和田维吾尔族学生学习和掌握中国各民族的通用语言——汉语,走出和田,面向未来、面向现代化,培养和田维吾尔族高层次人才,发展当地经济文化的重要途径,这已成为和田地区各族人民目前的一个基本共识。和田维吾尔族学生在学好本民族语文的基础上学好汉语,在条件成熟的学校里再加授外语已成为和田地区,乃至整个新疆维吾尔族民族教育发展的总趋势。因此,我国少数民族双语教育发展的规律,新疆维吾尔自治区民汉兼通教育政策的内涵和要求的演变过程以及新疆社会经济、教育发展的总趋势,基本上明确了今后和田中小学双语教育发展的基本趋势。

《中国教育改革和发展纲要》[①]指出,未来世界的竞争主要是科技的竞争、人才的竞争。新疆的社会要进步、经济要发展,就需要接受更多的科学技术,需要培养更多的人才,特别是少数民族人才。随着改革开放的不断发展,随着信息社会的到来,新

[①] 中共中央、国务院:《中国教育改革和发展纲要》,1993。

疆社会的发展特别需要双语人才，甚至多语人才，这种人才既要懂民族语言，又要懂汉语，有条件的还应懂外语。这是少数民族教育适应现代社会发展的需要，更好地为新疆各族人民服务的必然要求。

新疆维吾尔自治区在1984年下发了"关于贯彻自治区党委[84]3号文件的几点意见"，要求把汉语视为民族中小学最重要的工具课之一，把民汉兼通作为双语教育的基本方针。1994年，新疆教育部门决定在部分地区民族中小学实施物理化课程用汉语讲授的双语教育实验。2001年，自治区基础教育工作会议正式颁布了《自治区党委、自治区人民政府关于基础教育改革与发展的决定》，指出："加强汉语教学，努力提高少数民族教育质量。要把汉语教学摆在少数民族中小学教育教学的突出地位，坚持分类指导、分区规划，制定少数民族汉语教育的目标和要求，努力提高汉语教学质量。积极创造条件，加快汉语师资培养、培训步伐，为少数民族双语教育发展奠定基础。有条件的县（市）城镇少数民族小学，要从一年级开设汉语课；要进一步扩大'双语'授课实验范围，县（市）以上少数民族中学要逐步过渡到'双语'授课实验班教学模式"。2002年，自治区制定了《新疆维吾尔自治区教育事业发展"十五"计划和2015年规划方案》，确定教育发展的战略目标，并指出："把重视少数民族教育质量和开展双语教学摆在教学改革的突出位置，使全民受教育的水平显著提高"，"少数民族语言授课的小学从一年级起开设汉语课"，"乡镇或条件好的少数民族语言授课的学校从小学三年级起开设英语课，中学逐步实现在数学、物理、化学等课程用汉语授课"。2004年3月31日，新疆维吾尔自治区党委下发了《自治区党委、人民政府关于大力推进双语教学工作的决定》，指出："少数民族语言授课的中小学，其双语教学模式，由现阶段的以理科为主的部分课程用汉语授课，或除母语文外的其他课程用汉语授课的模式，最终过渡到全部课程用汉语授课，同时加授母语文的模式"。这一系列双语教育政策的变化过程和新疆中小学双语教育发展的实际情况可以表明,新疆民族中小学双语教育在发展过程中,受到教育政策变化的影响,将从最初的所有的民族中小学开设汉语课程的模式到部分课程用汉语讲授的双语办学模式,最终过渡到全部课程用汉语讲授,同时加授母语文的模式。在这一演变过程中,我们可以看出新疆民族中小学双语教育发展的基本思路和趋势。对于教育基础本来就较为薄弱,全面实施双语教育条件还未成熟的和田地区,特别是和田广大农村地区的中小学来说,在短短的几年时间内,完全达到自治区规定的要求,实现自治区规定的除母语文之外的课程均用汉语讲授的双语教育模式,难度特别大,这是由和田中小学现有的可利用教育资源的实际情况所决定的。和田地区要实现以汉语为主的双语教育模式还需要经过相当一段时间的师资培训、经验积累、理论探索和论证过程。通过对和田地区教育行政管理人员、学校领导、教师、学生及其家长的访谈,笔者认为,今后和田地区中小学双语教育具有广阔的发展前景,从总体上呈现出以下特点:

第一,在教学模式上逐步过渡。首先要巩固和发展大部分民族中小学从小学三年级开设汉语课直至高中毕业的普通模式。其次,逐步推行从小学一年级开设汉语课,到初中阶段转入部分课程用汉语讲授的双语授课的模式。最后,在有条件的城镇地区的初中学校和汉族学校双语班的教学模式逐步实现除了母语文课之外的课程均用汉语讲授。此外,积极探索加授外语课的各类"三语"教学模式。

第二,在保证教学质量的前提下,招生规模不断扩大。随着双语教育办学方式和机制的完善,广大家长的热情普遍高涨,但由于和田地区可利用的教育资源短缺,目前双语教学试验班的招生出现了供不应求的现象。这就要求从扩大双语实验班招生规模的方向上考虑,不断提高双语教学质量,更好地满足广大群众对双语教育的需求。和田地区教育主管部门为此已经采取了一定的措施，如从2006年9月新学期开始，为了满足广大家长的要求，整个地区中小学新增了166个双语班，招收7590名学生，在上学年全地区428个班、16613名学生的基础上，扩大到了594个班。

第三，双语师资短缺、培训困难等问题得到了进一步解决。和田地区2006—2007年教育工作计划中提出了解决师资问题的具体措施，主要包括积极争取国家和自治区及对口支援省区的支持和援助，各级政府和教育行政部门专门建立双语师资培训和经费保障的机构等措施。除此之外，和田地区各级教育部门在统一双语教育教材和辅助材料，规范小学和初中双语教育的教学语言的比例、课时等方面也出台了一些可行的政策。

可以说，随着双语教育管理体制、考试制度、教学标准、教学模式、师资培训、教学方法和教材建设等问题的进一步解决和完善，和田地区双语教育的办学质量将会进一步提高，前景十分广阔。综上所述，以维汉双语教育改革为重点，进一步深化民族教育改革的基本思路，完全符合和田地区民族教育的发展趋势，这也是时代的需要、现实的选择和历史的必然。

第二节 和田中小学维汉双语教育模式的发展对策

在前面的章节中，笔者从和田中小学三种双语教育模式的形成及其依据、历史情况、未来发展趋势以及学生、家长、教师、教育行政管理人员的观点出发，对这三种模式的教学特点、具体操作程序、教学目标，每种类型的优点和弊端等问题都进行了详细的探讨。本书的目的是在全面、系统的双语教育研究的基础上，提出构建和田中小学双语教育的完整模式。但是，和田双语教育实施的时间较短，而且现在对各种模式的教学效果进行评价

第八章　和田地区维汉双语教育的发展趋势与对策研究

还为时过早，因而构建和田中小学双语教育完整模式的理想目标在本书中并没有得到完全落实。因为一个地区科学、完整的教学模式规划需要长期的探索和总结，需要整个社会的积极参与，不是个人在短期内能够完全实现的。因此，笔者在书中主要提出了改革和完善和田地区现存双语教育模式的方法、途径，并就如何构建符合和田基础教育资源水平和实际情况的双语教育模式提出一些具体的建议和对策。

如上所述，和田地区可利用的教育资源有限，特别是双语师资短缺、教学质量比较低，和田农村地区和城镇地区教育水平的差异也比较明显。因此，在全地区范围内推行统一模式的双语教育是不符合实际的。和田中小学双语教育模式的建立必须考虑到现有的双语教师队伍、教材建设、双语教育经费、学生入学之前的语言学习认知结构、文化差异、广大少数民族群众对双语教育的态度、政府有关教育政策的发展趋势等方面的因素。国内外很多双语教育实验表明，如果不具备一定的教学条件、比较成熟的教学大纲和教学模式，而为了应付"行政指令"而盲目实施的双语教育是不会得到成功的，反而容易造成社会上对双语教育的批评和质疑。我们倡导的双语教育应当是基于科学研究和实际教育条件之上的双语教育。因此，在现有教育资源的基础上，探索符合和田实际情况的、有地区特色的、多种多样的双语教育模式对今后和田双语教育事业的发展、各阶段双语教育的接轨和双语教育质量的提高都是很有帮助的。

和田中小学现行的双语教育模式主要有民族学校模式、汉族学校模式、民汉合校模式三种类型，目前和田的大部分中小学，特别是农村地区的中小学采取了民族学校模式的双语教育，汉族学校模式和民汉合校模式的双语教育由于教育条件和语言环境的制约，基本上集中在城镇地区。

一、民族学校普通类型双语教育模式的发展对策

由于和田地区的语言单一性特点比较明显，因此，绝大部分民族中小学实施了民族学校模式普通类型的双语教育。维吾尔语是和田维吾尔族社区主要的交际工具，当地维吾尔族儿童基本没有习得第二语言的环境，因此，母语教学是最直接、最方便和最有效的教育手段。"当第一语言有了坚实的基础时，第二语言的良好说写技能更容易形成"[①]，儿童第二语言能力的发展要依赖于已经习惯的母语能力，过早引进第二语言教学会引起两种语言的发展而产生认知冲突，并且由于缺乏母语和母语学习经验的支持以及不正确的吸收而导致少数民族学生不能正确地掌握第二语言。目前学术界普遍的共识是，让操少数民族语言的儿童通过第一语言学习识字是一个明智的决策，因为这样做不仅能提高儿童的第一语言水平，也同样能提高他们的第二语言水平。

因此，笔者认为，缺乏汉语言学习环境的和田地区维吾尔族儿童的汉语学习应在他们的母语达到一定水平后再引进，这样才比较科学。现阶段和田大部分地区，特别是农村地区采取民族学校模式的双语教育模式是符合儿童智力发展规律的，也是合情合理的。但是，从和田广大农村地区目前的双语教育水平来说，这类模式学生的汉语水平提高较慢，不能适应高中和大学双语教育的要求。因此，笔者认为，这类学校的汉语教学应当从小学一年级开始，随着学生年龄的增加逐渐增加汉语课时，有条件的学校在课堂上尽量多使用维汉对照的双语教材。维吾尔族学生母语和汉语的认知水平达到一定程度时，逐步实现部分课程用汉语讲授的模式。这样，学生不仅能在小学时就学好两种语言，而且上初

---

① 钟启泉：《双语教育之我见》，载《全球教育展望》，2003（2）。

中后他们对双语教育也不会感到有太大的困难。因此，和田地区的教育部门首先应该加强对汉语教师的师资培训，同时要抓好其他学科教师的双语培训，还要加快民族学校维汉对照教材的开发，为顺利实施双语教育打好基础。

二、民族学校双语教育模式以及民汉合校双语教育模式的发展对策

和田地区中小学实施的民族学校双语教育模式与民汉合校的双语教育模式在学校语言环境，教师、学生的民族构成，教学特点等方面都有所区别，但二者在教学操作程序和教学目标上有很多相似之处。这两种模式同样采取低年级阶段母语教学和汉语教学并行，同时大力加强汉语学习，然后逐步过渡到除母语或部分课程之外，其他课程均用汉语授课的教学形式。

这种教学模式强调在课堂教学中以汉语为主要教学语言，在学校里营造更多的汉语言学习环境，并通过用汉语教学各门学科，为学生提供较多接触汉语的机会，提高学生汉语语言习得的速度，使学生逐渐具备较好的汉语综合能力。

笔者认为，根据和田地区现有的教育资源条件，这两种模式的双语教育应采取以下几个步骤为宜。

实验类型的学校应在小学低年级就开设汉语课，小学一二年级主要抓母语和汉语的学习，使用维汉对照教材，到三年级时，逐步实行部分课程用汉语授课，维吾尔语与汉语在教学中的使用时间和比重应该基本相等。这一阶段的双语教育还不能采用全汉语的教学模式，必须进行维汉两种语言的对照教学。因为这一阶段维吾尔族学生的汉语基础还不牢固，汉语思维发展还没有达到应有的水平，如果过分地强调使用汉语教学，势必影响学生维吾尔语语言的学习与维吾尔语思维水平的发展，对学生学习汉语也极为不利。

在双语教育的第二阶段,即在普通类型学校小学三年级至初中三年级以及民汉合校初中阶段的双语教育中,逐步提高使用汉语教学的比重。在这一阶段,学生的维吾尔语水平发展相对已经比较完善,维吾尔语思维能力也基本养成,汉语听说能力也能得到一定程度提高,学生可以通过维汉双向思维进行双语学习。因此,学生在这一阶段可以比较顺利地学习汉语课程的内容,双语教师在教学中应尽量使用汉语来讲授理科课程,而语文、政治、历史等文科课程用母语或双语讲授比较恰当。

第三阶段,即上高中以后,双语教育逐步过渡到主要用汉语来授课。但是,这一阶段必须把维吾尔语文作为必修科目。因为在文科课程中使用汉语教学的难度比较大,所以双语教育条件还未成熟的学校应该继续在文科课程中使用维汉双语讲授的模式。在以汉语为主要教学语言的理科课程的双语教学中,如果出现用汉语表达学生理解较难的概念和知识时,完全可以用母语来解释,因为双语教育的重点首先是学科内容,其次才是汉语。在教学过程中不能搞形式主义,教学应该以提高学生综合素质为本,以发展学生智力为目的。

三、汉族学校模式双语教育的发展对策

汉族学校模式的双语教育基本上是在城镇地区的汉族中小学里实施。这类模式双语教育的目的是采取"浸没式"的双语教学方法来提高学生汉语言思维能力。由于这类双语教育实验的时间比较短,因此小学和中学阶段的教学还未形成有效的接轨机制,基本上是各自为战,采取的具体教学方法和教材也不统一。据调查,很多学校在小学一年级时就开设了维吾尔语文课,从二年级开始,母语文只单独作为一门课程来讲授,课时为4学时,其他课程均用汉语讲授。这类模式的初中双语教育与民汉合校的双语教育特点相同,即在低年级强化汉语,高年级逐步过渡到除语

文、政治课外,其他课程均用汉语授课的模式。

和田地区进入汉族学校双语班的维吾尔族学生基本上没有受过双语学前教育,大部分学生汉语水平很差,在这种情况下他们只能通过母语识字。由于学生从小在维吾尔语言文化特点浓厚的社区和家庭中成长,所以在入学之前他们的语言思维习惯都是维吾尔语。为学习第二语言创造教学条件的做法不符合少数民族儿童智力发展的内在规律。入学以后,教师如果直接把第二语言——汉语作为主要教学语言,就会对学生在理解和掌握课程内容造成极大的困难,不符合我们所提倡的双语教育中双语同等发展的本质和民汉兼通教育目标的要求。

因此,这类模式的双语教育(特别是在小学阶段)应该加强母语文的学习,加大母语课程的课时。笔者认为,这类学校的学生在入学之前,应当接受双语学前教育,最好是两年。学前教育的维汉两种教学语言的比例应该是50%左右。学前教育阶段可以完成母语识字课程、汉语拼音和汉语简单会话的学习。这样不但可以保证学生从小学一年级开始实现母语文水平与民族学校同年级学生母语文水平同等状态,还可以让民族学生顺利地进入汉语课程的学习环境。还有更重要的一点是,要解决这类模式各阶段双语班教学接轨的问题。在访谈当中,很多家长表达了这种困惑。如他们反应,自己的孩子上完汉族小学双语教育升初中时,由于目前和田地区汉族初中的双语教育也是从零开始的,班里还有从民族小学直接进入汉族初中的一部分学生,呈现出了严重的层次不齐的状态,这对从汉族小学双语班出来的学生带来一定的不利影响。因此,必须出台解决这个问题的有关政策,解决这类模式双语班教学接轨的问题。

总之,双语教育模式的选用应该基于民族地区的社会环境、可利用的教育资源水平、语言环境的差异、语言观念的开放程度等因素来考虑。和田的城镇和农村地区学校的情况差异很大。因此,不要对所有的学校搞一刀切,不必强求实行全用汉语教学的模式。要在各个学校的师资力量、办学条件、教材情况、教学质量等现有教育资源的基础上,选择具体的双语教学语言比例,安排适当的语言课程。对双语教育条件还未完成成熟的学校更不必强求"全用汉语授课"或"全用汉语教材",可以适当地调整双语教学要求,待双语教学条件成熟后,再提出更高的要求。而条件成熟的,有双语环境的城镇地区的学校可以首先开展双语教育。双语教育不能出于功利、赢利或争夺生源的目的。如果还未具备双语教育条件,就勉强开展双语教育,尤其是那种名不副实的双语教育,对于和田维吾尔族学生的智力发展以及当地双语教育的长远发展都是极为不利的。

从我国"双语教育"的发展历程看,被人们视为比较成功的朝鲜族、蒙古族双语教育在其实施过程中,始终坚持同时或间隔性地使用两种语言教学非语言学科。在实施双语教育过程中,双语教师普遍比较重视学生双语能力的均衡发展。如果只用一种语言进行学校所有的非语言学科的教学模式,就不能称其为是真正意义上的双语教育模式。真正意义上的双语教育只有在特定的环境下才可能实现,即在开展双语教育的民族学校中,当第一语言和第二语言同时能够随意地成为师生在课堂教学和生活中的交流语言时,才能称之为最理想的双语教育。

第三节 建立双语教育管理与保障机制的几点建议

为了完善和田地区中小学双语教育工作的管理与保障机制,教育部门和学校要明确双语教学的教学大纲,建立双语教育经费保障机制,完善办学目标、双语教材、双语学制、双语课时、教学方法、考核评价等方面的制度和标准。

第八章　和田地区维汉双语教育的发展趋势与对策研究

一、修订完善的教学大纲

据笔者调查，新疆中小学双语教学大纲不够完善，而民汉兼通评估的具体标准尚未确定。这就造成了目前新疆民族中小学双语教学在教学目标、学制、课时、教材和评价等方面比较混乱，双语教学整体情况难以掌握。新疆教科所对民族中小学双语教学调查表明，现在新疆的双语教学大纲总体设计是比较薄弱的。据笔者对和田7所中小学双语教育的调查情况看，大部分民族中小学双语班的双语教学"除在教材前言中提出本册应学会多少词语外，看不出总的要求和分年级的安排"。对各类双语班双语教学的具体目的和要求到底如何，应该达到什么样的语言水平等方面，都没有提出明确的要求和标准。部分学校双语教学的随意性很大，对教材没有更新，使用的是内容早已淘汰的旧教材。有的学校没有明确的双语教学计划、教师上课比较盲目，上到哪儿就算哪。虽然和田教育局已经出台了统一学制、统一评比标准等方面的一些规定，但是从总体上看，这些规定缺乏实地调查和科学的论证。因为教学大纲和教学计划决定、制约着教材的编写、教材内容的确定、教学方法的选择和运用等一系列问题，只有科学地制定出教学大纲和计划，才能正确估量教学质量，明确改进教学方法。[①] 因此，要切实提高双语教育质量，编写、制定出一套完整、科学的教学大纲与计划是十分必要的。针对上述问题，新疆有关教育行政部门在制定中小学双语教学大纲时，应该做好两个方面的工作：一是制定中小学双语教学大纲和计划，由教育行政主管部门以文件形式下达，以便各学校有据可依，目标明确；二是双语教学大纲和民汉兼通的具体语言标准等方案制定后，应

---

① 赵秀芝：《浅谈新疆双语教育体系的完善问题》，载《语言与翻译》，1998(2)。

该把教学大纲的目的、要求和民汉兼通的评估方案分解到每个学段、每个学期、每个单元、每一节课,各级学校应按照教学目的和要求逐层达标,争取尽快在全疆范围内大面积推广落实。此外,教育部门还应组织专门领导班子落实大纲和民汉兼通方案,检查双语教育情况,以避免走过场。

二、正确认识双语教育的功能

目前,和田地区中小学双语教育持续发展,表现了维汉双语教育顺应了和田维吾尔族面向未来、面向现代化的愿望。同时也表明了只要保证双语教育的科学性,保持双语教育实施过程的生机与活力,和田地区的双语教育是大有可为,大有发展前途的。但由于和田地区语言人口分布情况不同,维汉两种语言差异大,文字使用功能不同,民族教育基础条件和发展水平落后等情况,给和田地区双语教育的发展带来了一定困难。为进一步做好双语教育工作,人们首先要统一对双语教育重要性的认识。双语教育不仅是和田维吾尔族继承和弘扬民族优秀传统文化的需要,也是增强民族团结,加快和田地区经济、文化、教育等各项事业的发展,促进各民族共同繁荣进步的需要。为此,和田各级政府和教育行政部门应充分认识到双语教育的重要性,努力解决好双语教学当中存在的众多问题,健全和完善双语教育的体制、实行政策优惠和资金倾斜,加强师资培训和教材建设,根据实际情况分类制定全地区双语教育的规划,明确双语教育的目标、措施和要求,为和田地区双语教育的健康发展创造更好的内部和外部条件。

三、合理安排双语班的教材使用、学制及课时

教材是教学大纲的具体体现,是教师施教和学生学习的依

据,是考核学生掌握基础知识、基本技能的依据和标准。统一的教材是开展好双语教育的基本保证,因此,要开展双语教育工作,教育行政主管部门要做好各类双语教育教材的建设工作,按照城镇和农村地区各学校的实际情况,统一各类模式双语教育的教材,不要各自为政,各行其是。此外,对双语教学的课时要有统一的安排和规定。充足的授课时间是完成教学任务的前提条件,没有这个前提,再好的双语教学规划都要落空。因此,统一课时就是要求双语教学管理部门必须对总的双语教学课时有一个明确的规定,并且要对不同年级每学期双语教学的周课时安排进行量化管理。各级实施双语教育学校要严格执行量化了的课时安排,不能以种种借口,取消或减少双语教学的课时。针对目前和田中小学各类模式双语教学班的学制五花八门的现状,有关部门要制定实施统一学制的规定。这样不仅可以保障双语教育管理机制的正常运行,还可以促进双语教育长远、稳定的发展。

四、建立科学的双语教育评价体系

为全面评价双语教育的教学质量和效益,进行统一的评价是有必要的。据笔者调查,目前和田地区在双语教育评价标准上存在的问题比较突出:双语教育评价标准不明确、不科学,缺乏统一的评价标准,双语教育评价的目的模糊不清,双语教育评价缺少周密的计划,双语教育评价方法与对象比较单一,双语教育评价主体错位。为建立科学的双语评价体系,首先要转变双语教育评价的观点。双语教育评价不仅仅要关注学生汉语综合能力的提高,而且还要关注学生母语能力的提高、非语言学科各门学习能力和综合思考能力的提高。双语教育评价的主旨在于促进学生的全面发展与教师双语教学水平的和谐发展。为建立科学的评价系统,笔者建议开展以下几个方面的工作:一是组建专门的双语教育评价机构;二是确定多元的双语教育评价对象,双语教育评价对象的确定必须涵盖双语教育的实施者、双语教育的受益者以及双语教育的中介等各种因素,以全面了解双语教育实施情况,发扬成绩,及时弥补其中的缺失;三是准确定位双语教育评价主体,双语教育的主体是双语教育的实施者、双语教育的受益者以及双语教育的中介,参加双语教育评价实践的应该是教师、学生、家长;四是制定相对统一的双语教育评价标准。更重要的是,有关部门应该考虑双语班学生参加高考时,使用相应的考卷和录取名额的问题;① 五是要使用灵活的评价方法,包括检查评比、考核评比、随机抽样评比、项目评比、总结评比等。另外,还可以从办学方向、目标管理、质量效益等方面对双语教育进行评比。双语教育评比的内容很多,但是每次评比都要突出重点,有依据,具有一定的代表性。

五、保障落实双语教育所需的经费

相对而言,双语教育的经费要大大高于单语教育的经费,因为它涉及双语教育教材、辅助材料、教学仪器的购买和师资培训等众多问题。和田是国家级贫困地区,在上一章,笔者已经详细分析、讨论了和田基础教育经费短缺的原因。虽然自治区每年为和田地区的双语教育建设下拨专款,但还是远远不能满足和田地区双语教育发展的实际需要。如新疆维吾尔自治区教育厅1996—2000年共拨给和田地区双语教育资金13万元,地、县(市)在财政十分紧张的情况下,每年从人民教育基金中拨出5万元的办班经费。然而,2006年全地区新增双语班166个、学生7590名,在上一年全地区428个双语班、16613名学生的基础上,扩大到594班、24203名学生的规模。近两年来,和田民

---

① 吐尔地布·赛拉依丁:《维吾尔中小学双语教育研究》,硕士论文,东北师范大学,2006。

族小学的双语班每年以约 160 个班的速度增加。① 这些经费根本不能满足迅速发展的和田双语教育事业的需求。由于双语教师课时量较大，教学负担过重，多数教师星期六还加班，因经费紧缺，课时费难以足额支付，如和田市五中每节超课时费仅付 0.65 元。此外，还存在着双语教室的视听设备及配套音像教材因没有经费而无法购置，双语教育师资缺乏培训经费等诸多问题。

为了帮助类似和田这样贫困的地区学校改善办学条件，笔者建议国家专门设立贫困地区教育发展基金。和田各级政府也要充分认识到双语教育的重要性，建立并完善双语教育资金投入机制，保证开展双语教育工作所需的经费。各级财政部门要多渠道筹措资金设立双语教育专项经费，并切实保证双语教育经费的专款专用。另外，有关部门还要研究切合实际的教育经费投入机制，使贫困地区教育经费更加科学、合理的使用。

第四节　和田中小学维汉双语教育发展对策

一、科学认识民汉兼通的内涵

1987 年，新疆维吾尔自治区党委和人民政府提出了民汉兼通社会教育目标。从此，民汉兼通成为各级党组织和政府、教育部门、民族学校、教师、学生努力实现的一个共同目标。长期以来，人们对民汉兼通的理解并不一致。按照建设新疆和谐语言文

---

① 和田地区教育局：《2006 年工作总结既 2007 年工作计划》，内部资料，2006。

化生活的理念，笔者认为，民汉兼通应该理解为少数民族学生在学习使用母语的同时，学习和掌握好汉语。至于哪种语言应该掌握到哪种程度，政府部门并没有作详细的要求和标准。但是，从两种语言的社会功能上看，新疆和田地区民汉兼通要达到的最理想的社会状态应该理解为维汉两种语言同时能够随意地成为各族群众在生产生活中交流的语言。从汉语的社会功能上看，它是我国大多数人使用的语言，也是我国各民族相互交流的共同语言，它的社会交流功能是我国任何一种少数民族语言所无法比拟的。从少数民族语言的社会功能上看，民族语言是一个民族生存和发展的基本工具。少数民族以其语言为工具，传承本民族的优秀文化，维系本民族内部的认同和联系，在广大本民族成员中进行交往和交流。《新疆维吾尔自治区语言文字工作条例》中指出：自治区的自治机关执行职务时，同时使用维吾尔、汉两种语言文字……自治州、自治县的自治机关执行职务时，在使用自治区通用的维吾尔、汉语言文字的同时，使用实行区域自治的民族的语言文字。[1] 可见，维吾尔语不仅作为本民族的共同语言在新疆境内，尤其在南北疆广大维吾尔族聚居区发挥着巨大的社会功能，而且作为新疆的工作语言，在新疆境内许多少数民族之间也发挥着其作为局部族际语言的社会功能。从这个意义上说，民族语言在我国的政治、经济、科技、文化、教育领域发挥着不可替代的作用。[2] 上述情况表明，任何语言不管其社会功能多么不同，但在它所能发挥的范围内，它的社会功能是其他任何语言不能替代的。从民汉兼通的理想目标来说，维汉两种语言的掌握和使用的要求和标准应该是同等的，两种语言都具有彼此不可替代的社会

---

[1] 戴庆厦等：《中国少数民族双语教育概论》，13页，沈阳，辽宁民族出版社，1997。

[2] 木哈白提·哈斯木等：《新疆少数民族中学汉语授课实验研究》，193页，乌鲁木齐，新疆大学出版社，2002。

功能。

可见,新疆维吾尔自治区党委和人民政府对少数民族学生提出民汉兼通的要求,是符合少数民族群众的根本利益的,因为它准确地反映了在法律上具有同等地位、社会功能上有所差异,但又不能互相替代的民族语和汉语这两种语言和谐并存,不能偏废任何一方的客观事实。作为对少数民族教育的特殊要求,民汉兼通的要求准确地体现了宪法和民族区域自治法中所贯穿的民族平等、语言平等原则,也体现了少数民族语和汉语在民族教育中的互补作用,所以说它真正体现了少数民族群众的愿望。民汉兼通意味着在双语教育中对少数民族语和汉语的学习和使用要兼而顾之,而不是让汉语取代少数民族语。如果只强调学习本族语,不强调学习汉语,或者只强调学习汉语不强调学习本族语,都是不符合民汉兼通要求的。就和田地区维吾尔族各群体维汉兼通情况来看,目前无论是学生、教师、家长还是教育管理行政人员,他们的维吾尔语水平大大高于汉语,这种客观事实决定了目前和田地区的维汉双语教育的重点应放在大力加强汉语学习,尽快提高学生的汉语综合能力上。同时,学校也决不能以加强汉语教学为理由,忽视维吾尔语教学的地位和学生综合素质的全面提高。我们应该看到,民汉兼通双语教育目标的实现需要经过长时间的发展和积累,因此,在双语教育中不能采取拔苗助长的教学方式。和田地区的双语教育应当着眼于学生的长远发展,重视学生维汉双语思维能力同等培养,并将其作为实现民汉兼通目标的重要指标。

二、大力加强双语师资培训工作

实施双语教育是发展我国民族教育、提高民族教育质量的有效途径之一。双语教育要取得成功,必须要有合格的师资队伍作保证。双语教育对教师的语言能力和综合能力提出了更高的要求,双语教师除了要求能够熟练使用两种语言,具有一般教师应具备的基本素质外,还要懂得双语教育的理论和方式,具有双语教育的专门知识和技能,同时也是既熟悉本民族文化又了解第二语言民族文化的双文化人才,只有这样的教师从事双语教学,才能有效保证双语教育的质量。本书在前面的章节中已经具体分析了和田双语师资队伍对双语教育的影响,探讨了和田中小学双语师资队伍的总体情况,指出了其中存在的一些问题,如双语教师数量不足、掌握汉语文化知识的能力相对较弱,双语教师的学历偏低、双语师资队伍不稳定等。因此,教育主管部门要高度重视汉语教师的培训工作,加大培养民汉兼通师资的力度,在充分发挥现有人才作用的同时,还要通过各种渠道,有针对性地采取多种形式加速双语师资人才培养,造就一支合格、稳定的双语型教师队伍。

(一)采取各种优惠措施,拓宽双语教师来源渠道,稳定教师队伍

目前,和田地区双语师资工作量大,且待遇方面的政策不能落实,许多双语教师不愿意从事双语教育工作,致使双语教师转岗较多,加重了双语教育师资短缺的问题。因此,和田地区教育行政部门和学校应考虑采取各种优惠措施,吸引更多的双语人才进入到双语师资队伍的行列,稳定现有师资队伍。

1. 对现有双语师资在职称评定、奖金发放、出外进修等方面给予适当的政策倾斜,真正做到感情留人、政策留人、待遇留人,以确保高质量双语教育的大力开展。

2. 充分利用人才市场的作用,实行教师聘用制,把有志于双语教师工作的大中专毕业生吸引进来。要抓住事业单位人事制度改革的机遇,建立能进能出的用人机制,对超编人员和一些因能力和责任感不足而不适当双语教师的人,采取多种途径定期进行分流,以便空出岗位,而对缺编的岗位,能够及时补充符合

双语教师任职条件的优秀大学生和代课教师。

3. 根据自身的需要，加大民考汉或双语师范生定向招生工作，保证其毕业后到基层中小学任教。此外，还要充分发挥好和田师范专科学校在培养师资队伍和科研上的优势，为各级各类学校输送高学历、高素质的民汉兼通的教师。同时，也要加强和田双语教育理论研究和校长培训工作。

4. 争取中央、自治区为和田双语支教教师增加指标和经费，积极吸引外地汉语教师为和田双语教育事业做贡献。为此，建议有关部门采取积极措施吸引外地双语人才，并大力改善他们的工作、生活环境，不断提高他们的工资、奖金待遇。

（二）采取多样化的培训方式，强化双语师资的培训工作

双语教师素质的高低是决定和田地区双语教育质量的关键因素，也是顺利实施该地区双语教育，实现民汉兼通目标的基础。针对和田地区中小学师资队伍双语教学基本功较差的现状，有关教育行政部门在不断引进高质量双语师资的同时，应当采取多种培训方式，提高现有师资队伍的总体素质。

1. 积极创造条件，争取国家和自治区给予和田更多的双语教师培训和进修名额，有计划地安排教师赴内地和疆内各高校和有关机构接受双语培训教育，加大双语教师挂职学习培训力度，让更多的双语骨干教师获得深造的机会。

2. 充分利用国家对民族地区教育对口支援优惠政策，加强校本培训工作。目前，国家每年安排将近 100 名内地中小学或北疆发达地区中小学的教师到和田中小学支教。除了让这些支教教师担任正常的教学任务外，还要利用他们在教学理念、教学方法方面先进的优势，积极组织他们开办双语师资培训班，加强双语师资在现代教育理论和现代教育技术方面的培训。

3. 充分发挥和田师范院校和教师进修学校的力量，建立专门的双语培训基地，加大培训力度、增加培训的期数和班数，让

多数教师都有双语培训的机会。

4. 加强和田地区民汉学校之间的合作交流力度，组织有一定潜能的民族教师到本县市汉语教学质量较好的学校进行培训、观摩、挂职，学习优秀汉族教师的备课方法、教学方法和教学经验。

5. 鼓励参加函授和自学活动，不断提高教师的学历结构。采取正规培训、脱岗培养、业余辅导和在职指导等多种方式，对广大双语教师进行分期培训和强化训练，使双语教师的培训系统化、科学化、制度化和终身化。

6. 要有针对性地选择双语师资培训内容。目前的双语师资培训当中存在着过度追求或只顾汉语理解、表达、写作能力提高，不顾教师专业课基础知识增长的不良现象，这其实并不利于双语教师专业课知识的传授。因此，双语培训中除了重点加强汉语综合能力的培养之外，还要有针对性地安排教师在专业课双语教学训练、双语教学技巧、方法等方面的培训。

三、加强富有地方特色的双语教材建设

目前维吾尔中小学维汉双语教育教材编制和使用上普遍存在三个问题：一是课程设置和教材编排在很大程度上受全国统一模式的影响而缺乏特色；二是严重缺乏适合少数民族学生文化心理特点的双语教材，主要是对民族文化方面的内容体现不足；三是缺乏有效的维汉对照教材和双语参考资料。

教材问题是双语教育中的关键问题之一。依照跨文化教育课程的理念，少数民族地区的教材建设应该把握正确的民族观，将多民族的观念渗透到整个教学过程中，课程应该考虑到少数民族学生的学习风格，有助于发展学生良好的自我意识，同时有助于

学生全面理解少数民族文化和民族特征等。① 双语教材首先应有针对性，即要有明确的使用对象；其次要有科学性，既要符合学生学习语言的规律，又要符合教师教授语言的原则；再次，要具有实践性，即让学生通过教材的学习和练习，提高其语言应用能力；再次，要富有趣味性，增加教材趣味性的目的在于调动学生学习的积极性，使学生在整个语言学习过程中，处于一种主动、积极的状态，保持其学习的持久性；最后，双语教材的编写既不能照搬一般汉语学校的汉语教材，也不能套用其他民族地区的有关教材，要注意因地制宜，编写突出民族特点、地区特点、时代特点的双语教材。

根据以上双语教教材建设的原则，新疆维吾尔中小学双语教育教材编写上除了坚持教材内容的科学性、趣味性、层次性等原则外，最重要的是要充分考虑到教学对象文化心理背景上的特殊性。针对双语教育教材的内容与学生实际生计特点及生活背景相脱离的现状及其他问题，笔者建议在和田地区双语教材的建设和使用上应采取以下措施：

第一，在开发和使用双语教材时应当充分重视教学对象的文化背景。不要将语言教育看成是简单的语音、语法和词汇的学习而忽视每种语言背后独特的文化背景。和田地区中小学双语教材的开发和使用应该考虑学生的文化背景、贫困地区的特殊生计方式，否则，农村地区的学生不能理解体现现代化的城市文化、生活方式的教材内容，会影响学习的积极性和教学质量。

第二，立足当地资源和文化特色，加强开发有地方特色的辅助性校本双语教材。目前，和田等南疆贫困地区大部分农村学校的课程开发主要依赖于国家统一的课程资源，而学校自身充分挖掘和利用当地课程资源的能力还比较薄弱。国家统一管理课程的

---

① 王鉴：《民族教育学》，170 页，兰州，甘肃教育出版社，2002。

最大缺陷在于很难全面兼顾不同地域的时态动向、民族习俗、学校背景、学生身心素质结构等方面因素，而校本课程的开发恰好弥补了这一不足。以利用本土资源增强学生综合素质为重任的和田地区校本课程，要充分整合、凸显少数民族地区得天独厚的资源优势，例如生态环境、历史文化背景和人文景观。双语教育作为民族教育的特殊形式，更应该体现课程的有效性和趣味性，从而增强农村学校学生入学的吸引力，把农村学校双语教育发展为培养具有高素质实用性人才的基地。

第三，重视编制有地方特色的维汉对照教材、双语阅读图书和双语参考资料等双语教材、教辅。这类教材、教辅的最大特点是为学生掌握教科书上难以理解的内容提供方便，因此它更应该体现和接近学生的心理特点和生活背景。基于这个原则编制的双语教材、教辅一方面可以提高学生的双语双文化水平，不会使学生的维吾尔语水平受到影响；另一方面易于学生自学，不会对学生造成太大的学习压力，保证和提高教学质量。

四、重视双语教育的理论研究

随着社会经济的发展和教育改革的进一步深入，和田地区的双语教育事业将获得更新、更快的发展。随着和田地区双语教育事业深入发展，将会出现更多的新问题、新困难。这就需要我们在理论上和实践上做出回答。和田地区双语教育的实践证明，双语教育的方针政策制定、学制管理、课程设置、教学计划、大纲安排、教材编写、师资培训、教学方法、测试评估等一系列活动都要在系统、科学的理论基础上进行才能取得事半功倍的效果，双语教育中维汉两种语言的相互学习及影响等问题也急需双语理论的指导。双语教育中的母语和第二语言之间存在什么关系，人们的认识也不是很清楚。研究双语的人们更多地看到母语对开发智力、发展民族教育以及对学习第二语言的积极作用，但是教学当中还存在着母语对学习第二语言的干扰作用，因此，在语言教学过程中科学地阐释母语和第二语言之间的关系直接影响到双语教育中两种语言的比重等人们所关注的重大问题。

在和田地区大力开展双语教育的理论与实践研究不仅能直接服务于教育教学，提高教学质量，而且也是培养当地高层次双语教育人才的重要手段。但是，和田地区双语教育战线上的很多人至今还未充分认识到双语教育是注重方法和理论研究的一门学科。据笔者调查了解，有的教师尽管数十年在双语教学第一线奔波，能谈出很多个人的双语教学经验，但缺乏理论高度，所以未能总结出具有实质意义、更有推广价值的双语教学经验，未能根据当地的实际需要制定出有地方特色的教学方法。因此，建设一支既有理论水平，又有实际能力的双语教育研究队伍是很重要的。这支队伍应该包括科研人员、教学人员以及从事双语教育政策管理的行政人员等。首先，他们应该是有一定的理论素养，其中包括懂得什么是双语教育，双语教育的历史和发展规律，双语教育的类型，制约双语教育形成、发展的因素及特点等。其次，他们要有从事双语教育工作的实际能力，比如懂得如何进行双语教学调查，具有双语教学能力，能够敏锐地觉察到双语教育中存在的问题，而且还能够提出解决问题的具体方案。[1]

由此可见，双语教育的理论与实践研究是双语教育的火车头，只有在理论上不断探索和总结教学实践当中出现的新问题、新情况，双语教育才会有稳步发展的保障。因此，和田地区的双语教育只有做到理论研究与实践相结合，从方针政策、基础理论、教学理论、教学方法等方面入手，进一步开展探讨和研究，总结出具有地方特点和民族特点的双语教育规律、途径和方法，使和田双语教育进一步科学化、系统化、规范化，才能进一步提

---

[1] 何俊芳：《中国少数民族双语研究》，205 页，北京，中央民族大学出版社，1998。

高双语教育质量。为此，笔者建议有关部门要建立、健全教育科研机构和体系，逐步建立和完善各级各类双语教研室（组），选定得力的教研人员与教学骨干，使之成为教学与科研为一体化的枢纽。此外，还应定期召开研讨会、总结会、学术交流会、观摩教学会，使双语教育不断得到改进、提高和深化。

五、鼓励汉族学生学习少数民族语言文化，共建新疆和谐语言文化社会

促进新疆的双语教育，加强民族团结，不只是维吾尔族文化、教育、经济、社会发展的需要，同时也是全疆各民族构建和谐社会的需要。创建新疆和谐的语言文化生活环境是构建新疆和谐社会的前提，为了达到这个目的，新疆各族人民必须同心协力、紧密团结、共同努力，建立和谐融洽的民族关系。"汉族离不开少数民族，少数民族也离不开汉族"这两个离不开是相互的，民族间的理解、交往、学习也是相互的，尤其是共处一地的不同民族更是如此。在新疆，懂得汉语、对汉文化有所了解的少数民族很常见，而对少数民族语言及文化有较多了解的汉族则不多见。在我国，由于汉语在社会功能上的作用要远远大于少数民族语，所以，一般来说，少数民族学习汉语的人数及学习的积极性均高于汉族学习少数民族语。这种现象的社会历史背景是显而易见的，我们也完全可以理解。但可以理解并不等于理所当然。在新疆，作为与少数民族共居一地的汉族，不能只满足于在少数民族中实施"双语教育"，让少数民族群众学习汉语、汉文化，主动与自己交往。实际上，汉族本身也应该主动学习少数民族语言及文化，主动与少数民族交往。理解与尊重是相互的，只有相互理解与尊重，不同民族间才能实现坚实而稳固的团结，共同建设新疆的和谐社会。此外，新疆各少数民族都有自己悠久灿烂的历史和文化，了解和学习这些少数民族的历史和文化对于开拓汉

族的思维，开发其智慧，增加其对不同文化的理解与包容，让汉族与新疆各少数民族一道共同建设和谐美丽的新疆社会，是大有益处的。

目前，有相当一部分汉族人居住在新疆民汉杂居地区，但是，不少汉族对自己身边的少数民族，对新疆的历史、现状与未来，认识不多，知识有限。少数民族要了解汉族，向汉族学习；汉族也要了解少数民族，向少数民族学习。通过各民族间的相互交流和文化互动，加深他们对彼此的了解，可以进一步促进民族团结。因此，要对和田地区汉族学校中的汉族青少年进行新疆民族的历史与现状、新疆民族语言与文化的教育，让他们了解各民族灿烂的历史与文化，使其树立正确的民族观、历史观，让他们以更加开阔的视野、宽广的胸怀来认识不同民族、接纳不同民族，与新疆各民族一起共建新疆和谐社会。① 新疆和田地区双语教育系统应以促进少数民族文化与中华民族文化之间的和谐为己任。我们既要反对那种强行以"汉族一元文化"同化少数民族多元文化的大汉族主义，也要反对那种少数民族在封闭、保守的怪圈影响下，一味陶醉于自身传统文化教育而排斥现代跨文化教育的错误倾向。就双语教育而言，我们既要反对不顾民族教育的实际，执行"全用汉语文教学"的不科学做法，也要反对只用民族语文进行教学的错误做法。我们要始终坚持民族语文与汉语文兼懂兼通之路，使少数民族文化与中华民族文化和谐共存，共同繁荣。

---

① 张卫国：《双语学与新疆双语问题》，博士论文，中央民族大学，2005。

第九章 困境与选择

——全球化背景下和田双语教育发展的理论思考

自 20 世纪后半叶以来,随着世界经济一体化进程的发展,以及科技、交通、通讯技术的进步,人们面临着一个超民族、超国界的全球化时代的到来。全球化首先是经济的全球化,而经济的全球化势必推动着文化的全球化,因为经济要素的全球流动必然负载着文化要素的跨国跨区交流。

美国社会学家罗兰·罗伯逊认为,全球化不是单纯的经济问题、政治问题、社会问题或国际关系问题,而首先是一个文化问题,因为全球作为一个整体首先是一个社会文化"系统"。

在新世纪全球一体化进程加速发展的历史阶段,中国新疆维吾尔自治区的民族教育处在一个特殊的关键时刻。毋庸置疑,通过新中国成立后几十年来的努力,新疆民族教育的发展取得了一定的成就。[①] 但总体上说,新疆民族教育中双语教育和多元文化课程的实施目前还处在初步探索阶段。随着当今世界全球化的发展,为了适应全球一体化以及国内社会经济发展的需要,让年轻一代在学好本民族语言文化的同时积极学习和掌握国家主体民族

[①] 目前新疆的维吾尔族适龄儿童的入学比例达到了 95% 以上,建立了由幼儿园到研究生阶段独立、完整的民族教育体系,培养了大批社会所需要的各行各业的维吾尔族优秀人才。

的语言，顺利融入主流社会，新疆的民族教育在双语教育和多元文化课程方面进行了特色化探索并且取得了一定的成就，具备了一定的基础而此时又不得不面临 21 世纪全人类和多民族国家面临的、不可回避的共同挑战，即全球化与人类文化多样性之间的冲突与和谐、国家一体化与民族文化多元化之间的冲突与和谐。笔者认为，在全球化背景下的民族身份重构过程中，如何正确把握民族教育中传统与现代的关系，以怎样的文化观念来理解和处理上述两种冲突与和谐关系，并做出合理的选择，这是今后新疆民族教育发展的关键所在。

从全球化与文化的关系来看，"全球化不是一种文化大同化或是某一种文化对另一种文化的影响。它既是全球化范围内一些文化因素流动对于不同区域、不同民族产生的影响，也是不同区域、不同民族之间的相互影响。也就是说，全球化背景下的文化是一种互相影响的互动关系"[①]。

当今社会经济背景下新疆民族教育发展的困境与出路，充分体现了全球一体化和文化多样性之间的复杂关系，可以运用社会学理论中的功能主义和冲突主义理论对这一现象进行阐释。

在对于某一种社会问题的解释上，不同的社会学家对于这种现象的基本特征有着不同的解释。功能主义的视角强调这样一种模式，即社会的每一个部分都对总体发生作用，由此维持了社会稳定。从功能主义的视角看，一个特定的文化特征的存在是由于其履行了某种重要的社会功能。在回答为什么某个文化特征能够存在的问题时，功能主义论者会进一步问："它承担了什么功能？"这一视角强调文化的各个组成部分对文化整体所做的贡献，既包括正向的贡献，也包括反向的贡献。[②] 作为文化人类学一个

---

① 郑晓云：《论全球化与民族文化》，载《民族研究》，2001 (1)。
② [美] 戴维·波谱诺著，李强等译：《社会学》，18 页，北京，中国人民大学出版社，2002。

重要理论视角,功能主义特别强调人们怎样形成了有秩序的生活,表现出了强大的合作精神和高度的团结一致。从这个角度来说,全球化一方面给人类带来了很多好处,展现了一种相互合作、极度一致、整合和静态的社会状态。全球化的功能之一就是,它为发展中国家提供了许多良好契机,它有利于发展中国家吸收外国资本,有利于发展中国家向发达国家学习先进的科学技术、管理经验和制度,有利于本国产品走向世界,有利于发展中国家更好地参与国际合作。全球经济一体化缩短了各大洲、各国家、各民族之间的距离,加大了相互之间的经济依赖,增进了相互之间的情感联系,使得世界越来越像一个地球村。

当然,功能主义的解释是一种"理想化"的模式,但是社会生活并不总是平静的。功能主义的批判者认为,功能主义不能合理地解释社会事件和文化变迁最本质的原因。

社会学的第二种理论视角,与此形成鲜明对照,这就是冲突论。冲突论强调人们因有限的资源、权力和声望而发生的斗争是永恒的社会现象,也是社会变迁的主要源泉。该理论建立在这样的假设之上,即构成社会的各部分远不是作为整体一部分而平稳运行的,实际上,他们是互相冲突的。这并不是说社会就永无秩序,冲突论者并不否认很多社会秩序的存在,但是,秩序只是社会各部分之间不断进行的冲突的一种结果,而且它也并不一定就是事物的自然状态。[1]

笔者已在上文中提及,全球化背景下的文化是一种互相影响的互动关系。这种文化互动关系冲突的一方面表现出了冲突论者的一种观点,即强调社会是流动的、不断变化的一个过程。在他们看来,社会经常处在极易被破坏的平衡之中。事情常常是这样的,社会秩序(常常是十分短暂的)源于社会的一部分统治于另

---

[1] [美]戴维·波谱诺著,李强等译:《社会学》,18页,北京,中国人民大学出版社,2002。

一部分之上,而不是源于各部分之间的自然合作。社会秩序是力量与强制的产物,是统治——强的压迫弱的,富的压迫穷的。①

当今世界,我们纵观世界各文化群体之间的互动关系,可以清楚地看到全球化对人类文化多样性带来的影响。代表先进科技理念和所谓"现代性"的西方强势文化对世界政治、法律,尤其是对弱势群体的文化带来了强烈的影响,人类文化的多样性正承受着新的冲击,面临着新的挑战。全球化始于经济领域,它在文化方面的发展自然会受到经济全球化的影响,这就是发达国家凭借自己"现代性"方面的优势,会以强势文化影响弱势文化。如发达国家一方面利用其先进的信息技术手段如互联网、多媒体和遍及全球的传播媒介将西方文化渗透到世界各国,使得发展中国家的思想意识、价值体系、民族文化与信仰受到严重动摇;另一方面,发达国家又总是阻止有悖于它的价值观念的异质文化的传播,同时采取各种手段对发展中国家的优秀文化进行贬低、丑化。这样,文化交流中的双向互动的理想变成了现实当中的文化霸权与文化输出。现代性学校教育在非西方社会的引进,特别是在一些少数文化群体地区出现了一系列问题即严重冲击了传统的宗教文化秩序,减弱或中断了传统的社会化功能,使少数民族文化传承与接受现代性教育之间出现断裂等。② 这种文化输出和霸权与弱势民族极力保护自己的文化价值观,让其成为世界多元文化体系中的一员的愿望形成了鲜明的冲突关系,这是当代文化普世主义和文化多元主义者之间激烈争论的问题之一。

美国哈佛大学教授塞缪尔·亨廷顿在《文明的冲突与世界秩序的重构》一书中提出:"一些美国人在国内推行多元主义,一

---

① [美]乔纳森·特纳著,邱泽奇译:《社会学理论的结构》,198、206页,北京,华夏出版社,2002。

② 钱民辉:《当代欧美教育人类学研究的核心主题与趋势》,载《北京大学学报》,2005(5)。

些美国人在国外推行普世主义,另一些美国人则二者都推行。美国国内的多元文化主义对美国和西方构成了威胁,在国外推行普世主义则对西方和世界构成了威胁,它们都否认西方文化的独特性。全球单一文化论者想把世界变成像美国一样,美国国内的多元文化论者则想把美国变成像世界一样。一个多元文化的美国是不可能的,因为非西方的美国便不成为美国。多元文化的世界则是不可避免的,因为建立全球帝国是不可能的。维护美国和西方需要重建西方认同,维护世界安全则需要接受全球的多元文化性"。[1] 他一方面表明了在全球范围内应弃绝以西方文化为标准的普世主义的幻想,接受人类文化多样性的现实的观点,另一方面批判了绝对性的文化相对论观点,指出在人类不同民族的文化之间存在某种人类的共同性,不同文化的共存需要寻求共同点。这种观点看起来似乎有点矛盾,但是正能够说明全球化背景下民族文化发展面临的困境与文化身份重构的机遇两方面的辩证关系。

文化的发展作为一种意识形态的发展,有其相对的独立性,然而这只是其中的一个方面。另一方面,文化的发展又受到经济发展的制约,尤其是在全球化时期,经济与文化被硬性地"捆绑"在一起。强权政治、发达的经济往往和文化霸权相结合,原本只有先进与落后差异,而绝无优劣之分的文化,表现出了被强权政治、经济的利用。似乎经济越发达,政治上越是强权的民族与国家,其文化也就越优秀。本来应是文化交流中的双向互动过程也日益蜕变为强权国家的文化输出。

可见,全球化一方面对民族文化的发展形成了巨大的压力,另一方面也为民族文化的发展提供了难得的重构机遇。全球化成了民族文化变迁的动因。全球化的推行,打开了民族文化的视

---

[1] [美]塞缪尔·亨廷顿著,周琪等译:《文明的冲突与世界秩序的重建》,68页,北京,新华出版社,1996。

野，可以使少数民族群体以更广阔的、全新的眼光审视自己的文化，共享世界性的优秀文化。有人认为，"当民族文化进入全球化的过程之中，民族文化并不会被简单的替代，而外来文化却会被民族文化所整合，成为本民族文化的一部分，这就是文化的民族化过程。①这种文化互动的辩证关系似乎证明了冲突理论家科塞的冲突功能主义观点。

科塞提出了从冲突到和谐的一种带有功能主义色彩的冲突命题，即世界各文化群体所代表的文化系统各部分之间整合的不均衡导致这些部分之间发生各种形式的冲突，冲突会导致系统暂时的再整合，最终会提高系统结构的弹性，提高通过冲突解决将来发生的不平衡的能力，提高应变能力。他在自己的观点中求助于另一位冲突理论家齐美尔的观点：冲突提高了社会系统，或至少是社会系统的关键部分的整合。②

荷兰哲学家冯皮尔森在其名著《文化战略》中就指出，文化战略就是人类的生存战略，冷战后，西方文化界一直倡导：谁家的文化成为主流文化，谁就是国际权力竞争的赢家。面对全球化的冲击，尤其是强势文化的巨大压力，发展中国家和弱势文化群体更应积极主动地推进本国、本文化群体的经济文化建设，增强经济、科技、文化方面的综合实力，采取积极措施增强民族文化的向心力，充分认识和体现自己文化的价值。任何一个民族，其文化的发展必须借助文化传承来实现。民族文化传承最重要的手段便是民族教育。民族教育有两方面的功能，一是培养人才，二是传承文化，而且二者互为目的与手段，在培养人才中传承文化，在传承文化中培养人才。教育在传承文化的过程中，一方面要把民族文化中最优秀的成果作为教育内容代代相传；另一方

---

① 郑晓云：《论全球化与民族文化》，载《民族教育研究》，2001（1）。
② [美]乔纳森·特纳著，邱泽奇译：《社会学理论的结构》，177~183页，北京，华夏出版社，2002。

面，更要注重对民族文化主体的培植，即对民族成员的文化价值、文化自觉进行系统、专门的影响。使民族成员成为面对全球化时代文化发展选择中的成功者。因此，民族文化在全球化的过程中不能故步自封、与世隔绝，不论是冲突还是融合，都必须做出一种主动、积极的选择。①

从全球化的教育层面看，弱势文化群体的教育正在被现代性的教育所取代：英语成为世界语言纳入到学校课程中，民族语言的社会功能受到限制，几乎成为辅助工具或完全丢弃；少数民族的传统文化与地方性知识降为次要的选修课程并逐渐被边缘化；传统习俗被新的生活方式所取代，民族身份的自我认同发生危机。随着经济与文化的全球化，大众传媒工具又在强化了这一趋势，人们已经明显地感受到全球化在深层次上对学校教育的无形影响。经过现代性教育的人已经淡化了自己曾固定不变的身份，不再依赖和固守传统的地方社会，而希望在更大的空间范围内建立和寻找新的身份和信任关系。从全球化的趋势看，教育全球化的真正核心问题是世界教育的标准化。地区流行的或传统的教育形式被逐出或消失，从而使现代性的教育制度、课程内容、教学形式、师生关系、身份认同取而代之。这种对现代性教育模式的接纳现在正取代其他一切原有的教育模式，目前已经超出了教育范畴，扩散到文化与经济范畴。

教育人类学家对民族教育的全球性问题的认识经历了两个不同的阶段。一是激进的、单一化的，也有人称为是"后殖民主义"的模式。其主题词是：科学、民主、理性的普及扩展，全球一体化与世界核心课程，民族主义偏见等等。由于这一阶段的全球化影响，地方性知识和民族身份认同发生危机，人们为了保护自己开始抗拒教育的全球化，极力提倡和推行本土文化在学校教

---

① 王鉴：《民族教育学》，378~388页，兰州，甘肃教育出版社，2002。

育中的建构。这个阶段教育人类学家着重关注对教育的全球性与民族性的对峙中所出现的此消彼长的现象进行分析：批评教育的全球性根本无视地方的存在，也不对地方负任何责任；批评教育的全球性让商业价值充斥和凌驾于其他一切价值之上，要求教育本身必须对商业的成败负责，从而失去了教育的真正价值。二是温和的、多元化尊重的、理解的模式。这一阶段的主题词是：地球村，全球理解，物种幸存与全球生存课程。在经历了对激进全球化的抵制和反思后，人们从一种强迫的感觉中走出来，开始坐在一起交流那些跨越国界的问题和议题。教育人类学家尤其感兴趣的是系统间——生态、经济、政治、技术、宗教、文化和教育之间的相互联系。他们开始认为，通过他人的眼光和头脑看待事物意味着要认识到不同的文化和个人可能对生活的看法不同，但有同样的需求和愿望。正是这一点上，全球教育可以从促进合作和进步的教育角度，提供世界文化相互联系、相互依赖和相互关联的典范。这种模式是能够温和地被接受的，因为学习其他文化就像学习自己的文化一样是必需的，因此也不需要抛弃自己的价值观。从现在实行的全球教育项目和世界历史、世界文化及地理作为教育的中心部分这些努力看，显然对人类自身的生存而言都是非常重要和必要的。[1]

从冲突论的视角看，文化之所以存在是由于它保护或促进了某一社会集团的利益。这一视角的基本假设是：一个社会存在着，或者说也许存在着许多相互冲突的文化要素，不同的文化要素代表着不同利益群体或社会阶层的利益，而这种利益群体的冲突最终导致系统各部分之间的重新组合，提高整个系统的功能和

---

[1] ［美］威廉 F. 派纳、威廉 M. 雷诺兹等著，张华等译：《理解课程》，824～827 页，北京，教育科学出版社，2003。

适应性。[①]

我国著名人类学家林耀华先生对文化的冲突与整合也有着非常精辟的论述,他在自己的研究中提出了"均衡论思想"。所谓的"均衡论思想"认为,"人与人的互动关系无论如何变动,都始终趋向维持一种均衡状态,人类的生命无不摇摆于均衡与不均衡的状态之间。人群团体间也同样存在互动,这种互动关系可能随时变迁但始终趋向维持着一种均衡。当人与人或团体间受到外力等因素影响后,原来的均衡状态可能暂时改变,而当外力消失时,就会恢复原来的均衡。但是当外力冲击猛烈且持久时,可能在相当时期存在一种混乱的不均衡状态。成员之间经过一定时间互动调适,最终还是会演成另一种均衡状态。新的均衡状态可能包含原来因素的重新组合,但已与原状态有可观的不同。这种调适能力决定于各种技术、行为、符号和习惯等文化因素"[②]。林耀华先生的"均衡论思想"的提出,深刻阐明了社会和文化系统内部"均衡—不均衡—均衡"发展的特有规律,为我们更好地理解全球化背景下的社会一体化和文化多元化之间的复杂的冲突与整合的关系提供了一个重要的理论视角。

维吾尔族双语教育是民族教育的核心主题之一,也是本课题研究所讨论的主旨。那么,全球化背景下的双语教育应该通过怎样的途径来应对全球化的挑战和实现自我革新呢?笔者认为,上述从冲突到均衡的理论构想对我们的研究与探讨是一个有益的借鉴。

双语教育作为多元文化教育的具体表现形式,除拥有普通民族教育的一般功能之外,还承担了培养学生的跨文化能力,帮助

[①] [美]乔纳森·特纳著,邱泽奇译:《社会学理论的结构》,183页,北京,华夏出版社,2002。

[②] 林耀华:《从书斋到田野》,180~181页,北京,中央民族大学出版社,2000。

学生学会从其他文化的角度来观察自己民族的文化，并获得最大限度的自我了解。在全球化时代，多元文化的教育政策成为世界各国教育的主流，而双语教育正是多元文化教育的重要组成部分和重要标志。从双语教育的发展历史来看，许多国家实施双语教育都是国家一体化的必然选择，因为在一个多民族国家里，各种文化群体教育之间互动关系的主要表现形式是国家一体化教育与多元文化教育之间的冲突与和谐关系，少数民族双语教育恰恰是实现多元文化整合的一种最佳形式。当代中国教育人类学家滕星教授在国外多元文化教育理论以及林耀华先生的"均衡论"思想和费孝通先生"中华民族多元一体格局"理论的启发下，提出了"多元文化整合教育"理论，其核心思想是：在一个多民族国家中，无论是主体民族还是少数民族，都有其独特的传统文化。在漫长的历史发展过程中，由于各民族自我文化传递和各民族间文化的相互交流，各民族在文化上形成了多种民族文化并存，共同组成代表某一多民族国家的"共同文化群体"。这种多民族国家的教育在担负人类共同文化成果传递的同时，不仅要担负起传递本国主体民族优秀传统文化的功能，而且同时也担负起传递本国各少数民族优秀传统文化的功能。[①]

"多元文化整合教育"的关键是开展少数民族双语教育，平等地对待各民族的语言和文化，把它们视为人类共同的财富，在各民族平等的基础上，为促进不同民族间的相互尊重、理解、沟通、交流，有目的、有计划地实施的一种共同平等的语言文化教育，它有利于每一个民族的成员都能了解到其他民族独特的文化，也能从其他民族的角度来增强对自己民族文化的理解。为此，著名的双语教育理论家加拿大人麦凯指出："不论何时，为了满足具有语言联系和摩擦情形的社会需要而建立一种双语教育

[①] 滕星：《文化变迁与双语教育：凉山彝族社区教育人类学的田野工作与文本撰述》，157～158页，北京，教育科学出版社，2001。

系统，其目的不仅是要增强公民的语言熟练程度，而且还要在增强不同语言和文化的成员之间的理解并促进社会一体化融合的同时影响他们的语言习惯"。①

目前，许多国家都成立了官方或民间的双语教育研究和执行机构，进行各种双语教育模式的实验、推广。在这些国家，双语教育正在取得综合的政治、经济和文化效益。就本书所研究的新疆和田地区而言，双语教育的实施无疑是实现该地区当今社会一体与文化多元之间整合的最佳手段。

和田地区实施的各种维汉双语教育模式为和田维吾尔族学生和主体民族的学生了解彼此特有的语言文化提供了最大的便利。和田的教师和家长们亦表达了这种看法，即和田地区的少数民族学生很有必要了解国家主体民族的语言文化，很有必要前往内地新疆班进行学习。这样学生在维汉双语教育中一方面可以学到更多的现代科学知识，另一方面还可以通过了解主体民族和国内其他民族的语言文化，认识到当今世界是由多民族多文化组成的这一现实，同时还可以获得重新认识和审视维吾尔族文化特色的机会。通过维汉双语教育，社会一体化与文化多元化之间可以进行整合与调适，实现二者的和谐与共同发展，这是和田民族教育为了顺应世界多元文化教育、国家一体化教育而做出的客观选择。

和田地区社会各界对实施维汉双语教育的不同观点与争论，归根结底是国家一体化与多元化之间冲突的具体表现形式。双语教育实施过程中之所以存在众多问题和困惑，除了和田地区本身教育资源水平有限之外，重要的一点就是，人们对双语教育的多元文化传递功能和整合作用的理解有所欠缺，仅仅把双语教育当作一种追求个体利益和向上流动的功利性手段。按照多元文化整合教育理论的核心思想，在任何社会中，主流文化与弱势文化不

---

① ［加］麦凯、［西］西格恩著，严正、柳秀峰译：《双语教育概论》，8页，北京，光明日报出版社，1989。

应是一种排斥的关系,"多元"需要"整合","整合"要考虑到"多元"的发展,二者相辅相成。学校教育应当尊重不同文化的传统与特色。由于受全球化的影响,目前在教育领域的"一体化"发展越来越表现出与主体民族文化的密切相关,而且呈现出"世界的一体教育"的趋势。笔者认为,基于多元文化整合理论基础之上的多民族国家教育应该是国家普遍实行的,以人类共享文化的精华为内容的,顾及国家利益与各民族利益,体现出主体民族和少数民族文化特色的教育。

多元文化整合教育理论为解决国家一体化教育与多元文化教育之间矛盾关系,为实现多民族国家里多元文化共存共发展的基本理念提供了基本理论依据,即推行多元一体教育,在各文化群体教育中"多"与"一"并重,辩证地结合;通过"多元文化"的教育,传承各民族文化的优秀成果,培植各民族成员的民族自尊心和自信心,以开放的胸襟对待本民族文化和外来文化,积极吸收外来文化,成为本民族文化发展的富有活力的主体;通过"国家一体教育",增强少数民族的国家认同感,理解民族与国家和关系,理解民族文化与国家文化的关系,自觉地成为多元民族大家庭中的一员。

对于和田地区实施的维汉双语教育及存在的种种问题,我们应该清楚地认识到这样一种现实,即和田地区特殊的文化地理生态环境、封闭的教育观念、现有教育资源贫乏等众多原因可能会对双语教育民汉兼通社会教育目标与语言文化均衡状态的实现产生一定的不利影响。但是随着双语教育当中多元文化目标的确立和实施,随着和田地区社会文化系统内部各要素之间互动与调适,经过一段时间的整合之后,和田地区的教育发展和社会文化发展最终还是会演进成另一种均衡状态,实现民汉兼通。可见,和田双语教育的冲突均衡观点一方面蕴含了多元文化教育的文化差异性和一致性的特征,另一方面充分体现了多民族国家多元文化共存共发展的辩证统一的理念和基本趋势。

根据从冲突到均衡发展的理论命题，对于和田地区双语教育的态度选择这一问题，首先必须正视和积极应对全球化与国家一体化对民族文化与民族教育所带来的冲击和挑战，而不是去消极地抵制或逃避。在此基础上，强调少数民族成员应该持有一种包容和开放的文化观，具备多元文化的整合理念。在少数民族教育领域中，我们不应限定少数民族学生的文化身份，而是主张应当在多元文化整合理念的基础上，由少数民族家长和学生来设计和重构——在一个多元文化的社会中，少数民族受教育主体本身应该享有文化选择的权力。最关键的是，在一个多民族国家和多元文化社会的学校教育中，我们应当培养各民族学生具有开放乐观、积极向上的民族感情和民族自信心，让本民族学生在了解各民族文化的基础上学会与其他民族学生和谐共处、互相沟通和彼此信赖，使他们在面对全球化的进程中成为既能够有效借鉴、吸收世界文化、国家主流文化，又能够传承本民族优秀传统文化的一代新人。

参考文献

一、著作类

[1] 滕星. 文化变迁与双语教育. 北京：教育科学出版社，2001.

[2] 哈经雄，滕星主编. 民族教育学通论. 北京：教育科学出版社，2001.

[3] 滕星，王军主编. 20 世纪中国少数民族与教育. 北京：民族出版社，2002.

[4] 滕星、胡鞍钢主编. 西部开发与教育博士论坛. 北京：民族出版社，2001.

[5] 戴庆厦，滕星等. 中国少数民族双语教育概论. 沈阳：辽宁民族出版社，1997.

[6] 王军. 文化传承与教育选择. 北京：民族出版社，2002.

[7] 董艳. 文化环境与双语教育. 北京：民族出版社，2002.

[8] 盖兴之. 双语教育原理. 昆明：云南教育出版社，1997.

[9] 庄孔韶. 教育人类学. 哈尔滨：黑龙江教育出版社，1989.

[10]（奥）茨达齐尔. 教育人类学原理. 李其龙译. 上海：上海教育出版社，2001.

[11] 滕星. 族群、文化与教育. 北京：民族出版社，2001.

[12] 王远新编. 双语教学与研究（第二辑）. 北京：中央

民族大学出版社，1999.

[13] 王远新编．双语教学与研究（第三辑）．北京：中央民族大学出版社，2000.

[14] 王远新编．双语教学与研究（第四辑）．北京：中央民族大学出版社，2000.

[15] [加] M.F. 麦凯，[西] M. 西格恩．双语教育概论．严正，柳秀峰译．北京：光明日报出版社，1989.

[16] 朱崇先，王远新编．双语教学与研究（第一辑）．北京：中央民族大学出版社，1998.

[17] 王远新．中国民族语言学史．北京：中央民族大学出版社，1993.

[18] 郑作光．广西壮汉双语文教学研究．南宁：广西民族出版社，2002.

[19] 李长著主编．西北民族高等教育研究．北京：中国文史出版社，2005.

[20] 郑作光主编．广西小学壮汉双语教学研究．南宁：广西师范大学出版社，2004.

[21] 戴庆厦．社会语言学教程．北京：中央民族大学出版社，1993.

[22] [美] 克利弗德·格尔兹．地方知识．杨德容译．麦田出版社，2002.

[23] 戴庆厦，成燕燕，傅爱兰等．中国少数民族语言文字应用研究．昆明：云南民族出版社，1999.

[24] [德] 弗里德里希·克拉拖赫维尔，[美] 约塞夫·拉彼德主编．文化和认同．金烨译．杭州：浙江人民出版社，2003.

[25] 袁焱．语言接触与语言演变．北京：民族出版社，2001.

[26] 周耀文．中国少数民族语文使用研究．北京，中国社

会科学出版社，1995.

[27] 乔健，李沛良，马戎主编．文化、族群与社会的反思．北京：北京大学出版社，2005.

[28] 张建成．多元文化教育．台北：台北师大书苑图书，2000.

[29] 何俊芳．中国少数民族双语研究历史与现实．北京：中央民族大学出版社，1998.

[30] 丁石庆．双语文化论纲．北京：中央民族大学出版社，1999.

[31] 王远新．语言学教程．北京：民族出版社，2003.

[32] 盖兴之，宋金兰．双语教学的理论与实践．昆明：云南大学出版社，2000.

[33] 邓成伦．彝汉双语教学与实践．成都：四川民族出版社，1998.

[34] 中国申办委员会内部资料．中国民族学与人类学研究机构介绍，2003.

[35] 周庆生．语言与人类．北京：中央民族大学出版社，2000.

[36] 戴庆厦．语言和民族．北京：中央民族大学出版社，1994.

[37] 慕朝京．小学壮汉双语文教学法．南宁：广西师范大学出版社，2005.

[38] 余惠邦．双语研究．成都：四川大学出版社，1995.

[39] 巴特·摩尔—吉尔伯特（BartMoore－Gilbert）．后殖民理论．彭淮栋译．台北：联经出版事业股份有限公司，2004.

[40] 谷峪．中日近现代女子学校教育比较研究．长春：吉林教育出版社，2002.

[41] 王鉴．民族教育学．兰州：甘肃教育出版社，2002.

[42] 万明钢．少数民族学生心理发展与教育研究．兰州：

甘肃教育出版社，2002.

[43] 联合国教科文组织主编．多语并存世界里的教育．联合国教育、科学及文化组织出版社，2003.

[44] 夏铸，哈经雄主编．中国民族教育50年．红旗出版社，1999.

[45] 孙若穷主编．中国少数民族教育学概论．北京：中国劳动出版社，1990.

[46] 黄淑娉等．文化人类学理论方法研究．广州：广东高等教育出版社，1998.

[47] 林耀华主编．民族学通论．北京：中央民族大学出版社，2001.

[48] [美] 乔纳森·特纳．社会学理论的结构．邱泽奇译．北京：华夏出版社，2002.

[49] [日] 绫部恒雄．文化人类学的十五种理论．中国社会科学院日本研究所译．北京：国际文化出版公司，1988.

[50] [美] 艾尔·巴比．社会研究方法．邱泽奇译．北京：华夏出版社，2000.

[51] 冯增俊．教育人类学．南京：江苏教育出版社，1998.

[52] 丁文楼主编．中国少数民族双语教学研究与实践．北京：民族出版社，2002.

[53] 丁文楼主编．双语教学与研究（第五辑）．北京：民族出版社，2002.

[54] 关辛秋．朝鲜族双语现象成因论．北京：民族出版社，2001.

[55] 汪宁生．文化人类学调查．北京：文物出版社，2002.

[56] 风笑天．社会调查中的问卷设计．天津：天津人民出版社，2002.

[57] 夏建中．文化人类学理论学派．北京：中国人民大学出版社，1997.

[58] 布拉德福德·霍尔. 跨越文化障碍——交流的挑战. 麻争旗, 赵靳秋, 张开等译. 北京: 北京广播学院出版社, 2003.

[59] 拉里 A. 萨默瓦, 理查德 E. 波特主编. 文化模式与传播方式. 麻争旗, 赵靳秋, 张开等译. 北京: 北京广播学院出版社, 2003.

[60] [日] 王柯. 民族与国家——中国多民族统一国家思想的系谱. 冯谊光译. 北京: 中国社会科学出版社, 2001.

[61] 费孝通主编. 中华民族多元一体格局. 北京: 中央民族大学版社, 1999.

[62] [美] 欧文·拉兹格. 多种文化的星球. 辛未等译. 北京: 社会科学文献出版社, 2001.

[63] 王铁志, 沙伯力主编. 国际视野中的民族区域自治. 北京: 民族出版社, 2002.

[64] 杜诗春. 新编心理语言学. 上海: 上海外语教育出版社, 2000.

[65] 尹筑光主编. 新疆民族关系研究. 乌鲁木齐: 新疆人民出版社, 1996.

[66] 何星亮. 新疆民族传统社会与文化. 北京: 商务印书馆出版社, 2003.

[67] 马品彦, 赵荣织. 新疆宗教史略. 乌鲁木齐: 新疆大学出版社, 2001.

[68] 马力克·产舍夫. 新疆塔塔尔教育史 (维吾尔文). 乌鲁木齐: 新疆人民出版社, 2001.

[69] 王茜、刘国防等. 维吾尔族历史与现状. 乌鲁木齐: 新疆大学出版社, 2005.

[70] 武金峰. 新疆高校民族预科教育研究. 北京: 民族出版社, 2004.

[71] 尹筑光主编. 新疆民族关系研究. 乌鲁木齐: 新疆人

民出版社，1996.

[72] 阿不都拉·塔里甫. 维吾尔教育简史（维吾尔文）. 乌鲁木齐：新疆人民出版社，1986.

[73] 提力瓦尔地·吾术尔，等. 新疆和田地区教育志. 和田地区教委内部资料，2003.

[74] 阿布都拉·苏莱曼. 天下只有一个和田（文化、教育、医学部分）. 乌鲁木齐：新疆人民出版社，2003.

[75] 孙斌主编. 和田简史. 郑州：中州古籍出版社，2002.

[76] 木哈白提·哈斯木等. 新疆少数民族中学汉语授课试验研究. 乌鲁木齐：新疆大学出版社，2002.

[77] 薛建主编. 新疆南疆地区基础教育. 乌鲁木齐：新疆大学出版社，2003.

[78] 王振本，梁威，阿布拉·艾买提，等. 新疆少数民族双语教学研究. 北京：民族出版社，2001.

[79] 黄家庆. 新疆各民族教育改革与发展. 乌鲁木齐：新疆人民出版社，2002.

[80] 陈华主编. 和田绿洲研究. 乌鲁木齐：新疆人民出版社，1988.

[81] [英] 奥雷尔·斯泰因. 重返和田绿洲. 刘文锁译. 南宁：广西师范大学出版社，2000.

[82] 《宝地和田》编委会. 宝地和田（维吾尔文）. 乌鲁木齐：新疆美术摄影出版社，1995.

[83] 李吟屏. 佛国于阗（维吾尔文）. 艾白都拉·阿克莆译. 乌鲁木齐：新疆人民出版社，1995.

[84] [英] 奥雷尔·斯泰因. 沙埋和田废墟记. 殷晴，居世华，张南等译. 乌鲁木齐：新疆美术摄影出版社，1994.

[85] 尼扎木订·托乎提编. 和田古代历史遗迹（维吾尔文）. 乌鲁木齐：新疆人民出版社，2002.

[86] 文静，毛公宁，王铁志编. 中国共产党80年民族工作

历史回顾．北京：民族出版社，2001．

[87] 国家民委政法司编．中华人民共和国民族政策法规选编．北京：中国民航出版社，1997．

[88] 中央教育科学研究所编．中华人民共和国教育大事记（1949—1982）．北京：教育科学出版社，1984．

[89] 国家民委、中共中央文献研究室编．新时期民族工作文件选编．北京：中央文献出版社，1990．

[90] 国家民委办公厅、国家民委政策研究室．国家民委文件选编（上篇．1985—1995）．北京：中国民航出版社，1996．

[91] 朴胜一．中国少数民族教育发展与展望．北京教育出版社、河北教育出版社、内蒙古教育出版社等，1990．

[92] 国家民委办公厅、国家民委政策研究室．国家民委文件选编（下篇．1985—1995）．北京：中国民航出版社，1996．

[93] 国家民委政策研究室．国家民委民族政策文件选编（1979—1984）．北京：中央民族学院出版社，1988．

[94] 耿世民．新疆文史论集．北京：中央民族大学出版社，2001．

[95] 王铭铭．人类学是什么．北京：北京大学出版社，2002．

[96] 魏长洪．西域佛教史．乌鲁木齐：新疆美术摄影出版社，1998．

[97] 艾则孜·阿塔吾拉萨尔特肯编．从文物透视维吾尔文化．乌鲁木齐：新疆人民出版社，2005．

[98] 艾则孜·阿塔吾拉萨尔特肯编．维吾尔文出版著述目录．乌鲁木齐：新疆大学出版社，2004．

[99] 邱天助．布尔迪厄文化再制理论．台北：桂冠图书，2002．

二、论文类

[1] 戴庆夏,董艳.中国少数民族双语教育的历史沿革.民族教育研究,1997,(1).

[2] 滕星.影响与制约凉山彝族社区学校彝汉两类模式双语教育的因素与条件.民族教育研究,2000,(2).

[3] 滕星.民族多元一体格局思想与中国少数民族双语教育.民族教育研究,1996,(4).

[4] 董艳编译.试析世界双语教育类型.民族教育研究,1998,(2).

[5] 滕星.中国少数民族双语教育研究的对象、特点、内容与方法.民族教育研究,1996,(2).

[6] 滕星.凉山彝族社区学校实施彝汉双语教育的必要性.民族教育研究,2000,(1).

[7] 滕星,苏红.多元文化社会与多元一体化教育.民族教育研究,1997,(1).

[8] 何喜钢,王鉴.如何理解中华民族多元一体教育.民族教育研究,1999,(3).

[9] 吴正俊.双语教学的困惑与出路.黔东南民族师专学报,1998,(3).

[10] 刘宝俊.少数民族母语在双语教育中的意义及其发展前景.民族语文,1993,(3).

[11] 王锡宏.论少数民族教育双重性.民族研究,1999,(3).

[12] 张公谨.文化环境与民族语文建设.民族语文,1991,(6).

[13] 马学良,戴庆夏.我国民族地区双语研究中的几个问题.民族研究,1984,(4).

［14］张伟．论双语人的语言态度及其影响．民族语文，1988，（1）．

［15］王鉴．我国少数民族教育课程本土化研究．广西民族研究，1999，（3）．

［16］苏德．采用民族语言授课，培养民族教育师资．民族教育研究，2001，（1）．

［17］苏德．内蒙古地区三语教学理论研究与实践．内蒙古师大学报，2001，（1）．

［18］王铁志．论民族教育的概念．民族教育研究，1996，（2）．

［19］王铁志．新时期中国民族教育政策的形成与发展．民族教育研究，1998，（2）．

［20］万明钢．论民族教育研究中的双语问题．教育研究，1997，（6）．

［21］滕星．中国新疆和田地区维吾尔族双语教育考察报告．西部开发与教育发展博士论坛，2001．

［22］买提热依木·沙依提．喀什、和田地区维吾尔族儿童生活环境和双语学习调查报告．民族教育研究，1999，（2）．

［23］阿不都拉·塔里甫．论维吾尔教育史．新疆教育（维吾尔文版），1983，（8、9、10、11、12）．

［24］阿不都拉·塔里甫．论维吾尔教育史．乌鲁木齐晚报（维吾尔文），1984－2－16，1984－3－15，1984－6－14，1984－10－12，1984－12－7．

［25］艾来提·赛伊提．论新疆近代教育．新疆地方志，1991，（1）．

［26］阿大来提·阿迪．新式教育史上的人物．新疆历史资料（维吾尔文版），1993，（34）．

［27］陈国光．新疆伊斯兰教经文教育史回忆录．喀什师法学院学报，1995，（3）．

[28] 玛丽亚木·土胡提．新疆佛教教育初探．新疆大学学报，1998，(4)．

[29] 玛丽亚木·土胡提．论叶尔羌王朝时期的新疆教育．新疆社科论坛，1999，(2)．

[30] 玛利亚·库尔班．论解放以前的学堂教育．且末历史资料，2000，(1)．

[31] 加帕尔·艾买提．解放以前和田地区文教事业回忆录．新疆历史资料（维吾尔文版），1987，(20)．

[32] 买买提依明·土胡提．和田新式文化教育的出世．新疆历史资料（维吾尔文版），1987，(20)．

[33] 吾术尔买提·巴拉提，吐尔逊买买提·胡赛因．和田皮山县文教事业发展历程的回忆录．新疆历史资料（维吾尔文版），1987，(20)．

[34] 吾买尔·赛伊提．论和田近代教育．和田师范专科高等学校（维吾尔文版），1991，(3)．

[35] 阿不都卡德尔·阿不都瓦伊提．论近代和田新式教育的奠基人——阿吉夫人．和田师范专科高等学校（维吾尔文版），1992，(2、3)．

[36] 伊米提·卡斯木．论解放以后的教育发展．墨玉县历史资料（维吾尔文版），1995，(1)．

[37] 提力瓦尔地·吾守尔．和田地区解放前教育．新疆社科论坛（维吾尔文版），2000，(4)．

[38] 赵新居．新疆和田地区民族教育成就及问题分析．新疆社科论坛，2003，(5)．

[39] 提力瓦尔地·吾守尔．贫困地区农村基础教育的必由之路．中国农村教育，2003，(3)．

[40] 提力瓦尔地·吾守尔．双语教学是民族教育的突破口．和田日报（维吾尔文版），2005.5 (17)．

[41] 提力瓦尔地·吾守尔，苗家治．育人先育德——新疆

和田地区学校德育工作纪实. 中国民族教育，2004，(5).

[42] 买提热依木·沙依提. 新疆南疆部分地区维吾尔族义务教育的调查. 新疆大学学报，2004，(3).

[43] 新疆教委"南疆三地区小学毕业生升学率低问题"调查组. 南疆三地区小学毕业生升学率低问题的调查报告. 新疆师范大学学报，1993，(1).

[44] 张琦. 浅谈南疆三地州中小学汉语教育存在的问题. 和田师范专科学校学报，2004，(3).

[45] 赵秀芝. 试论新疆双语教育的紧迫性. 民族教育研究，1997，(4).

[46] 姚文遐. 推进双语教学，促进新疆民族教育发展. 石河子大学学报，2005，(3).

[47] 崔延虎. 跨文化交际教育：民族教育若干问题的探讨. 新疆大学学报，2003，(2).

[48] 阿布拉·艾买提. 新疆双语教育. 中国民族教育，1999，(4).

[49] 方晓华. 新疆双语教育问题探索. 民族语文，1998，(2).

[50] 郭卫东. 双语教学模式与新疆民族教育. 新疆师范大学学报，1999，(4).

[51] 周殿生，赵新居. 谈高校汉语授课与新疆民族教育质量的提高. 民族教育研究，2003，(3).

[52] 买买提伊明·阿西木. 汉语在新疆民族教育中的地位及作用. 乌鲁木齐职业大学学报，1996，(3).

[53] 张洋. 古代新疆多语种双语的流向. 中央民族大学学报，2003，(2).

[54] 方晓华. 论新疆的双语制. 新疆师范大学学报，1998，(2).

[55] 赵秀芝. 浅谈新疆双语教学体系的完善问题. 语言与

翻译，1998，(2)

[56] 陈世明．清代新疆双语现象及其对各民族语言的影响．新疆大学学报，1995，(1)．

[57] 刘平．清至民国时期政府行为在成就新疆双语中的作用．西域研究，1997，(2)．

[58] 高莉琴．新疆语言的发展趋势与思考．语言与翻译，2003，(1)．

[59] 闫丽萍．论维汉民族语言与非语言交际中的紧急习俗．新疆师范大学学报，2003，(3)．

[60] 郭卫东．全面推进双语教育，提高民族教育质量．新疆师范大学学报，2003，(5)．

[61] 孙翀．维吾尔族学生感知汉语普通话元音的实验研究．新疆师范大学学报，2005，(3)．

[62] 成燕燕．文化差异对哈萨克族同志学习汉语词语的干扰．民族教育研究，1994，(1)．

[63] 陈宗振．关于维吾尔语中的早期汉语借词的探讨．民族语文研究文集，1982．

[64] 陈自仁．初进和田—斯泰英丝路探险之一．丝绸之路，2005，(6)．

[65] 阿卜杜伟力．和田地区贫困与反贫困调查研究．中国软科学，2000，(17)．

[66] 殷晴．历史上新疆和田地区的人类活动与土地沙漠化的演变．新疆师范大学学报，1986，(1)．

[67] 古力努尔·买买提明．和田地名中的文化透视．和田师范专科高等学校学报，2005，(3)．

[68] 艾力江·阿西木．论新疆和田人的特殊性格之历史渊源．内蒙古民族大学学报，2003，(4)．

[69] 王侠．西方多元文化教育理论的阐释．硕士论文．中央民族大学，2005．

[70] 苏德．多维视野下的双语教学发展观．博士论文．中央民族大学，2005.

[71] 孙东方．文化变迁与双语教育演变．博士论文．中央民族大学，2005.

[72] 张卫国．双语学与新疆双语问题．博士论文．中央民族大学，2005.

[73] 吐尔地布·赛拉依丁．维吾尔中小学双语教育研究（以伊犁哈萨克自治州为个案）．硕士学位论文．东北师范大学，2006.

[74] Б. Х. ХАСАНОВ：КАЗХСКОЕ － РУССКО ДВУ ЯЗЫЧИЕ，АЛМА－АТА. 1987.

[75] Левяш И. Я. Культурология. Минск，2001.

[76] Садохин А. П. Этнология. Москва，2001.

[77] Грушевицкая Т. Г. Этнология. Москва，2000.

[78] основЫе Теории ВзаиМодестВия яЗЫка，АЛМА－АТА. 1990.

附录一

和田地区中小学双语教育调查问卷（学生）

亲爱的同学：

　　本问卷是供教学科研所用，采取不记名的方式，答案没有正确或错误的区别，绝大多数问题采用选择答案方式，只要从中选出一个，在后面的括号内填上选出的字母即可，希望你能积极配合，如实地回答问题，我们表示衷心的感谢！

　　填写日期：2006 年　　月　　日

　　学校名称_____

　　学校所在的_____省（自治区）_____市_____县_____乡

1. 性别：（　　）

   A. 男　　B. 女

2. 你的父母会不会汉语（　　）

   A. 会　　B. 会一点　　C. 不会

3. 在你的家里，你跟父母说话主要使用的是：（　　）

   A. 维吾尔语　　B. 汉语

4. 你所在学校的学生中民族构成如何？（　　）

   A. 全是维吾尔族人　　B. 主要是维吾尔族人

   C. 维吾尔族人较少　　D. 维吾尔族人非常少

4. 在日常生活中，你是否愿意跟周围的汉族人讲汉语？（　　）

   A. 很愿意　　B. 愿意　　C. 无所谓

   D. 不愿意　　E. 很不愿意

5. 你认为哪一种语言对你来说更重要？（　　）

A. 维吾尔语　　B. 维吾尔语和汉语同等重要　　C. 汉语

6. 你认为维吾尔语重要的理由是：（　　）

A. 我是维吾尔族　　B. 周围的人大多数讲维吾尔语

C. 使用方便　　　　D. 喜欢讲维吾尔语

E. 掌握好维吾尔语是学其他语言的基础

7. 你认为汉语好学吗？（　　）

A. 非常好学　　B. 好学　　　C. 既不好学也不难学

D. 难学　　　　E. 非常难学

8. 你学习汉语的目的是：（　　）

A. 赚钱　　　　　　B. 购物

C. 交更多的朋友　　D. 上内地学校

9. 学汉语在我们生活中重要吗？（　　）

A. 非常重要　　B. 重要

C. 不太重要　　D. 不重要

10. 你认为学汉语对你的前程重要吗？（　　）

A. 非常重要　　B. 重要

C. 不太重要　　D. 不重要

11. 你认为汉语重要的理由是：（　　）

A. 我国大多数人都讲汉语　　B. 使用范围广

C. 升学、就业更容易　　　　D. 赚钱机会多

12. 你愿意听别人说汉语吗？（　　）

A. 非常愿意　　B. 愿意　　C. 无所谓

D. 不愿意　　　E. 很不愿意

13. 你汉语学得怎样？（　　）

A. 很好　　B. 好　　C. 一般

D. 不好　　E. 很不好

14. 你认为在你所属学校汉语教学中最主要的问题是什么？（　　）

A. 教师水平低　　B. 学习内容难

C. 教材不合理　　D. 学时不够

15. 如果学校中停止使用维吾尔语文，而统一使用汉语文，你认为这样做是：（　　）

A. 非常有益的　　B. 有益的　　C. 有害的

D. 非常有害的　　E. 无所谓

16. 你喜欢看哪种语言制作的广播、电视节目：（　　）

A. 维吾尔语　　B. 维吾尔语和汉语

C. 汉语　　D. 其他

17. 你喜欢读哪种语言发行的报纸：（　　）

A. 仅用维吾尔语　　B. 用维吾尔语和汉语

C. 仅用汉语　　D. 其他语言

18. 你希望老师在课堂上用什么语言进行讲解：（　　）

A. 维吾尔语　　B. 汉语

C. 维吾尔语和汉语　　D. 其他语言

19. 你对老师的汉语教学满意吗？（　　）

A. 非常满意　　B. 满意

C. 不满意　　D. 很不满意

20. 你认为你们学校中，汉语文课应该：（　　）

A. 作为一门语言课来教　　B. 所有的课都用汉语来教

C. 和维吾尔语并行　　D. 无所谓

21. 你认为你们学校中，维吾尔语文课应该：（　　）

A. 作为一门语言课来教　　B. 所有的课都用维吾尔语来教

C. 和汉语并行　　D. 无所谓

22. 你是否认为学习维吾尔语比学习其他语言更重要？（　　）

A. 是的　　B. 不是的

C. 同等重要　　D. 无所谓

请你对你选择的项打"√"

对使用双语的态度调查					
	非常同意	同意	既不同意也不反对	反对	坚决反对
能说维吾尔语和汉语是重要的					
会说维吾尔语就足够了					
能听懂、会说会写维吾尔语是重要的，但用汉语更为重要					
不会使用汉语对于学习和生活没有影响					
维吾尔语比汉语更重要					
同时掌握汉语和维吾尔语使人聪明					
公共场合说维吾尔语是光荣的					
我一般不喜欢说汉语					
我不喜欢维吾尔族人说汉语					
我在家只看维吾尔语电视节目					
维吾尔语和汉语的电视节目我都喜欢					

附录二

和田地区中小学双语教育调查问卷（教师）

本问卷是供教学科研所用，采取不记名的方式，答案没有正确或错误的区别，绝大多数问题采用选择答案方式，只要从中选出一个，在后面的括号内填上选出的字母即可，希望你能积极配合，如实地回答问题，我们表示衷心的感谢！

填写日期：2006 年　　月　　日

学校名称_____

学校所在的_____（省）自治区_____市_____县_____乡

一、对学校、教师背景的调查

1. 性别：（　　）

A. 男　　B. 女

2. 年龄：（　　）

A. 20 岁以下　　B. 21～30 岁　　C. 31～40 岁

D. 41～50 岁　　E. 51～60 岁

3. 您的教龄：（　　）

A. 一年以下　　B. 1～4 年　　C. 5～10 年

D. 10～15 年　　E. 20 年以上

4. 您目前的文化程度？（　　）

A：小学　　　　　B. 初中

C. 高中或中专　　D. 本科及以上

5. 您所在学校有教师多少人？_____人

6. 请问您所在学校的教师中民族构成如何？（   ）

A. 几乎全是维族人   B. 主要是维族人   C. 维族人占一半

D. 主要是非维族人   E. 维族人非常少

7. 您的学校所在地是：（   ）

A. 城市   B. 郊区   C. 农村

D. 牧区   E. 半农半牧

8. 您属哪类教师？（   ）

A. 公办教师   B. 民办教师   C. 代课教师

9. 您的学校所在地的民族组成是：（   ）

A. 多民族杂居区   B. 本民族聚居区

10. 您最初用什么语言（第一语言）学会了说话？（   ）

A. 用本民族语   B. 用本民族语和汉语

C. 用汉语   D. 用其他民族语

11. 您掌握本族语的程度如何？（   ）

A. 能熟练地听、说、读、写   B. 能熟练地说、读，但不会写

C. 能熟练地说，但不会读、写   D. 说起来比较困难

E. 能听懂，但不会说   F. 完全不掌握

12. 您掌握汉语的程度如何？（   ）

A. 能熟练地听、说、读、写   B. 能熟练地说、读，但不会写

C. 能熟练地说，但不会读、写   D. 说起来比较困难

E. 能听懂，但不会说   F. 完全不掌握

13. 哪一种语言您掌握得更好？（   ）

A. 本族语   B. 本族语和汉语同等程度

C. 汉语   D. 其他民族语

14. 您读用哪种语言写成的文学作品？（   ）

A. 只读汉语的   B. 主要读汉语的，有时读本族语的

C. 读汉语的和本族语的作品数量相同   D. 只读本族语的

15. 您读用哪种语言出版的报纸？（   ）

A. 仅用汉语   B. 用汉语和本族语   C. 仅用本族语

16. 您一般听用哪种语言制作的广播、电视节目？（　　）

　　A. 本族语　　　B. 本族语和汉语

　　C. 汉语　　　　D. 其他

17. 您上课用什么语？（　　）

　　A. 民族语　　　　　　B. 汉语

　　C. 民族语和汉语双语　D. 其他

18. 您的教案是用何种语言写的？（　　）

　　A. 民族语　　B. 汉语　　C. 双语

19. 您的班级中学生的民族构成如何？（请班主任填写此项）：（　　）

　　A. 几乎全是本族人　B. 主要是本族人　C. 本族人占一半

　　D. 主要是非本族人　E. 本族人非常少

20. 您的学校在什么时候开始教学生汉语？

学前班，每周_____课时

一年级，每周_____课时

二年级，每周_____课时

三年级，每周_____课时

四年级，每周_____课时

五年级，每周_____课时

六年级，每周_____课时

初　中，每周_____课时

高　中，每周_____课时

21. 您的少数民族学生愿意使用汉语进行学习吗？学生家长对汉语教育态度如何？

　　(1) A. 愿意　　B. 不愿意　　C. 无所谓　　（　　）

　　(2) A. 愿意　　B. 不愿意　　C. 无所谓　　（　　）

22. 您认为双语教学目的是什么？请标出您认为最重要的2个，并按其重要性从大到小排列。

　　（　）发展儿童智力

(　　) 为了解其他人的生活方式

(　　) 欣赏文学作品

(　　) 为经商或外出需要

(　　) 兴趣或爱好

(　　) 更好地了解国家、民族

(　　) 为了与说汉语的人交际

(　　) 在本地生活

(　　) 看报纸、杂志、电影、电视、收听广播

(　　) 使少数民族儿童保持和发展他们的第一语言

(　　) 找好工作

(　　) 学习科学知识

(　　) 被社会接受

(　　) 促进中学的这种语言教学

(　　) 其他（请写出具体内容）：

23. 您希望子女进哪种学校？(　　)

A. 实行汉语教学的学校　　B. 各门课程都使用汉语文的学校

C. 各门课程都使用汉语文教材，用民族语辅助教学的学校。

24. 您的学校是否使用双语教材？(　　)

A. 是　　B. 否

25. 如果您的学校使用双语言教材，出版者是谁？(　　)

A. 国家　　B. 省或跨省

C. 县（市）　D. 本校

26. 您是否受过特殊的双语教育培训？多长时间？(　　)

(1) A. 是　　B. 否

(2) A. 一年以内　B. 一年　C. 二年　D. 二年以上 (　　)

27. 您认为双语教育对提高您的学生的成绩是否有用？(　　)

A. 没有用　　B. 不太有用　　C. 有用

28. 您对双语教育有关政策是否了解？(　　)

A. 不了解　　B. 了解一点　　C. 很了解

二、对民族语的态度与使用调查（教师）

请你对选择的项打"√"。

	非常同意	同意	既不同意也不反对	反对	坚决反对
我喜欢听别人说民族语					
我喜欢看民族语和汉语的电视					
在我们地区应该教所有的小学生说民族语					
在我们这个地区保存民族语是浪费时间					
我喜欢说民族语					
有许多比民族语有用的语言					
作为一个成年人，我喜欢用民族语					
民族语是有用的语言					
在现代社会民族语言没有它的位置					
在参与整个社会生活中民族语是重要的					
我们需要保存民族语言					
在我们地区应该教儿童学习民族语					
我希望在我们地区民族语比汉语更有优势					
用民族语学习科学很困难					

	重要	有点重要	不太重要	不重要
交朋友				
挣更多的钱				
读				
写				
看电视/录像/电影				
找工作				
变聪明				
变可爱				
在本地区生活				
宗教生活				
唱歌（如与其他人一起）				
体育活动				
抚养孩子				
购物				
打电话				
在学校取得好成绩				
被社会接受				
在学校与朋友交谈				
在学校与老师交谈				
在学校外与他人交谈				

民族语在以下这些项目中有什么作用，重要还是不重要？请回答你的真实看法，答案没有正确与错误之分。

三、对汉语的态度与使用调查（教师）

1. 您说汉语说得怎么样？（   ）
   A. 差　　B. 一般　　C. 较好　　D. 很好
2. 您平常说汉语说得多不多？（   ）
   A. 不说　　B. 说一点　　C. 较多　　D. 常说
3. 您觉得自己说汉语是否自如？（   ）
   A. 不自如　　B. 不太自如　　C. 较自如　　D. 非常自如
4. 您认为学汉语是否对您与其他各民族交往有益处？（   ）
   A. 没有益处　B. 有一点益处　C. 较有益　D. 非常有益
5. 您认为学汉语在多大程度上可以让您自如地参加其他民族举办的活动？
   A. 很小　　B. 一定　　C. 较大　　D. 很大（   ）
6. 您认为学汉语对您的前程有多重要？（   ）
   A. 不重要　　B. 有些重要　　C. 较重要　　D. 很重要
7. 您认为学汉语对您的学识有多重要？（   ）
   A. 不重要　　B. 有些重要　　C. 较重要　　D. 很重要
8. 您认为学汉语对您找一份好工作有多重要？（   ）
   A. 不重要　　B. 有些重要　　C. 较重要　　D. 很重要
9. 您认为学汉语对您赢得别人的尊重有多重要？（   ）
   A. 不重要　　B. 有些重要　　C. 较重要　　D. 很重要
10. 您说汉语时信心有多足？（   ）
    A. 没有信心　　B. 有点信心
    C. 信心较大　　D. 信心十足
11. 您觉得学校有多少同事说汉语比您说得好？（   ）
    A. 没有　　B. 有一些　　C. 较多　　D. 很多
12. 在用汉语发音时，您是否觉得既紧张又不知所措？（   ）
    A. 从来不　　B. 偶尔　　C. 常常

13. 您常看汉语电视节目或听汉语广播吗?( )

A. 从来不　　B. 偶尔　　C. 常常

14. 您在课外想多讲汉语还是少讲汉语?

A. 不讲　　B. 讲一点　　C. 多讲（　　）

15. 要是周围的人会说您的母语也会说汉语,您会跟他们说汉语吗?（　　）

A. 不说　　B. 偶尔　　C. 常说

16. 您常看汉语报刊、杂志或书籍吗?（　　）

A. 不看　　B. 偶尔　　C. 常看

17. 您在下列场合说汉语吗?

(1) 对家庭成员：A. 不说 B. 较少 C. 较多（　　）

(2) 上班跟本族同事领导谈话时：（　　）

A. 不说　　B. 较少　　C. 较多

(3) 上班跟其他民族同事、领导交谈时：（　　）

A. 不说　　B. 较少　　C. 较多

(4) 在较正式的大会发言时：（　　）

A. 不说　　B. 较少　　C. 较多

(5) 在农贸集市：（　　）A. 不说；B. 较少；C. 较多

(6) 在宗教活动中：（　　）A. 不说；B. 较少；C. 较多

18、您是何时学会汉语的?（　　）

A. 在小学　　B. 在中学　　C. 在大学　　D. 其他

19. 您能用汉文写东西吗?（　　）

A. 不会　　B. 会一点　　C. 很熟练

后 记

　　寒来暑往，秋去春至。转眼之间，三载匆匆而过。回想起自2004年秋，师从恩师滕星教授攻读教育人类学方向博士学位至今的三年求学历程，曾有过不少疲倦辛酸，但心中留下的是更多的感激留恋。师从滕星教授求学是我的终生幸事，期间得到了他在学习和生活上的悉心指导和关照。滕老师具有在学术上治学严谨、学识渊博，生活上朴实无华、平易近人的特有魅力，使我受益终身。我的论文从选题到写作，直至目前的最终定稿，都凝结着滕老师的诸多心血。滕老师以其广博的知识、丰富的田野工作经验以及对民族教育理论与实践的独到见解启发我、指导我，我无法用言语来尽述自己对他的感激之情，只好将这份情感深深地埋在心底，化作一道真诚的祝福：祝恩师健康长寿、学术常青！

　　我要特别感谢和田地区教育局的耿英书记，基教科的孙恩康科长和提力瓦尔地·吾术尔，教研室的帕尔哈提等领导和同志们，他们为我的调查做了全程的联系和周到的安排，使调查进展得非常顺利。我要感谢和田市五中、和田县一小、和田地区实验中学、洛浦县教育局、洛浦县一小、洛浦县布雅中学等单位和学校的领导和同志们，他们对我的调查给予了热情的帮助和有力的支持，使我顺利地获得了大量的第一手资料。我更要感谢战斗在和田地区民族教育战线上的所有工作者，是他们的辛勤劳动和默默无闻的奉献创造了和田民族教育的今天。他们在工作中进行了

后 记

积极而有益的探索，积累了丰富的实践经验，这些都是我顺利完成论文写作的基石。

在三年的学习期间，我的老师王铁志研究员、劳凯声教授、王军教授、董艳教授、吴明海教授、亚森教授、常永才教授等不仅给予了我很多教诲和帮助，还无私地提供了许多富有价值的参考资料，使我受益匪浅。我的同窗马效义、宝乐日、崔英锦、刘正发、钟志勇等在学习和生活上也给予了我许多关心和帮助。在论文撰写过程中，我的师弟海路和巴战龙对我论文的构思和修改稿提出了许多宝贵的意见，他们在我写作期间经常就某些问题与我进行切磋和交流，给予我许多有益的启发。我的师妹赵淑岩、李素梅、张苗苗、张霜、高苏、韦理、李红婷、何璇等也给予了我许多无私的帮助，并对论文作了全面的修改和校对。在此，我对他们表示衷心的感谢！

在此，我要感谢我单位的领导和同事蒋建华主任、艾海提、木合甫力等多年以来对我学习和生活上的帮助。

这里，我还要特别感谢我的家人，他们在生活方面给予我细致的关心，精神上给予了我巨大的支持，使我顺利地完成了学业，如果没有他们的支持，我将无法安心学习和完成这项研究。最后，再次向在三年博士研究生学习期间所有关心、支持和帮助过我的老师、同学、朋友表示最衷心的感谢！

本书的出版得到了中央民族大学"985"工程中国少数民族语言文化教育与边疆史地研究哲学社会科学创新基地的经费资助，在此深表谢意！

艾力·伊明
2009 年 3 月

图书在版编目(CIP)数据

多元文化整合教育视野中的维汉双语教育研究:新疆和田中小学双语教育的历史、现状与未来/艾力·伊明著.—北京:民族出版社,2011.1
(教育人类学研究丛书.第3辑)
ISBN 978-7-105-11284-5

Ⅰ.①多… Ⅱ.①艾… Ⅲ.①少数民族教育—双语教学—教学研究—新疆 Ⅳ.①G759.2

中国版本图书馆 CIP 数据核字(2011)第 002781 号

策划编辑:虞　农
责任编辑:张　华
封面设计:海龙视觉
出版发行:民族出版社出版发行
地　　址:北京市和平里北街 14 号
邮　　编:100013
网　　址:http://www.mzcbs.com
印　　刷:北京市迪鑫印刷厂
经　　销:各地新华书店经销
版　　次:2011 年 1 月第 1 版　2011 年 1 月北京第 1 次印刷
开　　本:880 毫米×1230 毫米　1/32
字　　数:298 千字
印　　张:11.125
定　　价:30.00 元
ISBN 978-7-105-11284-5/G·1799(汉842)

该书如有印装质量问题,请与本社发行部联系退换
编辑室电话:010-64271909　　发行部电话:010-64224782